Bernet / Held · Relationship Banking

Beat Bernet / Peter P. Held (Hrsg.)

Relationship Banking

Kundenbeziehungen profitabler gestalten

Die Deutsche Bibliothek – CIP-Einheitsaufnahme

Relationship Banking : Kundenbeziehungen profitabler gestalten / Beat Bernet/Peter P. Held (Hrsg.). – Wiesbaden : Gabler, 1998

Alle Rechte vorbehalten
© Betriebswirtschaftlicher Verlag Dr. Th. Gabler GmbH, Wiesbaden 1998
Softcover reprint of the hardcover 1st edition 1998
Lektorat: Sandra Käfer/Maria Kooyman
Der Gabler Verlag ist ein Unternehmen der Bertelsmann Fachinformation GmbH.

Das Werk einschließlich aller seiner Teile ist urheberrechtlich geschützt. Jede Verwertung außerhalb der engen Grenzen des Urheberrechtsgesetzes ist ohne Zustimmung des Verlages unzulässig und strafbar. Das gilt insbesondere für Vervielfältigungen, Übersetzungen, Mikroverfilmungen und die Einspeicherung und Verarbeitung in elektronischen Systemen.

http://www.gabler-online.de

Höchste inhaltliche und technische Qualität unserer Produkte ist unser Ziel. Bei der Produktion und Verbreitung unserer Bücher wollen wir die Umwelt schonen. Dieses Buch ist auf säurefreiem und chlorfrei gebleichtem Papier gedruckt. Die Buchverpackung besteht aus Polyäthylen und damit aus organischen Grundstoffen, die weder bei der Herstellung noch bei der Verbrennung Schadstoffe freisetzen.

Die Wiedergabe von Gebrauchsnamen, Handelsnamen, Warenbezeichnungen usw. in diesem Werk berechtigt auch ohne besondere Kennzeichnung nicht zu der Annahme, daß solche Namen im Sinne der Warenzeichen- und Markenschutz-Gesetzgebung als frei zu betrachten wären und daher von jedermann benutzt werden dürften.

Umschlaggestaltung: Schrimpf und Partner, Wiesbaden
Satz: ITS Text und Satz GmbH, Herford

ISBN-13: 978-3-322-82609-1   e-ISBN-13: 978-3-322-82608-4
DOI: 10.1007/978-3-322-82608-4

Vorwort

Mit dem Relationship Banking sollen, durch eine Fokussierung auf bestehende Kunden, eine langfristige Kundenbindung strategisch interessanter Kundensegmente an die Bank, ein intensiver Dialog, ein höherer Kundennutzen und für die Bank schließlich eine Erhöhung des Deckungsbeitrages erzielt werden.

Die Neukundenakquisition stand lange Zeit im Mittelpunkt des Bankmarketing. Zweistellige Millionenbeträge werden jährlich von großen Universalbanken in die Kundenakquisition investiert. Banken und Versicherungen wissen heute, daß ein immenses Ertragspotential durch hohe Kundenverluste vernichtet wird. Relationship Banking wird zum strategischen Erfolgsfaktor.

Auch das veränderte Wettbewerbsumfeld trägt dazu bei, daß Relationship Banking gegenüber der reinen Neukundenakquisition zunehmend an Bedeutung gewonnen hat. Auslöser dazu sind insbesondere die weiter abnehmende Bankloyalität der Kunden, der zunehmende Trend zu Mehrbankenbeziehungen, neu definierte Preis-/Leistungsrelationen, benutzerfreundliche Informatiklösungen und last but not least der Trend zum Shareholder-Value-Denken in der Branche.

Gefordert sind deshalb Visionen, Strategien und innovative Konzepte, die den veränderten Umweltbedingungen Rechnung tragen. Die Finanzbranche ist heute mit vielfältigen Herausforderungen konfrontiert. Für die einzelnen Finanzinstitute stellen sich zahlreiche Fragen:

- Eine langfristige Kundenbindung erhöht den Kundenertragswert und senkt tendenziell die Preissensibilität des Kunden. Welche Entwicklungen zeichnen sich in diesem Bereich weltweit ab? Sind die Kundenbindungsraten und die Halbwertszeiten einer Kundenbeziehung bekannt? Welche Möglichkeiten bieten sich zur Erhöhung der Kundenbindung an? Wie hoch fällt für ein einzelnes Finanzinstitut der Zusatzertrag aus einer Senkung der Kundenverlustrate aus?

- Hauptbankbeziehungen senken die Kundenbetreuungskosten und erhöhen die Deckungsbeiträge. Wo positionieren sich die einzelnen Banken und Versicherungen im Konkurrenzumfeld? Sind konkrete Meßgrößen für das eigene Institut vorhanden? Kennen die Verantwortlichen die Abwicklungs- und Kundenbetreuungskosten und Cross-Selling-Raten? Wie können aus dem bestehenden Kundenstamm vermehrt Hauptkundenbeziehungen generiert werden?

- Bezüglich Kundendaten (soziodemographische, ökonomische und verhaltensorientierte Informationen etc.) sitzt die Finanzbranche auf einer „Goldmine", die genutzt werden will. Wie ist die Qualität der vorhandenen Kundendaten bezüglich Aktualität und Vollständigkeit? Welche technischen Rahmenbedingungen (Data Warehouse, Scoring Systeme etc.) bestehen? Welche systematischen Analysen werden durchgeführt? Welche Schlußfolgerungen und Maßnahmen resultieren aus der Analyse des eigenen Datenbestandes?

- Generell sinkende Kundenloyalität führt zum „Kampf" um interessante Kunden, d.h. die Kundensegmente mit mittleren und höheren Einkommen und einem Vermögen von mehr als 50 000 Fr. Welches sind die Zielkundensegmente des einzelnen Finanzinstitutes, wie entwickeln sich diese in Zukunft und welches sind die Hauptkonkurrenten in diesem Marktsegment? Welcher Kundenmehrwert wird für die anvisierten Zielkundensegmente geschaffen? Was ist die USP (Unique Selling Proposition) im bestehenden Produkt- und Leistungsangebot? Welche spezifischen Maßnahmen werden zur Steigerung der Kundenloyalität ergriffen?

- Ausgelöst durch die Finanzbranche selbst, ist schließlich eine sinkende Mitarbeiterloyalität festzustellen, was wiederum einen negativen Einfluß auf die Kundenbindung bewirkt. Sind die Kennzahlen bezüglich Mitarbeiterfluktuation und deren Einfluß auf die Kundenbindung und Produktivität bekannt? Welche Bedeutung haben Abgänge von Kundenberatern auf die Kundenbindung und wieviele Kunden wechseln mit einem abgehenden Kundenberater auch die Bank? Wie partizipieren Mitarbeiter am insgesamt geschaffenen Mehrwert der Unternehmung?

Mit diesen und vielen anderen Fragestellungen setzen sich die nachfolgenden Abschnitte dieses Buches auseinander.

1. Kapitel: Szenarien und Konzepte für die Zukunft

Beat Bernet positioniert in seinem Beitrag „Konzeptionelle Grundlagen des modernen Relationship Banking" Relationship Banking aus wissenschaftlicher Sicht. Er skizziert die Zusammenhänge zwischen Bankkundenverhalten, Mitarbeiterloyalität, Servicequalität, Kundenzufriedenheit und Habitualisierung des Kunden mit seiner Bank. Dabei werden eine Vielzahl von Denkanstößen aus Theorie und Praxis vermittelt, die dem Leser den Einstieg in dieses komplexe Thema erleichtern und wertvolle Hinweise zur Vertiefung im Relationship Banking bieten.

Auf die strategischen und konzeptionellen Ansätze des Relationship Banking fokussiert sich der Beitrag „Relationship Banking als strategische Erfolgsposition" von *Peter Held*. Er analysiert die strategische Bedeutung des Relationship Banking in einem Shareholder Value orientierten Umfeld und zeigt auf, unter welchen Rahmenbedingungen der Kundenbindung eine dominante Bedeutung zukommt und welche Voraussetzungen für die erfolgreiche Umsetzung gegeben sein müssen. Konkrete Modelle sowie Meßkonzepte zeigen schließlich Ansätze für eine praktische Umsetzung im Finanzbereich auf.

2. Kapitel: Relationship Banking als Marketingaufgabe

Peter Dubs befaßt sich mit der praktischen Umsetzung des Relationship Banking bei der Credit Suisse („Strategisches Kundenmanagement und Retention Marketing"). Aufgrund seiner langjährigen Erfahrung zeigt er Beispiele und Kennzahlen zur Kundenstammanalyse und Kundenrentabilität sowie Umsetzungsbeispiele zur Intensivierung der Kundenbindung bei einer Universalbank. Er analysiert die Zusammenhänge zwischen Lebenszyklus, Kundensegmentierung, Rentabilität, Einsatz der Mitarbeiter und Technologie. Dabei kommt auch der Messung des Erfolgs der einzelnen Maßnahmen eine zentrale Bedeutung zu.

Kundenbeziehungen gezielt aufzubauen und gleichzeitig die Kundenbindung zu festigen, sind keine grundsätzlichen Gegensätze. Am Beispiel eines jungen, dynamischen Telefonanbieters von Finanzdienstleistungen – der Profitline – analysiert *Charles Oppenheim* in „Relationship Banking bei Profitline – Kundenbindung durch individuelle Mehrwerte", wie durch den gezielten Einsatz des gesamten Marketingmix ein neuer Vertriebskanal schnell und rentabel aufgebaut werden kann und dazu noch substanzieller Mehrwert für den Kunden geschaffen wird. Er beleuchtet auch die qualitativen und emotionalen Faktoren der Kundenansprache und Teambetreuung und zeigt auf, wie das Beziehungsmanagement dynamisch weiterentwickelt werden kann.

3. Kapitel: Human Resources und Servicequalität

Markus Bachofen befaßt sind mit den Zusammenhängen von Mitarbeiterqualität und Relationship Banking in „Kundenbindung durch Human Capital". Kunden- und Mitarbeiterzufriedenheit, gezielte Konzepte für die Personalausbildung, Förderung und Messung der Qualität und Steigerung der Kundenservices sowie deren Auswirkungen auf die Kernprozesse der Bank stehen im Mittelpunkt. Am Beispiel der Zürcher Kantonalbank zeigt er auf, wie diese Faktoren eng mit einem umfassenden Relationship Banking zusammenhängen, welche Meßkonzepte zur Erfolgskontrolle eingesetzt werden und welche Erfahrungen seine Bank daraus gewonnen hat.

Mit einem umfassenden Relationship Banking soll neben Kundenmehrwert und Shareholder Value auch Mitarbeitermehrwert generiert werden, gilt doch die Personalqualität als einer der Schlüssel zum Erfolg. *Oliver Büdel* beschreibt in „Personalmanagement und leistungsorientierte Vergütung" das Personalmanagement und das leistungsorientierte Vergütungssystem der deutschen BHF Bank. Er skizziert ein kundenbindungsorientiertes Mitarbeiter-Beurteilungssystem sowie die darauf aufbauenden Gehalts- und Mitarbeiterbonussysteme und analysiert, wie die Einflußfaktoren der Kundenbindung in diesen Ansatz einfließen.

4. Kapitel: Chancen der modernen Informationstechnologie

Aus Sicht des Informatikspezialisten erläutert *Urs Fischer* die für ein umfassendes Kundenbindungskonzept am Markt verfügbaren und eingesetzten Informationstechnologien („Fortschrittliche Informatikplattformen als Voraussetzung des Relationship Banking"). Er positioniert die Einsatzmöglichkeiten der modernen Informatik und zeigt die Chancen auf, die Call Center, Workflow Managementsysteme und moderne Data Warehouse-Lösungen in einem komplexen Marketingumfeld bieten. In seinem Beitrag werden auch verschiedene, in der Praxis bei Kunden bereits erfolgreich eingesetzte Lösungen skizziert.

Alex Hanzal („Einsatz von Data Base und Decision-Support-Systemen") analysiert bei der Schweizerischen Bankgesellschaft mit verschiedenen Modellen Kundenrentabilität, den Einfluß des Kundenverhaltens auf die Rentabilität sowie die Prognosemöglichkeiten zur vorzeitigen Erkennung von Kundenabgängen. Er zeigt auf, wie mit Hilfe von statistischen Methoden, neuronalen Netzen und Fuzzy-Logic-Modellen das Kundenverhalten beurteilt und daraus Informationen für die Umsetzung eines konkreten Retention Marketing gewonnen werden können. Er erklärt diese komplexe Materie anhand von einfach verständlichen Beispielen und Erfahrungen bei seiner Bank.

5. Kapitel: Fallbeispiele

Der Bankverein KeyClub ist heute mit über 400 000 Mitgliedern eines der erfolgreichen Kundenbindungssysteme in der Finanzbranche. *Joachim Iske* und *Thierry Notz* präsentieren die Erfolgsstory in „KeyClub des Schweizerischen Bankverein". Sie skizzieren die grundsätzlichen Überlegungen, die zur Einführung des KeyClub geführt haben, und analysieren die einzelnen Faktoren eines erfolgreichen Kundenclubs. Am Beispiel des KeyClub wird dargestellt, daß ein durchdachtes Clubkonzept effektiv auch Mehrerträge generiert, so daß sich schließlich der Club durch einen Teil der Zusatzerträge selbst finanziert.

Ein umfassendes Bonussystem für eine weltweit agierende Kreditkartenorganisation beschreibt *Götz Lachmann* in „Membership Rewards, das Bonusprogramm von American Express". Er zeigt den Kundennutzen einer umfassenden Lösung auf und skizziert, wie durch die Einbindung von externen Partnern, wie Airlines, Autovermietern oder Hotelketten, die Attraktivität dieses Programmes stufenweise erhöht worden ist.

Mit einem Ausblick in die Welt des Cyberbankings skizziert *Horst-Dieter Schultze-Kimmle* die künftigen Dimensionen des Relationship Banking („Auf dem Marktplatz des Wissens in das 21. Jahrhundert – Kundenbeziehungsmanagement für die Bank der Zukunft"). Er konzentriert sich auf den Einfluß neuer Medien (z.B. Internet), auf das Wissen der Bankmanager und der Kunden und zeigt auf, welche Herausforderungen sich dabei für Finanzinstitute ergeben und wie beispielsweise mit einem Marktplatz des Wissens auch gestreßte Top-Manager in Sekundenbruchteilen zu aktuellen Informationen kommen.

Zug, im Juni 1998   Beat Bernet
Peter P. Held

Autorenverzeichnis

Markus Bachofen	Direktor und Leiter Vertrieb der Zürcher Kantonalbank, Zürich
Prof. Dr. Beat Bernet	Ordinarius für Bankmanagement an der Universität St. Gallen/HSG, Direktor des Schweizerischen Instituts für Banken und Finanzen der HSG, Inhaber der Bankberatungsfirma BERNET & PARTNER, Zug/Schweiz
Oliver Büdel	Dipl. Betriebswirt, Leiter Bereiche Personal-Controlling, Personalgrundsatzfragen und Personalinformationssysteme bei der BHF-BANK, Frankfurt
Peter Dubs	Mitglied der Direktion, Leitung Verkaufsmanagement Individualkunden der Credit Suisse, Zürich
Urs Fischer	Generaldirektor der Digital Equipment Corporation AG, Dübendorf
Dr. Alex Hanzal	Stellvertretender Direktor, Sektionsleiter Informatik Privatkundengeschäft bei der UBS
Peter P. Held	Geschäftsführender Partner der auf Bankorganisation und -strategie spezialisierten Beratungsorganisation BERNET & PARTNER, Zug/Schweiz
Joachim Iske	Direktor, Leiter Privatkundengeschäft, Schweizerischer Bankverein, Basel
Götz Lachmann	Manager Public Affairs, American Express Int., Inc., Frankfurt

Thierry Notz	Vizedirektor und Leiter KeyClub, Schweizerischer Bankverein, Basel
Charles Oppenheim	Geschäftsführer Profitline, Dietikon/Schweiz
Dr. Horst-Dieter Schultze-Kimmle	Leiter der MultimediaConsult im Stabsbereich, Beteiligungen und Grundsatzfragen der Deutsche-Bank-Gruppe, Frankfurt

Inhaltsverzeichnis

1. Kapitel: Szenarien und Konzepte für die Zukunft

Beat Bernet
Konzeptionelle Grundlagen des modernen
Relationship Banking 3

1. Einführende Bemerkungen.	3
2. Theoretische Fundierung des Beziehungsmanagements. .	6
2.1 Relationship als Kooperationsdesign	6
2.2 Modelle des Bankkundenverhaltens	8
2.3 Bedeutung der Mitarbeiterloyalität	10
2.4 Basisbausteine des modernen Relationship Banking .	11
3. Planung, Steuerung und Überwachung der Kundenzufriedenheit.	12
3.1 Bestimmungsfaktoren der Zufriedenheit von Bankkunden	13
3.2 Zeitliche Dimension der Kundenzufriedenheit. . . .	16
3.3 Erklärungsmodelle der Kundenzufriedenheit	17
3.4 Meßkonzepte der Kundenzufriedenheit	18
4. Planung, Steuerung und Überwachung der Bankloyalität .	20
4.1 Erklärungsmodelle der Bankloyalität	20
4.1.1 Lerntheoretisch fundierte Erklärungsmodelle der Bankloyalität	21
4.1.2 Institutionenökonomisch fundierte Erklärungsmodelle der Bankloyalität	24
4.2 Loyalitätsorientierte Kundensegmentierung	26
5. Elemente eines integrierten Kundenwertmanagements . .	29
5.1 Zielsetzung des Kundenwertmanagements.	29
5.2 Ursache-Wirkung-Analyse der Kundenprofitabilität .	30
5.3 Problembereiche der Kundenkalkulation	31
5.4 Life-Cycle-orientiertes Kundenwertmanagement . . .	33
6. Strategische und operative Schlußfolgerungen für die Bank	34

Peter P. Held
Relationship Banking als strategische Erfolgsposition . . 37
1. Strategische Bedeutung 37
   1.1 Strategisches Umfeld 37
   1.2 Definition 39
   1.3 Bedeutung der eigenen Strategie und Marktpositionierung 39
   1.4 Fünf Gründe für ein Relationship Banking 40
2. Relationship Banking 42
   2.1 Zielsetzungen 42
   2.2 Einfluß auf den Erfolg 42
3. Voraussetzungen für den Erfolg 43
4. Rahmenbedingungen 44
   4.1 Volles Commitment der Geschäftsleitung 45
   4.2 Klare Zielgruppendefinition und klares Leistungsangebot 45
   4.3 Transparente Kunden- und Mitarbeiterstruktur . . . 46
   4.4 Integrierte Relationship Banking Datenbank 47
   4.5 Rationale und emotionale Leistungsvorteile 48
5. Kundenbindungsmodelle 49
   5.1 Unternehmensstrategie 50
   5.2 Kunden- und Mitarbeiteranalyse 51
   5.3 Kundenzufriedenheit 51
   5.4 Kundenbindung 54
6. Meßkonzepte 57
   6.1 Planung und Zielsetzung 57
   6.2 Kundenentwicklung 59
   6.3 Kundenzufriedenheit 60
   6.4 Kundenbindung 61
   6.5 Rentabilität 61
7. Vorgehen bei Relationship Banking-Projekten 64
8. Fazit und Ausblick 64

2. Kapitel: Relationship Banking als Marketingaufgabe

Peter Dubs
Strategisches Kundenmanagement und Retention Marketing im Retail Banking 69
1. Ausgangslage. 69
2. Warum verliert die Bank Kunden?. 70
3. Stoßrichtung 1: Rentabilisierung 73
4. Stoßrichtung 2: Identifikation von interessanten Kunden. 74
5. Stoßrichtung 3: Aktivierung inaktiver Kunden 78
6. Stoßrichtung 4: Pflege von Kunden mit einem Anlagevermögen von mehr als 25 000 Fr.. 79
7. Basis des Retention Marketing: Das Betreuungskonzept. 80
8. Data Mining als Hilfe bei der Auswahl von Kunden mit Potential 84
9. Bonussystem zur Festigung der Kundentreue 86
10. Zusammenfassung 88

Charles Oppenheim
Relationship Banking bei Profitline-Kundenbindung durch individuelle Mehrwerte 91
1. Kundennähe und Kundenzufriedenheit 91
2. Profitline-Marketing 93
   2.1 Maximaler Nutzen 93
   2.2 Was will der Kunde? 94
   2.3 Unique Selling Proposition (USP) 96
   2.4 Weitere Erfolgsmerkmale 97
      2.4.1 Steuervorteile. 97
      2.4.2 Sicherheit. 97
      2.4.3 One-step Workflow 98
      2.4.4 Niedrigere Betriebskosten bringen höhere Rendite 98
      2.4.5 Weniger Investitionskosten. 99
      2.4.6 Produkte 99

	2.5 Was lief schief?	100
3.	Dynamic Communication	101
	3.1 Fulminanter Start	101
	3.2 Der Profitline-Kunde	102
	3.3 Modernste Technologie	103
	3.3.1 Call Center	103
	3.3.2 Management Information System	104
	3.3.3 Data Mining	105
4.	„Weiche" Faktoren	105
	4.1 Motivierte Mitarbeiter	106
	4.2 Zufriedene Kunden = bleibende Kunden	107

3. Kapitel: Human Resources und Servicequalität

Markus Bachofen
Kundenbindung durch Human Capital 111

1. Trendwende im Bankenmarkt 111
2. Kunde und Kundenberater im Mittelpunkt 113
   2.1 Auswirkungen im Zielsystem 114
       2.1.1 Anforderung: Quantifizierung
             der Zufriedenheit 115
       2.1.2 Antwort: Das TRI:M-Modell zur
             Qualitätsmessung 116
   2.2 Auswirkungen auf Kernprozesse 118
       2.2.1 Beispiel 1: Absatzprozeß oder „zuerst die
             Schnittstelle" 118
       2.2.2 Beispiel 2: Führungsprozeß oder
             „die umgekehrte Führungspyramide" 120
   2.3 Vernetzen des Zielsystems mit Prozessen 122
       2.3.1 Erstes Instrument: Das Führungscockpit . 122
       2.3.2 Zweites Instrument: Das Coaching- und
             Controlling-Tool 123
   2.4 Auswirkungen auf Funktionen 124
       2.4.1 Beispiel 1: Finanzberater 125

2.4.2	Beispiel 2: Lohn-/Gehaltssystem	127
2.5	Auswirkungen auf Strukturen	128
2.5.1	Beispiel 1: Modellfilialenkonzept	129
2.5.2	Beispiel 2: Corporate-Center-Konzept	131
3. Human Capital		132

Oliver Büdel
Personalmanagement und leistungsorientierte Vergütung. 135

1.	Was wir unter Relationship Banking verstehen	135
2.	Das Beurteilungssystem	136
2.1	Beschreibung des neuen Verfahrens	136
2.1.1	Der Leitfaden für das Mitarbeitergespräch	137
2.1.2	Operationalisierung der Anforderungen	140
2.2	Weiterentwicklung und Umsetzung des Verfahrens	142
2.2.1	Einstellung zum Mitarbeitergespräch	143
2.2.2	Warum wird die systematische Leistungsbeurteilung abgelehnt?	144
2.3	Wie sieht ein modernes Beurteilungswesen aus?	148
2.3.1	„Systeme" sollten vermieden werden	148
2.3.2	Zielvereinbarung	148
2.3.3	Das Mitarbeiter-/Teamgespräch	149
2.3.4	Das Vorgesetzten-Feedback	149
2.3.5	Konsequenz für das Verfahren	151
3.	Die leistungsorientierte Vergütung im Vertrieb	151
3.1	Stellenwert der leistungsorientierten Vergütung (LOV) in der BHF-Bank	151
3.2	Rahmenbedingungen der LOV	152
3.3	Merkmale der LOV	153
3.4	Erfolgsmessung und Bonusfestlegung	154
3.4.1	Steuerungsgrößen als Indikatoren	155
3.4.2	Verteilung und Ermittlung der Bonustöpfe	156
3.4.3	Die Gehaltsaktion	156
4.	Schlußwort	157

4. Kapitel: Chancen der modernen Informationstechnologie

Urs Fischer
Fortschrittliche Informatikplattformen als Voraussetzung des Relationship Banking ... 161

1. Einführung ... 161
   1.1 Veränderung des Nachfrageverhaltens ... 161
   1.2 Pioniere im Internet mit Electronic Banking ... 162
   1.3 Technologie ist nicht aufzuhalten ... 163
2. Call Center ... 165
3. Workflow Management ... 165
4. Data Warehouse führt zum „gläsernen Kunden" ... 168
   4.1 Prognosedaten ... 170
   4.2 Informationen auf Mausklick ... 171
   4.3 Basis für Marktaussagen ... 171
   4.4 Überforderte 32-Bit-Architektur ... 172
   4.5 64-Bit-Architekturen für Data Warehouse-Lösungen ... 173
   4.6 Speichertechnologie, das A und O des Data Warehouse-Systems ... 173
   4.7 Steigende Komplexität der Abfragen ... 175
5. Architektur von Speichersystemen ... 176
   5.1 Skalierbarkeit ... 177
   5.2 Management der Wissensdatenbank ... 179
   5.3 Leistung ... 180
   5.4 Schlüsselfertige Lösung? ... 181
6. Verfügbarkeit und Geschwindigkeit durch Clustering ... 182

Dr. Alex Hanzal
Einsatz von Data Base und Decision Support-Systemen im Relationship Banking ... 185

1. Einleitung ... 185
2. Analyse der Kundenprofitabilität ... 186
3. Einfluß des Kundenverhaltens auf die Rentabilität ... 188

4. Einfluß der Gebühren auf die Profitabilität	192
5. Retentionsanalyse	193
6. Databased Marketing und IT-Verkaufsunterstützung	196
7. Data Mining	197
8. IT-Aspekte	201
9. Die Konklusion	203

5. Kapitel: Fallbeispiele

Joachim Iske / Thierry Notz
Der UBS KeyClub 207

1. Ausgangslage	207
2. Zielsetzungen	207
3. Konzept	209
4. Organisation	213
5. Kommunikation	214
6. Ergebnisse	216

Götz Lachmann
**Membership Rewards, das Bonusprogramm
von American Express** 221

Dr. Horst-Dieter Schultze-Kimmle
**Auf dem Marktplatz des Wissens™ in das
21. Jahrhundert – Kundenbeziehungsmanagement
für die Bank der Zukunft** 227

1. Banken auf dem Weg zum globalen Marktplatz	227
2. Elektronische Informationen als Schlüsselfaktor	230
3. Key Battles um die Kundenbindung	232
4. Kundenbindung über elektronische Helfer	233
5. Aufbruch in die Wissensgesellschaft	236
6. Anforderungen an das Management	237
7. Strategische Ziele eines Marktplatz des Wissens™	239
8. Nahziele	243

8.1	Bindung attraktiver Kunden.	244
8.2	Mehrgeschäft mit vorhandenen Kunden	246
8.3	Erschließung der Potentiale von morgen	248
8.4	Alternative Vertriebswege	249
8.5	Entwicklung von Markenartikeln	250
8.6	Adaption neuer Marketingideen.	251
9.	Strategische Partnerschaften.	253
10.	Erfolgsfaktoren.	255

Literaturhinweise 257

1. Kapitel

Szenarien und Konzepte für die Zukunft

Konzeptionelle Grundlagen des modernen Relationship Banking

Beat Bernet

1. Einführende Bemerkungen

Vor Jahren schon wurde aufgezeigt, daß die Beziehung zwischen einem Kunden und einer Unternehmung mit dem Kauf eines Produktes nicht endet, sondern erst beginnt.[1] Das gilt auch für Banken und andere Anbieter von Financial Services. Einen Kunden zu *gewinnen* ist das eine – ihn über eine möglichst lange Zeitperiode hinweg zu *behalten* und die damit begründete Kundenbeziehung nachhaltig profitabel zu *gestalten*, ist etwas anderes. Bankbeziehungen sind fast immer als Absatzbeziehungen über eine Zeitperiode hinweg ausgelegt. Mit der Aufnahme einer Bankbeziehung lassen sich beide Vertragsparteien auf eine Verbindung ein, deren Inhalt, Ablauf und Konsequenzen sie im voraus nur beschränkt abschätzen können.

Das gezielte Management von Kundenbeziehungen, also deren Planung, Steuerung und Überwachung, hat in der jüngeren Vergangenheit eine immer größere Aufmerksamkeit, sowohl der bankbetrieblichen Praxis als auch der Bankbetriebslehre, gefunden. In einem weithin gesättigten Markt, der geprägt wird von zunehmender Wettbewerbsintensität infolge einer stetig steigenden Zahl von Finanzdienstleistungs-Anbietern, muß der wettbewerbsstrategische Fokus der Bank nicht mehr in erster Priorität auf der Akquisition von Neukunden liegen, sondern auf der *ertragsorientierten* Intensivierung der Bindung und Beziehung zu schon vorhandenen Kunden.

Den vielschichtigen Fragestellungen im Zusammenhang mit der ertragsorientierten Intensivierung von Kundenbeziehungen ist in den meisten Finanzinstituten bis heute keine große Aufmerksamkeit geschenkt worden. Es mangelt dabei ebenso an theoretischem Ver-

---

1 Vgl. Reichheld/Sasser (1990), S. 105-111.

ständnis für die Aspekte der Kundenzufriedenheit, der Bankloyalität oder der Kundenprofitabilität wie an der Einsicht, daß Kundenbeziehungen systematisch zu *planen*, zu *steuern* und zu *überwachen* sind und daß dazu ein entsprechendes kostenrechnerisches, organisatorisches und statistisch-mathematisches *Instrumentarium* bereitzustellen ist. Dabei sprechen – neben der „aus dem Bauch heraus" gewonnenen Erkenntnis, daß man einmal akquirierte Kunden nicht wieder verlieren sollte – eine ganze Reihe von rational begründbaren und quantitativ darstellbaren Faktoren für den Auf- und Ausbau eines systematischen Relationship Banking:

- Die Akquisition eines Neukunden ist mit wesentlich höheren *Grenzkosten* verbunden als die Generierung einer zusätzlichen Ertragseinheit aus einer bestehenden Kundenbeziehung. Unter der Zielsetzung der Effizienzmaximierung der verfügbaren Ressourcen sollten diese deshalb in erster Priorität dort eingesetzt werden, wo der Grenzertrag pro eingesetzte Kosteneinheit am größten ist, also bei der bestehenden Kundenbasis.

- Die Akquisition einer jeden Kundenbeziehung stellt eine *Investition* dar. Der Wert dieser Beziehung ist aus investitionstheoretischer Sicht zu beurteilen. Er wird definiert als die auf den Betrachtungszeitpunkt diskontierte Summe der potentiell aus dieser Beziehung zu erwartenden Cash-flows.

- Dementsprechend müßten Kundenverluste dann zu einem *Abschreibungsbedarf* der ursprünglichen Investitionen führen, wenn die bisher erzielten Deckungsbeiträge aus der Beziehung die ursprünglichen Akquisitionskosten nicht decken. Der Verlust eines Kunden bedeutet Verlust an aktueller und potentieller Substanz. Zusätzlich zum Abschreibungsbedarf muß der Verlust der Beziehung auch anhand der (abdiskontierten) entgangenen künftigen Cash-flows bewertet werden.

- Gar nicht mehr meßbar, deswegen aber nicht minder bedeutsam, sind die beim Beziehungsabbruch entgangenen künftigen *Deckungsbeiträge* aus einer Ausschöpfung des Cross-Selling-Potentials, aus dem positiven Empfehlungspotential, das erfahrungsgemäß von jeder aktiven Kundenbeziehung ausgeht, sowie allenfalls des negativen Empfehlungspotentials, das potentielle Kunden von einer Aufnahme einer Beziehung mit der Bank oder andere bestehende Kunden vor einer Intensivierung ihrer Beziehung abhält.[2] Untersuchungen zeigen, daß aus einem Großteil der Kundenbeziehungen erst nach mehreren Jahren positive Deckungsbeiträge resultieren.[3] Kalkuliert man diese Beziehungen unter Vollkostenaspekten, verlängert sich die bis zu einem gesamthaft positiven Ergebnis notwendige Beziehungsdauer nochmals stark.[4] Wenn Kundenbeziehungen aber erst über einen längeren Zeitraum hinweg profitabel werden, kommt dem Erhalt und der Bindung einer bestehenden Beziehung unbedingt Priorität vor der Akquisition einer neuen Beziehung zu. Unter Investitionsgesichtspunkten betrachtet ist es besser, einen Kunden nicht zu akquirieren, als ihn zu akquirieren und anschließend nach ein bis zwei Jahren wieder zu verlieren. Jede Bank mit einer vorhandenen breiten Kundenbasis braucht deshalb ein System zur ertragsorientierten Planung, Steuerung und Überwachung der Kundenbeziehungen. *Relationship Banking* ist nichts anderes als die Summe der Entscheidungen und Handlungen, der Strukturen, Prozesse und Instrumente, die einem derartigen ertragsorientierten Kundenbeziehungsmanagement zuzuordnen sind.

---

2 Vgl. Eckert (1994), S. 367-385 und Reichheld/Sasser (1990), S. 105-111.
3 Im Privatkundengeschäft kann davon ausgegangen werden, daß durchschnittlich über 60 Prozent der Kundenbeziehungen der Bank keinen positiven Deckungsbeitrag erbringen und durch die übrigen Deckungsbeiträge „subventioniert" werden müssen. Untersuchungen bei einer schweizerischen Großbank haben im Retail Banking (Kunden mit Vermögenswerten bis 100 000 Fr.) ergeben, daß gar 80 Prozent der Beziehungen einen negativen DB-1 aufweisen (Zahlenbasis 1996).
4 Empirische Werte zeigen, daß das aus einer Kundenbeziehung resultierende Gesamtergebnis für die Bank eine Funktion einerseits der Beziehungsdauer und andererseits des Alters des Kunden ist.

2. Theoretische Fundierung des Beziehungsmanagements

2.1 Relationship als Kooperationsdesign

Im Consumer Banking wie auch im Corporate Banking sind Kunde-Bank-Beziehungen grundsätzlich auf eine längere Beziehungsdauer ausgerichtet. Aufgrund der spezifischen Eigenschaften von Finanzprodukten als eigentliche Erfahrungs- bzw. Vertrauensgüter[5] besteht vor Aufnahme der Beziehung sowie in den ersten Phasen einer neu etablierten Beziehung ein Informationsungleichgewicht zu Lasten des Kunden. Er kann in vielen Fällen weder im voraus noch im nachhinein objektiv beurteilen, ob und wieweit sich die Bank im Rahmen der Beziehung zielkonform verhalten hat bzw. wird:

- So kann etwa die Qualität der Leistung einer Bank im voraus vom Kunden nicht abschließend bewertet werden. In vielen Produktbereichen, wo primär nicht-standardisierte Leistungen angeboten werden, gibt es bei Aufnahme der Kundenbeziehung vielleicht noch gar kein fertiges Produkt, das der Kunde im voraus beurteilen kann. Oft erfährt der Kunde erst im Verlauf der Dienstleistungsproduktion die wahre Dimension der vertraglich getroffenen Vereinbarungen (beispielsweise in der Form von Warteschlangen vor Bankschaltern oder der erzielten Performance in der Vermögensverwaltung). Die Erwartungen zu Beginn einer Bankbeziehung müssen sich deshalb auf generelle Merkmale einer Bank wie Image, Sicherheit oder Aussagen Dritter ausrichten.

- Auch das Verhalten der Bank lernt der Kunde erst im Laufe der Beziehung kennen, z.B. ob sie großzügig oder kleinlich ist, sich fordernd oder entgegenkommend verhält. Das Verhalten der Bank kann ohne Beeinträchtigung der Vertragskonformität sehr variabel ausgestaltet werden. Der Kunde beurteilt die Beziehung zu seiner Bank anhand von Softfaktoren wie Kulanz, partnerschaftliches Verhalten oder der Betonung formaljuristischer

---

5 Vgl. Schäfer (1995), S. 531-544 und Menk (1997).

Aspekte. Dabei definiert seine Vorstellung von Fairneß den Beurteilungsmaßstab für seine konkreten Erfahrungen.

• In manchen Fällen kann der Kunde selbst im nachhinein nicht mit Sicherheit sagen, wie sehr sich die Bank bzw. deren Mitarbeiter wirklich angestrengt und wie sorgfältig sie gearbeitet haben. Bei der Erbringung ihrer Dienstleistungen verbleibt der Bank meist ein diskretionärer Spielraum, innerhalb dessen sie entscheiden kann, welche Anstrengung, Sorgfalt und wieviel Fleiß sie für einen bestimmten Kunden oder eine Geschäftstransaktion aufwenden will.

Die Gestaltung der Kunde-Bank-Beziehung hat aufgrund dieser Informationsasymmetrien (die beispielsweise im Kreditgeschäft auch umgekehrt zu Lasten der Bank bestehen können) den Charakter einer *Kooperation*. Beschreibung, Analyse und Erklärung von Bankbeziehungen orientieren sich deshalb sinnvollerweise an Modellen, wie sie beispielsweise im Rahmen der neuen Institutionenökonomie auf Problemstellungen von Kooperationen zwischen Marktpartnern angewendet werden. Dazu gehören etwa die *Informationsökonomik*, die Informationsasymmetrien zwischen Marktpartnern analysiert und Lösungsansätze zu deren Überwindung aufzeigt, die *Transaktionskostentheorie*, welche die Kosten der Akquisition und des Beziehungsausbaus analysiert und Entscheidungsgrundlagen zur Konstruktion kostenoptimaler Kooperationsdesigns entwickelt, die *Principal-Agent-Theorie*, in deren Rahmen die Delegation von Aufgaben und Kompetenzen zwischen einem Auftraggeber (Bankkunde bzw. „Agent") und einem Auftragnehmer (Bank bzw. „Principal") analysiert und Modelle für effiziente Anreizsysteme zur Beeinflussung des Verhaltens des Auftragnehmers entwickelt, oder als viertes Element der *Property Rights-Ansatz*, der die Verteilung der Rechte und Pflichten in einer Kooperationsbeziehung untersucht und Modelle zu deren optimalen Ausgestaltung entwickelt.[6]

---

6 Zu einem Überblick über die Ansätze der neuen Institutionenökonomie und deren Anwendung auf das Bankmarketing bzw. das bankbetriebliche Relationship Management vgl. Schäfer (1995), S. 119-138.

Im Mittelpunkt der Kunde-Bank-Beziehung stehen Austauschprozesse bzw. Transaktionen. Im Rahmen der Weiterentwicklung der Denkansätze der neuen Institutionenökonomik zur Untersuchung solcher Austauschprozesse in Richtung eines gezielten Relationship Management wurden von *Noordewier* fünf beziehungsbezogene Dimensionen von Transaktionen vorgeschlagen, deren Ausprägung bzw. gezielte Steuerung durch die Bank im wesentlichen das Kooperationsdesign zwischen Kunde und Bank prägt.[7] Dazu gehören erstens die Bereitschaft und die Fähigkeit, auf Veränderungen im beziehungsrelevanten Umfeld flexibel zu reagieren (flexibility). Zweitens die Bereitschaft der Partner, sich gegenseitig in der Erreichung ihrer jeweiligen Zielsetzungen zu unterstützen (assistance). Drittes Element ist die Gestaltung der Kommunikation zwischen den Partnern, die von Offenheit und Ehrlichkeit geprägt sein sollte (information provided). Die permanente Überwachung der Kundenzufriedenheit durch die Bank ist das vierte Element (monitoring), und schließlich geht es fünftens darum, daß beide Partner in ihrem Entscheiden und Handeln grundsätzlich von einer Fortsetzung ihrer Beziehung ausgehen (Expectation of continuity). Damit sind die Grundlagen einer auf Nachhaltigkeit ausgelegten Beziehung zwischen Kunde und Bank festgelegt, die es aus der Sicht eines zielgerichteten Relationship Banking zu planen, zu steuern und zu überwachen gilt.

2.2 Modelle des Bankkundenverhaltens

Eine Kundenbeziehung kann interpretiert werden als eine Kette von geplanten, miteinander in Beziehung stehende Transaktionen über einen längeren Zeitraum hinweg.[8] Aktives Relationship Banking beinhaltet damit letztlich die gezielte ertragsorientierte Steuerung dieser Transaktionskette. Da die Transaktionen durch den Kunden initiiert werden, ist das Verständnis der wichtigsten Variablen und Determinanten des Bankkundenverhaltens eine der Grundlagen für den Aufbau eines Relationship Banking Systems.

---

7 Vgl. Noordewier (1990), S. 80-93 und Menk (1997).
8 Vgl. Plinke (1989), S. 305-325.

Die Marketingwissenschaft hat eine Reihe von Theorien und daraus abgeleiteten Modellen zur Erklärung des Nachfrageverhaltens von Konsumenten entwickelt.[9] Dazu gehören ökonomisch orientierte Theorien, die auf den (unrealistischen) Annahmen der klassischen makro- und mikroökonomischen Theorie aufbauen, soziologisch orientierte Denkansätze, welche den Wertewandel und das damit verbundene veränderte Nachfrageverhalten der Konsumenten in den Mittelpunkt stellen,[10] oder aber psychologische Erklärungsmodelle des Nachfrageverhaltens, die sich etwa mit Aspekten der Motivation und des nachfragebezogenen Entscheidungsprozesses auseinandersetzen. Umfassende Modelle des Nachfrageverhaltens suchen mehrere dieser Aspekte miteinander zu verbinden. Sie beziehen Umweltkonstellationen, strukturelle Determinanten des Kundenverhaltens (beispielsweise technologische oder organisatorische Einflüsse) sowie die vielfältigen Verhaltensaspekte des Nachfragers in die Überlegungen mit ein.

Das Modell von *R. Polan* zeigt, daß das Verhalten des Kunden seiner Bank gegenüber bestimmt wird durch ein Set von ökonomischen, sozialen und psychischen Faktoren, die einander wechselseitig beeinflussen können. Die Verhaltensforschung unterscheidet dabei zwischen *intrapersonalen* Erklärungsansätzen, die auf aktivierende Faktoren wie Emotionen, Motiven oder Einstellungen, auf kognitiven Faktoren wie Wahrnehmung, Erfahrung und Lernprozessen sowie auf persönlichkeitsspezifischen Faktoren basieren und *interpersonalen* Erklärungsansätzen, welche die vielfältigen Umweltbeziehungen des Nachfragers (beispielsweise zu seinem gesellschaftlichen und sozialen Umfeld) oder die Einflüsse der modernen Massenkommunikation in die Erklärung des Nachfrageverhaltens mit einbeziehen.[11] Aus der Sicht des Relationship Banking geht es nun darum, gezielt jene verhaltensbestimmenden Elemente zu beeinflussen, die für den Auf- und Ausbau einer andauernden aktiven Beziehung zwischen Kunde

---

9 Eine Übersicht findet sich bei Kroeber-Riel (1990) und mit spezifischer Ausrichtung auf die Besonderheiten des Käuferverhaltens bei der Inanspruchnahme von Dienstleistungen sowie bei Bankkunden bei Meffert/Bruhn (1995) und Polan (1995).
10 Vgl. Brune (1991).
11 Vgl. Meffert/Bruhn (1995).

und Bank ausschlaggebend sind. Dabei spielt die Kenntnis der *Motive*, die hinter dem Nachfrageverhalten von Bankkunden stehen, eine entscheidende Rolle.

Ein Motiv ist ein Faktor, mit dem sich ein bestimmtes Verhalten des Bankkunden begründen läßt. Die Motivation beinhaltet einerseits emotionale Komponenten, andererseits aber auch kognitive Prozesse, durch die Entscheidungen und Handlungen aus Zielsetzungen abgeleitet werden.[12] Die Ergebnisse der Konsumentenforschung zeigen, daß insbesondere für die Frage der Bankwahl beim Bankkunden emotionale Aspekte, wie Einstellung zur und Identifikation mit der Bank, Vertrauen, Glaubwürdigkeit oder persönliche Bindung zu einzelnen Mitarbeitern, eine zunehmend wichtige Rolle spielen, wobei aber auch Faktoren wie Pricing oder Qualität immer stärker gewichtet werden. Gleichzeitig läßt sich feststellen, daß sich Werte, welche die Motivation der Nachfrager mitbestimmen, zu verändern beginnen. Das vielzitierte „hybride Nachfrageverhalten" läßt sich auch im Finanzsektor feststellen.[13] Der allseits feststellbare Trend zur zunehmenden Individualisierung der Wünsche und Bedürfnisse trifft anbieterseitig auf die aus wettbewerbsstrategischen Überlegungen heraus ebenso zunehmende Notwendigkeit zur Standardisierung der Leistungsangebote.

2.3 Bedeutung der Mitarbeiterloyalität

Die Bedeutung der Mitarbeiterloyalität im Zusammenhang mit einem erfolgreichen Relationship Banking wird oft unterschätzt. Auch im Zeitalter der zunehmenden Automation von Transaktionen und des wachsenden Einsatzes elektronischer Kanäle für die Kommunikation und Distribution im Finanzsektor kommt der Identifikation und Loyalität der Mitarbeiter diesbezüglich eine Schlüsselrolle zu. Dies zeigt sich insbesondere dann, wenn eine Kunde-Bank-Beziehung aufgrund irgendwelcher sachlicher oder auch emotionaler Ereignisse gestört wird. Die Behebung der Störung wird in der Regel –

---

12 Vgl. Kroeber-Riel (1990) und Trommsdorff (1993).
13 Vgl. Lehmann (1995) und Holz (1997).

unabhängig vom Geschäftsfeld bzw. Kundensegment, das betroffen ist – eine persönliche Interaktion zwischen einem Bankmitarbeiter und dem unzufriedenen Kunden notwendig machen. Der Kunde ist heute weit weniger „leidensbereit", als das noch zu Beginn der 90er Jahre der Fall war. Er bricht schon bei geringen Störungen der Beziehung den Kontakt mit einer Bank ab. Eine Vielzahl neuerer Untersuchungen weisen auf eine tendenziell rückläufige Bindungsbereitschaft und Bankloyalität hin.[14] Die Erfahrung zeigt, daß dabei die Motivation und Einstellung des Bankvertreters ausschlaggebend dafür ist, daß eine gestörte Kundenbeziehung nicht abgebrochen oder deaktiviert wird. Mitarbeiter, die nicht loyal sind und sich nicht mit den Zielen und Maßnahmen ihrer Bank identifizieren, sind kaum fähig, stabile und nachhaltig ertragreiche Kundenbeziehungen auf- und auszubauen.

2.4 Basisbausteine des modernen Relationship Banking

Das moderne Relationship Banking basiert auf drei Basisbausteinen: 1. auf der Planung, Steuerung und Überwachung der *Kundenzufriedenheit*, 2. auf dem Auf- und Ausbau stabiler Beziehungen, d.h. der gezielten Steuerung der *Bankloyalität*, und 3. auf der konsequenten Ertragsorientierung aller kundenbezogenen Entscheidungen und Maßnahmen und damit auf dem Aufbau eines eigentlichen *Kundenwertmanagements*.

Alle drei Elemente zusammen bilden das, was man als „Beziehungsmanagement" – also die geplante Akquisition, den Auf- und Ausbau und die profitable Ausgestaltung einer Kunde-Bank-Beziehung – bezeichnen kann. Jedes Element trägt für sich einen Teil zu diesem Ziel bei, aber erst alle drei zusammen, verbunden in einem umfassenden und integrierten Konzept, können die Zielsetzung des Relationship Banking erreichen: Kundenbeziehungen für die Bank nachhaltig profitabel zu gestalten.

---

14 Vgl. Paul/Paul (1997), S. 875-890 und Szallies (1996), S. 94-101.

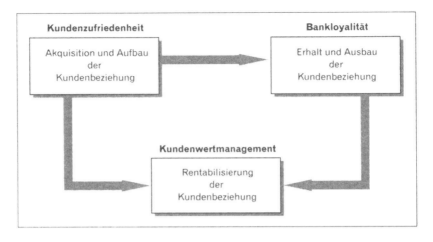

Abbildung 1: Basisbausteine des modernen Relationship Banking

3. Planung, Steuerung und Überwachung der Kundenzufriedenheit

Kundenzufriedenheit und bankloyales Verhalten sind offensichtlich eng miteinander verbunden. Die Bank investiert in den Aufbau und die Festigung einer Kundenbeziehung – sie kann diese Beziehung aber nur profitabel gestalten, wenn sie über eine gewisse Mindestzeitdauer hinweg aufrecht erhalten und aktiv ausgestaltet werden kann. Je länger die Kundenbeziehung dauert, desto höher fällt der Grenzdeckungsbeitrag je Zeitperiode und damit der über die Gesamtdauer der Beziehung erwirtschaftete Gesamtdeckungsbeitrag aus der Beziehung aus. So weisen etwa *Fornell/Johnson* in einer breit angelegten Untersuchung mit dem Ziel, Kundenzufriedenheit meßbar zu machen, in einem als „Quality-Satisfaction-Profit-Modell" bezeichneten Denkansatz den Zusammenhang zwischen Zufriedenheit, Loyalität und Deckungsbeitrag am Beispiel des Privatkredits quantitativ nach.[15] Im Rahmen der konzeptionellen Überlegungen zum Rela-

---

15 Vgl. Anderson/Fornell (1994), S. 241-269, Anderson/Fornell/Lehmann (1994), S. 53-66 und Simon/Homburg (1995).

tionship Banking sind im Zusammenhang mit der Kundenzufriedenheit zwei Fragestellungen von besonderem Interesse: Zum einen, wie die Zufriedenheit der Nachfrager sowohl mit den einzelnen Leistungen ihrer Bank als auch mit der Bankbeziehung insgesamt erklärt (und – über die Erkenntnis der erklärenden Variablen – beeinflußt) werden kann, und zum anderen, wie man Kundenzufriedenheit quantitativ erfassen und messen kann.

3.1 Bestimmungsfaktoren der Zufriedenheit von Bankkunden

Kundenzufriedenheit ist ein sehr dehnbarer Begriff. Die Vielzahl unterschiedlicher Definitionsansätze kann auf den gemeinsamen Nenner zurückgeführt werden, daß Zufriedenheit aus einem subjektiven Vergleich zwischen erwartetem und tatsächlich wahrgenommenem Nutzen resultiert.[16] Die zahlreichen Erklärungsansätze aus den USA und aus Europa basieren denn auch sehr stark auf dem Denkmodell des „Confirmation/Disconfirmation-Paradigmas", bei dem der Prozeß der Bestätigung als vermittelnde Variable zwischen einem subjektiven Vergleichsstandard sowie der (ebenfalls subjektiv) wahrgenommenen Ist-Leistung und der eigentlichen Zufriedenheit mit dieser Ist-Leistung steht. Grundlage des Denkansatzes ist also die Annahme, daß Zufriedenheit in Relation zu einem kundenindividuellen Standard definiert wird. Dieser Standard wird meist anhand der beiden Konstrukte *Erwartungen* und *Erfahrungen* definiert.

Was bestimmt denn nun, ob und in welchem Ausmaß ein Kunde mit der ihm durch die Bank erbrachten Leistung zufrieden ist? Ein einfaches Systemmodell zur Charakterisierung dieser Bestimmungsfaktoren beinhaltet sechs Basiselemente, welche direkt die Kundenzufriedenheit beeinflussen:

- *Image:* Das Image einer Bank ist deshalb ein wichtiger Bestimmungsfaktor der Kundenzufriedenheit, weil es in starkem Maße die Bildung der Erwartungen beeinflußt, mit denen der Kunde an

---

16 Vgl. Dichtl/Schneider (1994) und Töpfer/Mann (1996), S. 25-81.

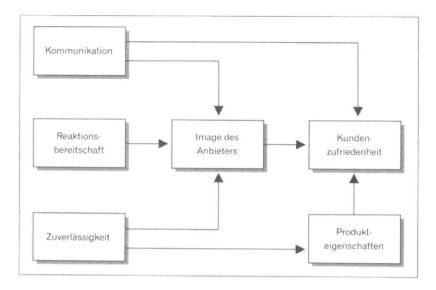

Abbildung 2: Bestimmungsfaktoren der Zufriedenheit von Bankkunden

seine Bank herantritt. Aufgrund der spezifischen Eigenschaften von Finanzdienstleistungen hat der Bankkunde meist zuwenig Anhaltspunkte, um hinsichtlich der Qualität der durch die Bank im künftigen Verlauf der Beziehung zu erbringenden Leistungen sowie über das zielkonforme Verhalten des Bankpartners rational fundierte und objektivierbare Erwartungen zu bilden. Das Image der Bank wird so zum Garant für die im voraus nicht überprüfbare Qualität künftiger Leistungen. Im Idealfall wird das Image in einer eigentlichen Marke zusammengefaßt, die ihrerseits Kundenerwartungen standardisiert und kanalisiert.

- *Produkteigenschaft:* Im Laufe der Kunde-Bank-Beziehung sind es die Produkt- und Serviceeigenschaften, welche schwergewichtig die Kundenzufriedenheit determinieren. Dabei spielen Qualität, Preis und nachfrageseitige Nutzenerwartungen die wichtigste Rolle. Relationship Banking setzt ein erfolgreiches Qualitätsmanagement sowohl im eigentlichen Kernprodukt wie bei den diesem zugeordneten Zusatz- und Ergänzungsleistungen voraus. Bei der Beurteilung der Qualität von Finanzdienstleistungen sind zahlreiche Aspekte und Facetten in die Überlegungen einzubeziehen. Letztlich aber wird die Qualität des Produktes aus der Sicht des Nachfragers dadurch bestimmt, ob es den Zweck erfüllt, zu dem es nachgefragt wurde, und ob bzw. bis zu welchem Grad es das Problem löst, das der Produktnachfrage zugrunde liegt. Daneben spielen aber auch jene Faktoren eine Rolle, die in den nachstehenden Abschnitten aufgegriffen werden. Mit der Qualitätsdimension direkt verbunden ist der Aspekt der Nutzenerwartung. Hier ist die Problemlösungskapazität eines Finanzproduktes, einer Finanztransaktion oder einer Bankbeziehung insgesamt angesprochen. Die Kundenzufriedenheit hängt davon ab, wieweit es der Bank gelingt, für den Kunden Mehrwert zu schaffen, wobei diese Wertschöpfung nicht nur aus finanziellem Mehrwert, sondern durchaus auch aus Informationen, Servicebereitschaft, Zuverlässigkeit, Bequemlichkeit etc. bestehen kann. Der Preis schließlich wird in zunehmendem Maße zu einem zentralen Bestimmungsfaktor der Kundenzufriedenheit. Mit zunehmender Markttransparenz ist der Kunde vermehrt in der Lage, Kosten-/Nutzenanalysen und entsprechende institutsübergreifende Vergleiche anzustellen.

- *Kommunikation:* Kommunikation allein spielt für die Kundenzufriedenheit eine untergeordnete Rolle, im Zusammenspiel mit anderen Faktoren aber kommt ihr eine große Bedeutung zu. Sie ist im wesentlichen verantwortlich für das Image der Bank und bestimmt stark die ex ante gebildeten Erwartungen der Nachfrager, die dann im Laufe der Kunde-Bank-Beziehung bestätigt oder enttäuscht werden. Zahlreiche Beispiele aus der jüngsten Vergangenheit zeigen bei schweizerischen Großbanken mit aller nur wünschbaren Deutlichkeit den Zusammenhang zwischen Kommunikationsverhalten, Image der Bank und Kundenzufriedenheit.

- *Reaktionsbereitschaft:* Ein spezieller Aspekt von Qualität und Kommunikation ist die Reaktionsbereitschaft des Anbieters auf Aktionen des Nachfragers. Mit dem Begriff der Responsiveness wird die Fähigkeit der Bank angesprochen, rasch, gezielt und mit der gebotenen Freundlichkeit und Höflichkeit auf ausgesprochene oder unausgesprochene Bedürfnisse des Kunden zu reagieren. Aufmerksamkeit, Reaktionsgeschwindigkeit, Einsatzbereitschaft der Mitarbeiter sind dabei die Schlüsselfaktoren zur Steigerung der Kundenzufriedenheit.

- *Convenience:* Die Bequemlichkeit, mit der Bankkunden Transaktionen abwickeln und Beratungs- bzw. Informationsleistungen nutzen können, ist ein weiterer wichtiger Faktor für die Ausprägung der Kundenzufriedenheit. Dabei spielt der vielzitierte Begriff der Kundennähe eine wichtige Rolle, wobei im Unterschied zu früher damit nicht mehr in erster Linie physische Kundennähe gemeint ist, sondern vielmehr die möglichst uneingeschränkte Verfügbarkeit von Bankdienstleistungen über Zeit und Raum hinweg.

- *Zuverlässigkeit:* Und nicht zuletzt geht es im Rahmen der Beurteilung der Kundenzufriedenheit auch weiterhin darum, daß die Bank dem Kunden ein in jeder Hinsicht zuverlässiger Partner ist. Zuverlässigkeit beinhaltet dabei Aspekte wie Kontinuität in der Kommunikation, in der Zuordnung von Bezugspersonen und der Ausgestaltung organisatorischer Schnittstellen oder die Flexibilität bezüglich wechselnder Kundenbedürfnisse.

3.2 Zeitliche Dimension der Kundenzufriedenheit

Die Tatsache, daß Kundenzufriedenheit und Beziehungsdauer offensichtlich positiv miteinander korrelieren,[17] mag weiter nicht erstaunen. Unzufriedene Kunden brechen ihre Bankbeziehung ab und wechseln zu einem Konkurrenten. Zufriedene Kunden intensivieren die Kunde-Bank-Beziehung und sorgen so für wiederholte Bestätigung und Verfestigung der positiven Erfahrungen mit dem Bankpartner. Wie noch zu zeigen sein wird, korrelieren auch Profitabilität und Dauer der Kundenbeziehung positiv miteinander, so daß auch über diese Relation eine direkte, quantitativ meßbare Verbindung zwischen Kundenzufriedenheit und -profitabilität hergestellt werden kann.

---

17 Vgl. Capon/Farley/Hoenig (1990), S. 1143-1159 und Moll-Thissen (1997).

3.3 Erklärungsmodelle der Kundenzufriedenheit

Erklärungsmodelle der Kundenzufriedenheit setzen einzelne oder mehrere dieser Bestimmungsfaktoren in eine (meist funktionale) Relation zueinander. Ihnen gemeinsam ist die Definition der Zufriedenheit als Ergebnis eines komplexen psychischen Vergleichsprozesses zwischen Erwartungen und Erfahrungen, wobei Erfahrungen die Erwartungen bestimmen und bis zu einem gewissen Grad die Erwartungen die (subjektiv wahrgenommenen und interpretierten) Erfahrungen prägen.[18]

Drei Erklärungsmodelle stehen dabei im Hinblick auf die Strukturierung von Relationship Banking-Konzepten im Vordergrund: das *Confirmation/Disconfirmation-Paradigma*, die *Equity-Theorie* sowie die *Attributionstheorie*.[19] Im Rahmen des Conformation/Disconfirmation-Paradigmas werden Erfahrungen mit Erwartungen verglichen und die Kundenzufriedenheit als Grad der Bestätigung der ursprünglichen Erwartungen ausgedrückt. Auch im Equity-Modell werden Vergleiche als Grundlage der Zufriedenheit herangezogen, nur geht es hier um den Vergleich des für die einzelnen Partner aus einer Austauschbeziehung resultierenden Nutzens; im Mittelpunkt der Beurteilung steht die Fairneß einer Beziehung, die ausdrückt, ob ein Partner zu Lasten des anderen Vorteile erzielt. Liegt der Vorteil auf der Seite der Bank, resultiert Unzufriedenheit. Eine Erhöhung der Zinsmarge im KMU-Kreditgeschäft führt zu einer Reduktion des Zufriedenheitsgrades selbst dann, wenn ein bestimmter Kreditkunde direkt von dieser Margenverbesserung nicht betroffen ist. Die Attributionstheorie schließlich sucht Ergebnisse auf bestimmte Ursachen zurückzuführen; je nachdem, wie die Verantwortlichkeit für diese Ursache interpretiert wird, resultiert ein unterschiedlicher Zufriedenheitsgrad. So reduzieren etwa Zinssenkungen auf dem Kontosortiment dann die Zufriedenheit in besonderem Maße, wenn sie im Urteil des Kunden nicht auf makroökonomische Einflüsse, sondern auf Gewinnoptimierung der Bank zurückzuführen sind. Für das Relation-

---

18 Vgl. Erevelles/Leavitt (1992), S. 104-114, Bateson/Wirtz (1991) und Gierl/Höser (1992), S. 78-85.
19 Vgl. Erevelles/Leavitt (1992) und Simon/Homburg (1995).

ship Banking stellt sich in diesem Zusammenhang die Aufgabe, auf der kommunikativen Ebene dem Kunden entsprechende Ursache-Wirkung-Beziehungen darzustellen und plausibel zu machen.

Bei einer zeitraumbezogenen Betrachtung der Entwicklung von Kundenzufriedenheit zeigt es sich, daß offensichtlich aufgrund emotionaler und kognitiver Faktoren aus dem Image der Bank erste Erwartungen abgeleitet werden, die dann durch erste Erfahrungen bestätigt und anschließend allenfalls modifiziert werden. Die Abfolge solcher Bestätigungsvorgänge führt dabei im Zeitverlauf zur Verfestigung oder gar Erhöhung der Kundenzufriedenheit oder aber zum Abbruch bzw. zur Deaktivierung der Bankbeziehung.

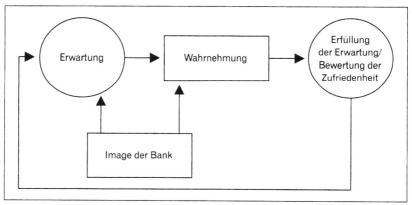

Quelle: Töpfer/Mann, Kundenzufriedenheit als Meßlatte für den Erfolg

Abbildung 3: Kundenzufriedenheit als dynamischer Bewertungsprozeß

3.4 Meßkonzepte der Kundenzufriedenheit

Um Kundenzufriedenheit zu steuern, braucht es im Rahmen des Relationship Banking ein instrumental ausgerichtetes *Meßkonzept*. Die Marketingwissenschaft stellt auch hier eine ganze Reihe von Meßkonzepten zur Verfügung, die mit geeigneter Adaption auf die bankspezifischen Rahmenbedingungen auch im Finanzwesen mit Erfolg eingesetzt werden können. Sog. *objektive* Meßverfahren gehen davon aus, daß es Indikatoren gibt, anhand derer Kundenzufriedenheit objektiv und ohne Verzerrung durch subjektive Einflüsse beurteilt werden kann. *Subjektive* Verfahren dagegen orientieren sich an kundenindividuellen Wahrnehmungen und Verhaltensweisen. Dabei wird unterschieden zwischen merkmalorientierten und ereignisorientierten Meßkonzepten. Erstere orientieren sich in der Beurteilung der Kundenzufriedenheit an der Ausprägung bestimmter Merkmale, während letztere spezifische beobachtbare Ereignisse zur Zufriedenheitsbeurteilung heranziehen, wie beispielsweise spezifisch positive oder negative Erfahrungen, die in Beschwerden oder Dankesbriefen zum Ausdruck kommen.[20] Die Abbildung 4 faßt diese verschiedenen Denkansätze schematisch zusammen.

Die zentralen Fragestellungen im Rahmen des Meßkonzeptes bzw. eines Customer Satisfaction Measurement Programms (CSMP) beinhalten dabei, unabhängig vom gewählten Meßkonzept, immer die gleichen Punkte:[21]

- Bestimmung des *Zufriedenheitsgrades* von Kundensegmenten und einzelnen Kundenbeziehungen.
- Darstellung von *Ursache-Wirkung-Beziehungen* im Bereich der Kundenzufriedenheit.
- Aufzeigen von *Prioritäten* bei der Zuordnung knapper Ressourcen auf einzelne Projekte zur Verbesserung der Kundenzufriedenheit.

Die *Datenbasis* zur Beantwortung dieser Fragen kann, wie in Abbildung 4 gezeigt wird, auf der Grundlage unterschiedlicher Meßkonzepte organisiert werden. Bei der Beschaffung der notwendigen Daten kann aber auch auf passive Erhebungsmethoden zurückgegriffen werden, die darauf beruhen, daß der Kunde selbst der Bank ein Feedback gibt, das Rückschlüsse auf die Kundenzufriedenheit zuläßt. Ein gut ausgebautes Beschwerdesystem, die Schaffung zusätzlicher feed-

---

20 Ein Überblick über die verschiedenen Meßkonzeptionen findet sich bei Simon/Homburg (1995) sowie bei Nieschlag/Dichtl/Hörschgen (1994) und Meffert/Bruhn (1995). Für die Diskussion ereignisorientierter Verfahren vgl. Stauss (1994), S. 233-250.
21 Vgl. Jung (1995), S. 139-159.

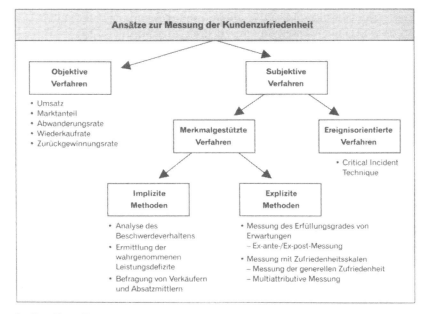

Quelle: Simon/Homburg, Kundenzufriedenheit

Abbildung 4: Ansätze zur Messung der Kundenzufriedenheit

backbezogener Kontaktstellen oder die systematische Auswertung von Mitarbeiterinformationen können wichtige Elemente in einem solchen CSMP sein.

4. Planung, Steuerung und Überwachung der Bankloyalität

4.1 Erklärungsmodelle der Bankloyalität

Mit dem Begriff der *Bankloyalität* sei hier in Anlehnung an *Polan* ein von einer positiven Einstellung gegenüber einer bestimmten Bank getragenes Verhalten bezeichnet, dauerhaft, d.h. über einen langen Zeitraum hinweg, wiederholt und weitgehend ausschließlich die Leistungen dieser Bank zu beanspruchen.[22] Loyalität beinhaltet also in diesem Zusammenhang soviel wie Treue – ein treuer Kunde bleibt bei seiner Bank und ist auch bereit, seine Bankgeschäfte prioritär (wenn auch nicht notwendigerweise ausschließlich) über diese Bankbeziehung abzuwickeln.

4.1.1 Lerntheoretisch fundierte Erklärungsmodelle der Bankloyalität

Zahlreiche Modelle zur Erklärung von Bankloyalität setzen beim im Zeitverlauf immer intensiveren Gewöhnungseffekt (Habitualisierung) des Bankkunden an. Entscheidungen, die sich in dem Sinne bewährt haben, daß Erwartungen durch Erfahrungen bestätigt wurden, werden erst bewußt, dann immer ritualisierter wiederholt. Die erste Entscheidung für die Aufnahme einer bestimmten Bankbeziehung ist vielleicht noch mit einem umfassenden Informationsverarbeitungs- und Entscheidungsprozeß (und entsprechenden Informations- und Kommunikationskosten) verbunden. Wenn aber bei einer einmal etablierten Beziehung keine nachhaltigen Störungen auftreten, welche die Kundenzufriedenheit nachhaltig zu beeinflussen vermögen, wird der Kunde sein Verhalten sehr rasch ritualisieren. Erfahrungsgemäß neigt er im Zeitverlauf auch immer stärker dazu, kleinere Störungen im Verhältnis zu seiner Bank entweder zu ignorieren oder aber seine Erwartungshaltung entsprechend nach unten zu korrigieren.

Dies geschieht, wie empirische Untersuchungen zeigen, um so rascher, je geringer die Bedeutung der beanspruchten Leistung für den jeweiligen Kunden, je tiefer die Markttransparenz und je niedriger das Bildungsniveau des Bankkunden sind. Je wichtiger das beanspruchte Produkt für den Kunden ist, desto geringer wird die Bedeutung der Habitualisierung im Entscheidungsprozeß. Die in den vergangenen Jahren stark gestiegene Markttransparenz, beispielsweise im Hypothekargeschäft, hat wesentlich dazu beigetragen, daß der sonst loyale Kunde in spezifischen Entscheidungssituationen – wie es beispielsweise eine Eigenheimfinanzierung darstellt – in zunehmen-

---

22 Zur detaillierten Diskussion des modernen Bankloyalitäts-Begriffs vgl. Polan (1995), S. 16 ff.

dem Maße „bargain shopping" zu betreiben beginnt. Auch hier kann jedoch davon ausgegangen werden, daß der Kunde die Bank, die er bereits kennt, im Rahmen seines Entscheidungsprozesses bevorzugt bewerten wird, da er aufgrund der Absatzbeziehung über die Zeit und des auf der Zeitachse erfolgten Lernprozesses seine Risiken glaubt reduzieren zu können. Es gibt Anzeichen dafür, daß mit der steigenden Markttransparenz und den technologiebedingten Veränderungen in der Angebotsstruktur des Marktes für Finanzprodukte die Bedeutung des Gewöhnungseffektes abnimmt bzw. die Reaktionselastizität des Bankkunden tendenziell zunimmt.

Das Konzept der Habitualisierung weist zahlreiche Berührungspunkte zur klassischen *Lerntheorie* auf. In Anlehnung an die Lerntheorie hat denn auch *Süchting* bereits in den 70er Jahren eine Theorie der Bankloyalität entwickelt, die in jüngster Zeit weiter verfeinert worden ist.[23] Er stellt dabei den Begriff des Lernens als zentralen Aspekt zur Entstehung und Erklärung von Bankloyalität vor. Ausgangspunkt der Argumentation ist die Hypothese, daß der Kunde Erfahrung und Vertrauen aufgrund der persönlichen Interaktion zwischen ihm und der Bank gewinnt, wobei angenommen wird, daß dieser Lernprozeß weitgehend störungsfrei abläuft, d.h. daß die Erfahrung die Erwartungen bestätigt.

In diesem Lernmodell wird die Wahrscheinlichkeit einer erneuten Interaktion bzw. Transaktion bei derselben Bank als Funktion der Menge der bisherigen erfolgreichen Transaktionen gesehen. Es stützt sich dabei auf Erkenntnisse aus der allgemeinen Konsumentenforschung, ergänzt diese jedoch durch eine Verhaltensgleichung, welche die Nachfrageentscheidung des Bankkunden aus den Parametern Bankloyalität, Dringlichkeit des Bedürfnisses, Einsatz des absatzpolitischen Instrumentariums durch die Bank und Reaktionsbereitschaft des Kunden auf dieses Instrumentarium ableitet.[24] Der Kunde lernt nach diesem Ansatz mit zunehmender Nachfrage nach Bankdienstleistungen, diese auch wirtschaftlicher abzunehmen, weil er die Bank und ihre Distributionskanäle immer besser kennt. Als Folge der

---

23 Vgl. Süchting (1972), S. 269-300; (1991), S. 25-43 und (1994), S. 449-457.
24 Vgl. Nader (1994).

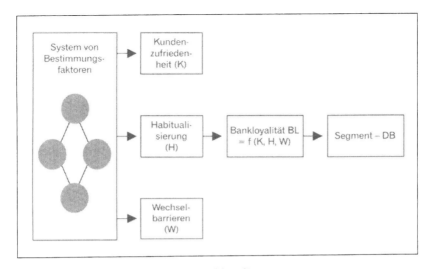

Abbildung 5: Determinanten der Bankloyalität

Menge der nachgefragten Produkte bzw. der Transaktionen entsteht über eine stets erneuerte Bestätigung von Erwartungen eine Vertrauensbasis, die immer schwerer zu erschüttern ist. Dementsprechend nimmt auch die Wahrscheinlichkeit, daß ein Kunde die Geschäftsbeziehung mit seiner Bank abbricht, mit der Anzahl der nachgefragten Produkte und der abgewickelten Transaktionen ab.

Dieser lerntheoretische Ansatz erscheint trotz zahlreicher Einschränkungen und Kritikpunkte für die Ableitung loyalitätsbezogener Schlußfolgerungen für die Bank interessant. Durch zunehmende Lerneffekte, geringeres Risikoempfinden und den Abbau von Kommunikationsbarrieren wird die Vertrauensbasis des Kunden gefestigt. Die Bank kann vorhandene Informationsasymmetrien durch entsprechende Kommunikationsstrategien reduzieren und die Lernrate dadurch erhöhen. Das gleiche Ziel kann unterstützt werden durch Investitionen in die Reputation der Bank. Der gute Ruf einer Bank hat für den Nachfrager einen hohen Informationswert und verändert dessen Startposition auf der Loyalitätskurve.

4.1.2 Institutionenökonomisch fundierte Erklärungsmodelle der Bankloyalität

Bankdienstleistungen sind aufgrund ihrer spezifischen Eigenschaften (beispielsweise der fehlenden Stofflichkeit oder dem hohen Abstraktionsgrad) *Kontraktgüter*, d.h., sie werden erworben auf der Grundlage formeller, in die Zukunft gerichteter Verträge. Im Rahmen eines solchen Vertrages – der durch die Aufnahme der Bankbeziehung meist in der Form einer Kontoeröffnung konstituiert wird – binden sich Bank und Kunde gegenseitig aneinander. Beide haben in den Vertragsabschluß investiert (in der Form von Zeit, Marketingaufwendungen, Informationsvermittlung etc.) und haben das Risiko einer Fehlinvestition zu tragen. In einem beziehungsbezogenen Modell der Bankloyalität werden die Grundlagen und Bedingungen aufgezeigt, unter denen Bankloyalität zustandekommt und aufrechterhalten wird:[25]

- Auslösender Faktor für den Abschluß eines Bindungsvertrages durch den Kunden ist dessen *Nutzenerwartung*. Wir haben bereits erwähnt, daß dieser Nutzen ex ante stark durch die Reputation der Bank bestimmt wird.

- Die Beibehaltung einer einmal eingegangenen Bindung wird unterstützt bzw. die Auflösung der Bindung behindert durch die Existenz von *Wechselkosten* (sog. Switching Costs), die beim Wechseln einer Bankbeziehung entstehen.

Dazu gehören etwa Kosten, die direkt oder indirekt mit der Auflösung von Konti oder Depots, der Auslieferung von Wertpapieren, der Änderung von Daueraufträgen, Kreditkarten oder der Kündigung von Krediten verbunden sind. Ebenfalls zu den Wechselkosten sind nicht quantifizierbare Kosten wie Zeiteinsatz oder Ärger bei der Auflösung einer etablierten Bankbeziehung zu zählen. Dabei spielen solche Wechselkosten natürlich nicht in allen Produktbereichen und Märkten die gleiche Rolle für das Verhalten des Kunden. Ihre Bedeutung hängt ab von der Relation zum zukünftigen erwarteten Nutzengewinn: erwartet der Nachfrager beispielsweise vom neuen An-

---

25 Vgl. Schäfer (1995), S. 531-544.

bieter einer Vermögensverwaltungsleistung eine langfristig wesentlich bessere Performance, so wird er die mit dem Wechsel der Beziehung verbundenen Kosten anders gewichten als beispielsweise im Consumer Banking, wo er vom neuen Anbieter eine qualitativ kaum bessere Leistung erwarten kann als die, welche er bisher schon erhalten hat.[26]

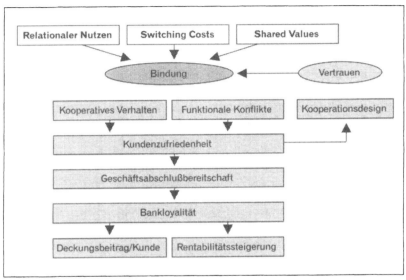

Quelle: nach Schäfer, Beziehungsmanagement durch Dialogmarketing

Abbildung 6: Struktur des Loyalitätsmodells

- *Vertrauen* ist einer der Schlüsselfaktoren für den Auf- und Ausbau einer Bankbeziehung. Finanzdienstleistungen sind einerseits besonders erklärungsbedürftig, da es sich um abstrakte und immaterielle Leistungen handelt; andererseits sind sie vertrauensbedürftig, da ihre spezifischen Eigenschaften im voraus durch den Nachfrager nicht überprüft werden können. Vertrauen entsteht auf der Grundlage von Kommunikationsprozessen, die beim

---

26 Vgl. Bernet (1996).

Bankkunden die Sicherheit entstehen lassen, Verantwortung auf den Bankpartner übertragen zu können, auch wenn die Qualität der noch zu erbringenden Leistung (noch) nicht beurteilt werden kann.

- Die Bank ihrerseits hat zur Bildung dieses Vertrauens beim Nachfrager Maßnahmen zu treffen, die ihre *Reputation* fördern und die Kooperationsbereitschaft der Nachfrager erhöhen. Dazu gehört eine entsprechende Informations- und Kommunikationspolitik, die immer auch das gezielte Signalisieren ihrer Reputation beinhalten muß. Inhalt der Signale muß die Versicherung sein, daß die Bank bzw. ihre Repräsentanten sich mit der gebotenen und erwarteten Sorgfalt, mit Fleiß und Nachdruck um die finanziellen Bedürfnisse ihrer Kunden kümmern und die allenfalls zu ihren Gunsten vorhandenen Informationsungleichgewichte nicht ausnützen werden. Ergebnis dieser vertrauensbildenden Maßnahmen als zentrales Element des Relationship Banking sind ein entsprechendes Kooperationsdesign, das die Beziehung zwischen Bank und Kunde regelt, sowie ein daraus resultierendes wechselseitiges kooperatives Verhalten. Beides zusammen ist die Grundlage für Kundenzufriedenheit und definiert die Voraussetzung für die Intensivierung der Bankloyalität des Kunden. Zwischen Kundenzufriedenheit und Kooperationsdesign besteht also ein eigentlicher Rückkopplungsprozeß, der im Zeitverlauf zu einer Intensivierung der Kundenbindung führt.

Kundenzufriedenheit erhöht die Abschlußbereitschaft des Kunden, die Abschlußrate der Bank und das Cross-Selling-Potential. Die daraus resultierende Bankloyalität im oben definierten Sinn ist wiederum die Grundlage für einen im Zeitverlauf zunehmenden Perioden-Deckungsbeitrag des Kunden und damit eine fortwährende Verbesserung der Rentabilität der Kundenbeziehung.

4.2 Loyalitätsorientierte Kundensegmentierung

Wenn Kundenbeziehungen erst im Zeitverlauf profitabel werden, wenn unterschiedliche Kundentypen ein unterschiedliches Bindungsverhalten zu ihrer Bank an den Tag legen, und wenn die Bank nur über knappe Ressourcen zur Förderung der Kundenzufriedenheit und der Intensivierung der Bankloyalität verfügt, dann stellt sich die Frage, für welche Kunden diese knappen Ressourcen unter dem Aspekt eines auf nachhaltigen Ertrag ausgerichteten Relationship Banking prioritär einzusetzen sind. Offensichtlich können Kunden auch aufgrund ihres Loyalitätsverhaltens segmentiert werden. Auf dieser Überlegung basieren Ansätze, die Kunden aufgrund ihrer Attraktivität (definiert beispielsweise als Aufwandrentabilität oder als Rentabilität der Kundenbeziehung) und ihrer Bindungsintensität zu kategorisieren versuchen.[27] In der Bankpraxis hat dabei das *Rentabilitäts-/Loyalitäts-Portfolio* zunehmend Verbreitung gefunden, das in Abbildung 7 dargestellt wird:

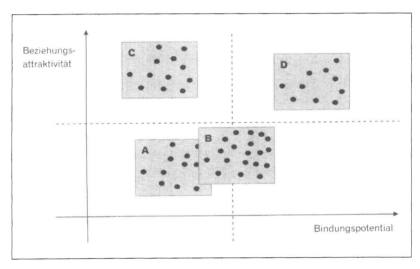

Abbildung 7: Rentabilitäts-/Loyalitäts-Portfolio

---

[27] Vgl. Plinke (1989), S. 305-325, Diller/Götz (1991), Polan (1995) und Paul/Paul (1997), S. 875-890.

In diesem Portfolio werden die Kunden in vier Basistypen eingeteilt, die je anhand ihrer Rentabilitäts- bzw. Loyalitätseigenschaften beschrieben werden können:

- Kunden vom Typ A sind weder besonders attraktiv noch treu. Sie bescheren der Bank in erster Linie Transaktionskosten und unterhalten einen kleinen Durchschnittssaldo mit entsprechend geringem passivseitigen Konditionenbeitrag für die Bank. Aktivseitige oder indifferente Geschäfte tätigen sie kaum. Sie sind zudem in der Regel überdurchschnittlich preissensibel und wechseln rasch ihre Bankbeziehung, wenn sie andernorts die nachgefragten Leistungen zu besseren Konditionen bekommen können. Diese Kunden sind im Normalfall unattraktiv, oder aber sie müssen durch entsprechende produktions- und distributionsspezifische Rahmenbedingungen profitabel gemacht werden können. In jedem Fall sind sie kaum prioritäre Ansprechpartner für Maßnahmen im Rahmen des Relationship Banking.

- Kunden vom Typ B sind überdurchschnittlich loyal, aber aufgrund ihres Verhaltens und/oder ihrer ökonomischen Rahmenbedingungen für die Bank wenig attraktiv. Auch sie sind nur beschränkt Ansprechpartner für Maßnahmen im Relationship Banking.

- Kunden vom Typ C sind unter Rentabilitätsgesichtspunkten sehr attraktiv, weisen aber eine geringe Bindungsintensität auf. Sie sind eine prioritäre Zielgruppe für aktive Maßnahmen im Rahmen des Relationship Banking.

- Auch den Kunden vom Typ D gehört die Aufmerksamkeit des Relationship Banking. Sie sind sowohl ökonomisch überdurchschnittlich attraktiv als auch überaus loyal. Zu ihnen gehören meist langjährige, oft gar generationenübergreifende Kundenbeziehungen.

Empirische Untersuchungen und Konzepte zur Messung der Bankloyalität gibt es allerdings nur wenige. Zwar haben seit Mitte der 90er Jahre die meisten Großbanken damit begonnen, die Loyalität ihrer Kunden systematisch und auf der Grundlage quantitativer Modelle zu messen, zu analysieren und in letzter Konsequenz auch zu prognostizieren. Bankübergreifende Untersuchungen liegen jedoch kaum vor und beschränken sich auf die Gegenüberstellung einzelner weniger, nicht miteinander verknüpfter Indikatoren.[28] Zu diesen Indikatoren gehören etwa die Analyse der Anzahl von Bankverbindungen, die Wechselhäufigkeit von Bankkunden oder die Dauerhaftigkeit einer Bankbeziehung.

Der bisher untersuchte Ansatz zur Entwicklung eines umfassenden Konzeptes zur Messung der Bankloyalität stammt von *Polan*.[29] Er geht dabei von der Zielsetzung aus, daß ein entsprechendes Kennziffernsystem (1) in seinen Aussagen das Kundenverhalten widerspiegeln sollte, (2) in der Bankpraxis relativ einfach, kostengünstig und ohne Mitwirkung des Kunden umsetzbar sein muß und (3) die aus ihm gewonnenen Informationen breite Akzeptanz finden und von geschäftspolitischem Nutzen sein müssen. Dabei erkennt er richtigerweise das Grundproblem aller solcher Modelle, nämlich die große Zahl der Faktoren, welche die Kunde-Bank-Beziehung beeinflussen, sowie deren kaum abschätzbare und im Zeitverlauf zudem instabile Interdependenzen. Trotz dieser Einschränkungen kann dieser Denkansatz als das bisher umfassendste Konzept zur quantitativen Messung der Bankloyalität bezeichnet werden.

5. Elemente eines integrierten Kundenwertmanagements

5.1 Zielsetzung des Kundenwertmanagements

Untersuchungen zeigen, daß rund 60 bis 80 Prozent der Kunden mit einem durchschnittlichen Anlagewert von unter 100 000 DM der Bank einen negativen Deckungsbeitrag I bescheren.[30] Investitionen in die Akquisition und die Bindung solcher Kunden macht nicht nur keinen Sinn, sondern wirkt sich für die Bank gar kontraproduktiv aus. Die verfügbaren Ressourcen sind auf jene Kundensegmente auszu-

---

28 Vgl. Sachenbacher (1991), Meyer/Dornach (1993), S. 120-135 und Schütz/Krug (1996), S. 188-193.
29 Vgl. Polan (1995).
30 Vgl. Costanzo (1995), S. 79 f. und Leutwiler (1996), S. 22.

richten, die für die Bank die höchste Profitabilität aufweisen. Zielsetzung des Kundenwertmanagements ist es deshalb,

- den Beitrag einer jeden Kundenbeziehung je Zeitperiode und kumuliert über die Dauer der Beziehung hinweg sowie die künftig aus der Beziehung zu erwartenden Deckungsbeiträge zu berechnen,
- je Kundensegment Ursache-Wirkung-Analysen für diese Ertragsströme durchzuführen, die aufzeigen, unter welchen Rahmenbedingungen welche Deckungsbeiträge eingetreten oder zu erwarten sind und
- aus diesen Erkenntnissen ein auf die jeweilige konkrete Ausgangslage einer jeden Kundenbeziehung ausgerichtetes Betreuungskonzept abzuleiten, das auch Entscheidungsgrundlagen für ein verursachergerechtes Pricing bereitstellt.

Als Kundenwert wird dabei der aus der Beziehung für die Bank resultierende *Nettobarwert aller Cash-flows* bezeichnet. Die Summe der bisherigen und zukünftigen Cash-flows aus einer Kundenbeziehung wird dabei mit den Investitionen der Akquisition und des Retention Marketing verrechnet und auf der Grundlage der Kapitalkosten der Bank auf den Entscheidungszeitpunkt abgezinst.[31] Im Rahmen eines systematischen Kundenwertmanagements gilt es nun, Strukturen, Prozesse und Instrumente zu schaffen, um diesen Kundenwert gezielt planen, steuern und überwachen zu können.

5.2 Ursache-Wirkung-Analyse der Kundenprofitabilität

Der so definierte Kundenwert wird im wesentlichen durch die Faktoren Anlagewert (definiert als Summe der Aktiv- und Passivsaldi der Kundenbeziehung mit einer bestimmten Bank) und *Intensität der Produktnutzung* bestimmt. Der Anlagewert wiederum ist einerseits eine Funktion der Diversifikation der Bankbeziehungen eines bestimmten Kunden und andererseits seiner aktuellen und potentiellen

---

31 Vgl. Knöbel (1997).

wirtschaftlichen Situation, die ihrerseits im Normalfall mit dem Alter korrespondiert.

Empirische Untersuchungen bei Großbanken zeigen, daß im Consumer Banking Kunden erst ab einem Alter von ca. 30–35 Jahren positive Deckungsbeiträge erbringen. Die gleichen Untersuchungen weisen nach, daß Kundenbeziehungen im Privatkundengeschäft für die Bank im statistischen Regelfall erst nach ca. fünf bis sieben Jahren eine positive Rentabilität aufweisen.[32] Die daraus abzuleitende Zielsetzung für das Relationship Banking besteht darin, bei Kundenbeziehungen, für die aufgrund der verfügbaren statistischen Daten ein im Zeitverlauf positiver kumulierter Nettobarwert prognostiziert werden kann, einen vorzeitigen Beziehungsabbruch zu vermeiden. Dabei sind durchaus auch zusätzliche Investitionen in eine solche Kundenbeziehung in die Überlegungen einzubeziehen (beispielsweise über die Einräumung von Vorzugskonditionen oder die Erbringung von Gratisleistungen), die vordergründig zwar die Ertragssituation der Bank in einer bestimmten Zeitperiode negativ beeinflussen, aus einer längerfristigen Optik heraus aber sicherstellen, daß aus der Beziehung insgesamt ein positiver Nettobarwert aller Cash-flows resultiert.

5.3 Problembereiche der Kundenkalkulation

Der zu einem bestimmten Zeitpunkt als Entscheidungsgrundlage für Maßnahmen im Relationship Banking zu berechnende Kundenbarwert besteht aus zwei Elementen. Zum einen gilt es, die bisher aus der Kundenbeziehung erzielten Deckungsbeiträge zu berechnen. Zum anderen wird als Entscheidungsgrundlage auch der Barwert aller noch aus der Beziehung zu erwartenden Deckungsbeiträge benötigt. Die Berechnung beider Elemente erweist sich in der bankbetrieblichen Praxis alles andere als einfach.

Das Instrument zur Bestimmung der vergangenheitsbezogenen Summe der Deckungsbeiträge ist die Bankkostenrechnung, genauer ge-

---

[32] Nicht veröffentlichte Untersuchungen/Diplomarbeiten der Universität St. Gallen/HSG.

sagt die Kundenkalkulation, als ein Element der bankbetrieblichen Kostenträgerrechnung. Grundsätzlich setzt sich der Ertrag aus einer Kundenbeziehung aus wertbezogenen sowie aus stückbezogenen Ertragskomponenten zusammen.[33] Während die wertbasierten Ertragskomponenten meist auf der Grundlage der Marktzinsmethode berechnet werden, bilden bei Einzelleistungen die für diese definierten und verrechneten Preise die Grundlage zur retrospektiven (wie auch zur prospektiven) Ertragsberechnung. Sowohl Wert- wie Stückbeiträge lassen sich aber in vielen Fällen nicht eindeutig feststellen. Hinzu kommt, daß zahlreiche Ertragskomponenten der Bank, die eindeutig aus dem Kundengeschäft herrühren, kaum einer bestimmten Kundenbeziehung zugeordnet werden können – beispielhaft sei hier etwa auf die namhaften Erträge aus dem Securities Lending-Geschäft verwiesen.

Prospektiv stellt sich das Problem, aus statistisch zu ermittelnden Werten das Verhalten einer bestimmten Kundenbeziehung vorauszusagen und aus den so berechneten Wert- und Stückkomponenten die künftigen Cash-flows aus dieser Beziehung zu prognostizieren. Je größer die verfügbare Datenbasis und je länger der ihr zugrundeliegende Zeitraum ist, desto genauer lassen sich solche Prognosen berechnen. Bei den meisten Banken fehlt es bis heute an entsprechendem statistischem Datenmaterial. Insbesondere das Nutzungsverhalten des Kunden hängt zudem von zahlreichen durch die Bank kaum beeinflußbaren exogenen Faktoren ab.

Diese Einschränkungen sollen jedoch nicht zur Schlußfolgerung führen, auf entsprechende Modelle zur Ertragsberechnung zu verzichten. Sie zeigen lediglich auf, daß die jeweiligen Ergebnisse zwar tendenziell zutreffende Aussagen erlauben, daß konkrete Kundenbeziehungen aber gegebenenfalls auch immer wieder individuell zu beurteilen sind. *Knöbel* zeigt zudem auf, daß die Evaluation des Kundenwertes eine Kontrollfunktion hat – sie setzt einen zeitpunktbezogenen Ertragswert einer Beziehung in Relation zu einer entsprechenden Zielvorgabe; Abweichungen von dieser Vorgabe sind dann entsprechend zu analysieren.[34]

---

33 Vgl. Bernet (1996).
34 Vgl. Knöbel (1997).

5.4 Life-Cycle-orientiertes Kundenwertmanagement

Oberste Zielsetzung des Relationship Banking ist die langfristige Bindung eines ertragbringenden Kunden an seine Bank. Je länger die Beziehung dauert, desto größer wird die Wahrscheinlichkeit, daß die Summe der Deckungsbeiträge positiv wird, bzw. desto höher ist aus Sicht der Bank die Profitabilität der Beziehung.

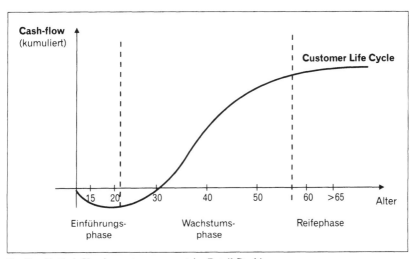

Quelle: Knöbel, Kundenwertmanagement im Retail Banking

Abbildung 8: Kumulierter Kunden-Cash-flow im Life-Cycle

Die periodenbezogenen Deckungsbeiträge einer Kundenbeziehung sind auch eine Funktion des Alters bzw. der Lebensphase, in welcher der Kunde sich befindet. Der statistische „Normkunde" erfordert in seinen Jugend- und frühen Erwachsenenjahre seitens der Bank in erster Linie Investitionen; der kumulierte Nettobarwert der Beziehung ist (und bleibt über mehrere Jahre hinweg) negativ.[35] Erst ab dem 25. bis 30. Altersjahr etwa erreichen die kumulierten Cash-flows aus den einzelnen Beziehungsjahren einen positiven Wert, der dann etwa ab

---

[35] Vgl. Bernet & Partner (1997) und Moll-Thissen (1997).

dem 65. Altersjahr wieder abnimmt, da in dieser Lebensphase nicht mehr der weitere Aufbau von Vermögenspositionen den Ertrag der Bank steigert, sondern deren sukzessiver Verzehr den Bankertrag negativ beeinflußt. Dieser Life-Cycle-orientierte Cash-flow kann nun durch externe Impulse (wie etwa Arbeitslosigkeit oder Erbschaft) wie auch durch die Bank selbst beeinflußt werden, indem sie dem Kunden gezielt bestimmte ertragsintensive Produkte, wie beispielsweise einen Privatkredit oder eine Hypothek, eine Lebensversicherung oder ein Vorsorgeprodukt, verkauft oder ihn zu einer Erhöhung von Aktiv- oder Passivsaldi motiviert. Neben einem entsprechend strukturierten Produktprogramm spielt hier auch das Life-Cycle-orientierte Pricing eine wichtige Rolle.

6. Strategische und operative Schlußfolgerungen für die Bank

Die strategischen Schlußfolgerungen, welche es für die einzelne Bank (konkretisiert auf deren spezifische Rahmenbedingungen) abzuleiten gilt, können wie folgt zusammengefaßt werden:

- Kundenbeziehungen sind als *Investitionsobjekte* zu betrachten. Die Bank investiert finanzielle und personelle Ressourcen in ihre Akquisition, ihren Ausbau und Erhalt. Der Verlust einer Kundenbeziehung vor Erreichen der Break-Even-Schwelle bedeutet, daß die durch die bisherigen Deckungsbeiträge nicht abgedeckten Investitionen in die Beziehung abgeschrieben werden müssen. Bei der Bewertung der Tragweite des Kundenverlustes sind die statistisch zu erwartenden künftigen Cash-flows zu berechnen. Der Verlust einer etablierten Kundenbeziehung kann meist nicht einfach durch die Akquisition einer neuen Beziehung kompensiert werden.

- Die klassischen Ansätze zur Kundensegmentierung sind durch *rentabilitäts-* und *loyalitätsorientierte Segmentierungen* zu ergänzen. Die daraus gewonnenen Erkenntnisse sind die Grundlage für die Entscheidungen im Zusammenhang mit der Planung, Steuerung und Überwachung im Relationship Banking.

- Die zentrale wettbewerbsstrategische Konsequenz aber besteht darin, daß die Bank sich in einem weitgehend gesättigten Markt, der geprägt wird von einem immer intensiveren Wettbewerb, auf die *Rentabilisierung* und Steigerung der *Ertragsintensität* bestehender Beziehungen fokussieren muß.

Aus den bisherigen Erfahrungen bei der Umsetzung von Modellen des Relationship Banking bzw. deren einzelner Module zeigt es sich, daß eine Reihe von Schlüsselfaktoren ausschlaggebend sind für den Erfolg entsprechender Bemühungen:

- In einem ersten Schritt gilt es, sich die notwendigen *theoretischen Grundlagen* zu erarbeiten, will man nicht Gefahr laufen, Relationship Banking auf marketingbezogene Schlagworte zu reduzieren. Relationship Banking ist in seiner konsequenten Umsetzung ein strategisches Commitment der Bank, dessen Umsetzung die konsequente Ausrichtung aller Entscheidungen und Handlungen auf allen Hierarchiestufen und in allen Funktions- und Produktbereichen der Bank auf die ertragsorientierte Steuerung der Kundenbeziehung verlangt.
- Dazu braucht es als Entscheidungsgrundlage eine breite *Datenbasis*, welche die Beschreibung, Analyse, Erklärung und Prognose von ertrags- und loyalitätsorientiertem Verhalten einzelner Kundenbeziehungen bzw. bestimmter Kundensegmente erlaubt.
- Die Auswertung der verfügbaren Daten verlangt den Einsatz eines modernen, auf statistischen Grundlagen abgestützten *Instrumentariums*. Ein wichtiges Element in diesem Instrumentarium ist die Bankkostenrechnung bzw. die Kostenträgerrechnung mit ihren zentralen Elementen Kundenkalkulation, Produkterfolgsrechnung und Transaktionskostenrechnung. Auch diese Instrumente sind entscheidungsorientiert auszugestalten und auf die Informationsbedürfnisse des Relationship Banking auszurichten.
- Der Aufbau eines Relationship-orientierten *Controllings* ist eine weitere wichtige Erfolgsvoraussetzung zur Realisation eines konkreten Relationship Banking Konzeptes. Das entsprechende Controllinginstrumentarium baut auf der Bankkostenrechnung sowie den übrigen Analyse- und Prognoseinstrumenten auf und dient

der Planung, Steuerung und Überwachung der im Relationship Banking definierten Zielsetzungen. Es ist damit das zentrale Instrument im Rahmen des Kundenwert-Managements.

- Nicht zuletzt kommt der entsprechenden *Motivation der Mitarbeiter* eine große Bedeutung zu. Mitarbeiterbezogene Verhaltensvorgaben und Anreizsysteme sind konsequent auf die im Relationship Banking Konzept definierten Zielsetzungen auszurichten.

Relationship Banking ist damit nicht einfach ein weiteres Schlagwort in einer an Schlagworten schon reichen bankbetrieblichen Fachsprache, sondern Ausdruck einer strategischen Positionierung der Bank in einem immer wettbewerbsintensiveren Marktumfeld, die das Entscheiden und Handeln der Bank in erster Priorität auf die ertragsorientierte Steuerung bereits bestehender Kundenbeziehungen ausrichtet.

Relationship Banking als strategische Erfolgsposition

Peter P. Held

1. Strategische Bedeutung

1.1 Strategisches Umfeld

Das Umfeld der Banken und Versicherungen verändert sich rasant und dramatisch. Die Einführung des Euro wird die Globalisierung der Finanzmärkte verstärken und die Strukturveränderung in der Finanzbranche beschleunigen: Allfinanzkonzepte und Financial Planning-Aktivitäten werden zu neuen Allianzen und Konzentrationen zwischen Banken und Versicherungen führen. Beispiele dazu sind die Zusammenschlüsse von Credit Suisse und Winterthur sowie die Fusion von Bankverein und Bankgesellschaft zur neuen UBS.

Der Kunde wird künftig noch viel stärker im Fokus der Finanzinstitute stehen, denn durch eine umfassendere Produktpalette werden Hauptkundenbeziehungen fast automatisch profitabler. Im wesentlichen tragen fünf Faktoren zu diesen Veränderungen in der Finanzbranche bei:[1]

- Die zunehmend hybriden, kompetenteren und besser informierten Kunden verlangen von den Banken und Versicherungen ein adäquates Preis-Leistungs-Verhältnis mit einer darauf abgestimmten Servicequalität. Der emanzipierte Kunde tritt aufgrund seiner Mehrfachbeziehungen in unterschiedlichen Kundensegmentfunktionen gegenüber den einzelnen Banken in Erscheinung, was zu einem fragmentierten Kundenbild aus Sicht eines einzelnen Institutes führt. Die Kundenloyalität nimmt weiter ab.

---

1 Vgl. Held (1996), S. 41 ff.

- Der verstärkte Technologieeinsatz führt dazu, daß viele Kunden – speziell im Retail Banking – ihre persönliche Beziehung zur Bank verlieren. Der vermehrten Nutzung von Automaten und Internet müssen somit sinnvolle, segmentspezifische Kundenbindungsaktivitäten entgegengestellt werden.

- Die Markt- und Wettbewerbsdynamik bei Banken, Versicherungen, Non- und Near-Banks führt zu neuen mehrwertorientierten Leistungsangeboten[2] – zum Teil zu markant niedrigeren Kosten und Preisen im Vergleich zu den traditionellen Anbietern. Die Rahmenbedingungen für das Preis-Leistungs-Verhältnis bei Finanzdienstleistungen werden neu definiert. Aufgrund der Angebotsintensivierung in der Finanzbranche wird der Kunde geradezu zur Illoyalität erzogen, indem sehr oft Neukundenbeziehungen speziell honoriert werden (Preisnachlässe, Geschenke etc.).

- Allfinanzangebote verlangen in der Finanzbranche schließlich nach neuen Allianzen von Banken und Versicherungen. Nur global tätige Finanzinstitute können sich noch eine umfassende Leistungspalette aus dem eigenen Konzern erlauben. Kleine und mittlere Banken sind auf Allianzen und Kooperationen innerhalb der Finanzbranche angewiesen. Durch diesen Trend eröffnet sich dem Relationship Banking ein zusätzliches Synergiepotential.

- Die Rentabilität in einzelnen Geschäftsbereichen – speziell im Retail Banking – muß nachhaltig verbessert werden. Darüber dürfen auch exzellente Bankabschlüsse in einzelnen Spitzenjahren nicht hinwegtäuschen. In den Paradedisziplinen wie Private Banking oder Kreditkartengeschäft werden die Margen aufgrund der gesteigerten Wettbewerbsintensität weiter sinken. Ein umfassendes Kundenbeziehungsmanagement führt zu markanten Ertragssteigerungen im eigenen Kundenbestand und zu Kosteneinsparungen durch eine langjährige Kundenbeziehung.

---

[2] Vgl. den Beitrag von Ch. Oppenheim in diesem Buch.

1.2 Definition

Was wird unter Relationship Banking verstanden und welche Zielsetzungen verfolgen die Finanzinstitute damit? In Theorie und Praxis werden viele ähnliche oder artverwandte Begriffe genannt, die in dieselbe Richtung weisen. Relationship Marketing, Bankloyalität, Kundenbeziehungsmanagement, Kundenbindungsmanagement, Kundenbetreuungskonzepte und Retention Marketing sind die wichtigsten davon. Im Rahmen der Beiträge dieses Fachbuches wird Relationship Banking wie folgt definiert:

Mit dem Relationship Banking sollen durch eine Fokussierung auf bestehende Kunden eine langfristige Kundenbindung strategisch interessanter Kundensegmente an die Bank, ein intensiverer Dialog, ein höherer Kundennutzen, eine Steigerung des Geschäftsvolumens mit einer Reduktion der Preiselastizität des Kunden sowie der Kosten der Bank und schließlich eine Erhöhung des Deckungsbeitrages erzielt werden.

1.3 Bedeutung der eigenen Strategie und Marktpositionierung

Für ein einzelnes Finanzinstitut muß der Einfluß des Relationship Banking aufgrund der effektiven Marktpositionierung differenziert beurteilt werden. Relationship Banking bringt im nachfolgenden Umfeld den größten Nutzen:

- Weitgehend stagnierendes Marktpotential und -volumen im relevanten Marktbereich.

- Hohe Marktdurchdringung und in der Regel ein damit einhergehender hoher Marktanteil im geografischen Marktgebiet des Institutes.

- Aggressives Konkurrenzumfeld im fokussierten Marktbereich und dadurch eine drastisch steigende Gefahr der Kundenverluste.

- Bewußte strategische Ausrichtung der gesamten Finanzinstitution auf das Relationship Banking.

Für viele Finanzinstitute in Deutschland, Österreich und der Schweiz sind diese Voraussetzungen gegeben. Handlungsbedarf ist angesagt.

Ein innovatives Relationship Banking-Konzept erlaubt einer Bank, als Innovator am Markt aufzutreten. In der Finanzbranche sind genügend Beispiele bekannt, die klar aufzeigen, daß die Faktoren Zeit und Innovation maßgeblich zum Markterfolg beisteuern.

1.4 Fünf Gründe für ein Relationship Banking

Für Finanzinstitute gelten fünf strategisch und betriebswirtschaftlich relevante Aspekte als Treiber für ein umfassendes Relationship Banking:

- Anstreben einer langfristig profitablen Kundenbeziehung,
- Halten einer Hauptbankbeziehung bei den fokussierten Kundensegmenten,
- Nutzen und marketingmäßiger Einsatz von vorhandenen Kundendaten,
- Etablieren eines zielgruppengerechten Marketing (One-to-One-Marketing),
- Gewinnen neuer, interessanter Kunden mit hohen Kostenfolgen.

Eine *langfristige Kundenbindung* erhöht den Kundenertragswert und somit die Gesamtprofitabilität für die Bank, indem die Akquisitionskosten über einen längeren Zeithorizont verteilt werden können und der Kunde über diese Zeitperiode zusätzliche Dienstleistungen beansprucht und Zusatzerträge generiert. Kundenbeziehungen werden bei Banken in der Regel erst nach ein paar Jahren wirklich profitabel.[3]

Durch das Anstreben einer *Hauptbankbeziehung* können die Deckungsbeiträge pro Kunde massiv verbessert und die Kundenbetreuungskosten pro verkauftes Produkt drastisch gesenkt werden.

Die Finanzbranche sitzt auf einer „Goldmine" in bezug auf die bei ihr vorhandenen und vielfach noch nicht oder zu wenig genutzten *Kun-*

---
3 Vgl. Oggenfuss (1992) und den Beitrag von P. Dubs in diesem Buch.

dendaten. Innovative Relationship Banking-Konzepte werten die soziodemographischen, ökonomischen und verhaltensorientierten Kundendaten aus und erzielen neben einer engeren Kundenbindung auch markant niedrigere Marketingkosten. Data Warehouse-Lösungen, moderne Fuzzy Logic-Systeme und neuronale Netze erlauben zudem die Prognose des künftigen Kundenverhaltens (sog. Kundenscoring) mit einer hohen Trefferwahrscheinlichkeit. Dies ist insbesondere auch bei Kundenbindungsprogrammen bzw. zur Verhinderung von Kundenverlusten von entscheidender Bedeutung.

Relationship Banking und *One-to-One-Marketing-Ansätze*[4] weisen viele Gemeinsamkeiten auf. Mit dieser Marketingoptik können für jeden Kunden individuelle, mit Hilfe der Informatik standardisierte Produkt- und Preispakete sowie darauf abgestimmte Distributionskanäle und Betreuungskonzepte angeboten und dadurch eindeutige Wettbewerbsvorteile gegenüber den Konkurrenten erzielt werden. Durch individuell erfaßte persönliche Kundenkontakte oder Kontakte über Mailing, Telefon oder Internet soll in Kombination mit den erwähnten Kundenscoring-Modellen die Kundenbindung vertieft werden. Dabei werden dem Kunden künftig nur noch die Informationen zugestellt, die seinen spezifischen Interessen entsprechen. Die Marktbearbeitungskosten werden dadurch optimiert und die Erträge gesteigert.

Der Kampf um die interessanten Kunden wird mit zunehmend härteren Bandagen geführt. In (fast) allen Bankstrategien werden im Privatkundenbereich die Segmente der mittleren und höheren Einkommensklassen mit einem frei verfügbaren Vermögen von mehr als 50 000 Fr. prioritär angesprochen. Diese von allen Banken aktiv bearbeitete Kundschaft stellt – wie eingangs bereits dargestellt – zusehends höhere Anforderungen an ihr Finanzinstitut.

Insofern ist Relationship Banking kein neuer Marketingtrend, sondern die Rückbesinnung auf fast vergessene Tugenden,[5] nämlich das Anstreben einer langfristigen Kundenpartnerschaft.

---

4 Vgl. Peppers/Rogers (1994).
5 Vgl. Kunz (1996), S. 14.

2. Relationship Banking

2.1 Zielsetzungen

Für das Relationship Banking lassen sich die nachfolgenden Zielsetzungen ableiten:

- Niedrigere Akquisitionskosten durch geringere Kundenverluste.
- Umsatzsteigerungen durch höhere Volumen pro Kundenbeziehung und den Verkauf von zusätzlichen Dienstleistungen (Vermögenswerte, Kreditvolumen).
- Kosteneinsparungen, indem die Basiskosten für einen Kunden nur einmal anfallen und diese auf mehr Produkte bzw. höhere Volumen verteilt werden können.
- Weiterempfehlungen (Reference Selling) durch den Kunden selbst.
- Erzielen einer reduzierten Preiselastizität bei loyalen Kunden.

Damit ein Finanzinstitut diese Zielsetzungen erreichen kann, muß das Preis-Leistungs-Angebot im Konkurrenzvergleich gut bzw. besser sein und die Servicequalität für den einzelnen Kunden dessen Erwartungen entsprechen. Daraus ergibt sich auch, daß Programme zur Steigerung der Servicequalität nie isoliert betrachtet werden sollten, sondern in ein gesamtheitliches Relationship Banking einzubetten sind.

2.2 Einfluß auf den Erfolg

Die nachhaltige Wirkung des Relationship Banking auf den Erfolg eines Finanzinstitutes ist zwar weitgehend bekannt, wird aber von vielen Finanzinstituten noch nicht systematisch ausgewertet und genutzt. Sie wird durch folgende positive Einflußfaktoren geprägt:

Übersicht 1: Einflußfaktoren des Relationship Banking

Kosteneinsparungen	Ertragssteigerungen
• Marketingkosten generell • Kundenakquisitionskosten • Produkteakquisitionskosten • Administrationskosten • Abwicklungskosten	• Hauptbankbeziehung und Zusatzprodukte führen zu Mehrerträgen • Zusatzvolumen steigern die Rentabilität • Abnehmende Preissensibilität • Mund-zu-Mund-Werbung/Reference Selling

3. Voraussetzungen für den Erfolg

Die Steigerung der Kundenbindung wird durch vielfältige Einflußfaktoren gesteuert. Die einzelnen Einflußvariablen lassen sich idealerweise in einer Wertschöpfungskette darstellen.

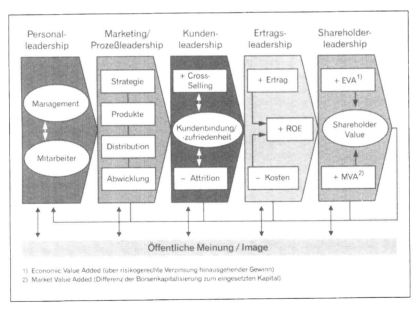

Abbildung 1: Wertschöpfung durch umfassende Leadership

43

Die drei wesentlichsten Grundvoraussetzungen für ein erfolgreiches Relationship Banking sind:

- Personalleadership (Management und Mitarbeiter),
- Marketing- und Prozeßleadership und
- Kundenleadership (Value added für den Kunden).

Nur auf dieser Basis lassen sich einzelne Modelle und Konzepte erfolgreich realisieren. Sind diese Voraussetzungen erfüllt, ergeben sich durch ein konsequentes Relationship Banking substantielle Ertragssteigerungen (Ertragsleadership) und schließlich eine Shareholderleadership, die sich positiv auf Return on Equity (ROE), Market Value Added (MVA) und Economic Value Added (EVA) auswirken. Wichtig scheint, daß der gesamte Prozeß als iterative Funktion betrachtet wird, die einzelne Stakeholder (Kunden, Mitarbeiter, Aktionäre und Öffentlichkeit) insgesamt in die Unternehmensstrategie einbezieht und am Erfolg partizipieren läßt.

Wie bei einer Kette bestimmt das schwächste Glied die Wirkung beim Kunden und am Markt. Das aufgezeigte Modell generiert den von allen angestrebten Shareholder Value. Mit einem integrierten Ansatz wird jedoch sichergestellt, daß auch längerfristig Kundenmehrwert geschaffen wird und nicht nur kurzfristige Cash-flow-Steigerungen resultieren.

4. Rahmenbedingungen

Wirksames Relationship Banking erfordert im wesentlichen fünf Rahmenbedingungen:

- Volles Commitment der Geschäftsleitung,
- klare Zielgruppendefinition und darauf abgestimmtes Preis-Leistungs-Angebot,
- transparente Kunden- und Mitarbeiterstruktur,
- integrierte Relationship Banking Datenbank und
- rationale und emotionale Leistungsvorteile für den Kunden.

Relationship Banking wird dann erfolgreich, wenn durch diese Voraussetzungen und die daraus resultierenden Maßnahmen für den Kunden insgesamt ein wahrnehmbarer Mehrwert gegenüber den Mitbewerberinstituten resultiert.

4.1 Volles Commitment der Geschäftsleitung

Relationship Banking erfordert einen Paradigmenwechsel innerhalb der Bank und ist eine Top Management Aufgabe, die nicht einfach an eine Stabsstelle delegiert werden kann. Eine konsequente Ausrichtung auf den bestehenden Kunden findet ihren Niederschlag auch in Strategie, Organisation und Ressourcenallokation, d.h., in den strategischen und operativen Budgets werden mehr Mittel für die Leistungsverbesserung bei den bestehenden Kunden und die Kundenpflege als für die Neukundenakquisition eingesetzt. Deshalb steht Relationship Banking vor allem bei Instituten mit hoher Marktdurchdringung bzw. hohem Marktanteil im Vordergrund (vgl. Abschnitt 1.3).

Relationship Banking ist ein langfristiger Unternehmensentscheid, denn die positiven Resultate sind erst nach ein bis drei Jahren auch effektiv meßbar und in der Erfolgsrechnung wirksam. Je nach Ausprägung der eigenen Aktivitäten (z.B. beim Aufbau eines eigenen Kundenbonusprogramms) sind auch die Initialkosten und die Entwicklungszeiten für das Relationship Banking nicht zu unterschätzen. Einmal eingeführte Maßnahmen, die dem Kunden einen echten Nutzen bringen, sind zudem nur schwer wieder zu eliminieren.

4.2 Klare Zielgruppendefinition und klares Leistungsangebot

Ein konsequentes Relationship Banking setzt eine umgesetzte Kundensegmentierung unter Berücksichtigung von Rentabilitätskriterien und Kundenverhalten voraus. Dabei können die interessanten Kundensegmente je nach Prioritäten einer Bank (z.B. Retail Banking oder Private Banking) durchaus von Bank zu Bank unterschiedlich sein und müssen in Abstimmung mit dem Leistungsangebot des

Finanzinstitutes erfolgen. Eine Fokussierung auf die für die Bank „richtigen Kundensegmente" ist jedoch in jedem Falle erforderlich. Fokussierung und Differenzierung bedeutet auch, daß nicht zwangsläufig alle Kunden von einem umfassenden Relationship Banking eines Finanzinstitutes im selben Umfang profitieren können.

Die Kundenanalyse hat mit den klassischen Segmentierungskriterien zu erfolgen. Zu den wichtigsten Kriterien zählen:

- Kundenertragspotential,
- Demographische Kriterien,
- Kundenbedürfnisse,
- Dienstleistungskauf und -nutzung,
- geographische Kriterien,
- Nutzung unterschiedlicher Distributionskanäle,
- Kosten für den Kundenservice.

Auch Universalbanken müssen sich heute auf einzelne Kundensegmente und Zielgruppen ausrichten. „Alles für alle anzubieten" kann nicht das Ziel des Relationship Banking sein und wird für ein Finanzinstitut auch zu teuer.

Die von Finanzinstituten etablierten MIS- und Controllingsysteme wurden in den letzten Jahren im Bereich der Bilanzsteuerung, der Erfolgsmessung und der Risikosteuerung markant verbessert. Beim Relationship Banking fehlen oft noch die relevanten und konsistenten Auswertungen für eine umfassende Beurteilung der Kundenstruktur und des Kundenverhaltens, obwohl die Grundlagendaten eigentlich vorhanden wären. Relationship Banking erfordert ein konsequentes Zusammenführen von rentabilitäts- und produkt- bzw. transaktionsbezogen Daten auf die einzelne Kundenbeziehung.

4.3 Transparente Kunden- und Mitarbeiterstruktur

Trotz vermehrtem Einsatz von Automaten, Kommunikationstechnologien und neuen Distributionskanälen spielt der Mitarbeiter in der Beratung und der Kundenbetreuung eine dominierende Rolle. Diese wird je nach Geschäftsfeld, z.B. gehobenes Retail Banking oder gar Private Banking, zum primären Erfolgsfaktor. Auch hier gilt es, die richtigen Mitarbeiter mit dem entsprechenden Know-how einzusetzen. Insbesondere sind auf der Ebene der Mitarbeiter folgende Fragestellungen von Relevanz:

- Wie wurden die Mitarbeiter akquiriert?
- Wie lange sind die Mitarbeiter bei der Bank (Durchschnittliche Mitarbeiterbindung)?
- Welche (meßbaren) Produktivitätsfortschritte erzielen langjährige Mitarbeiter?
- Welchen Beitrag liefern langjährige Mitarbeiter zum Relationship Banking?

State-of-the-art-Personalinformationssysteme von Banken sollten deshalb in diese Richtung weiterentwickelt werden.

4.4 Integrierte Relationship Banking Datenbank

Die technologischen Voraussetzungen zur professionellen und dynamischen Beurteilung einer Kundenbeziehung sind grundsätzlich gegeben. Die einzelnen Datenbanken: Kundendaten, Produktdaten, Transaktionsdaten, Rentabilitätsdaten, Mitarbeiterdaten und Marketingdaten müssen durch moderne Data Warehouse- und Data Mining-Lösungen zusammengeführt werden. Um konsolidierte Daten zu generieren und die relevanten Fragen beantworten zu können, bedarf es der Nutzung von entsprechenden Scoring- und Controllinginstrumenten. Moderne Scoringmodelle auf der Basis von Fuzzy Logic und neuronalen Netzen erlauben die Beurteilung des Kundenverhaltens und die Erarbeitung von Prognosen, z.B. bezüglich Kaufwahrscheinlichkeit für eine neue Dienstleistung, Präferenz von Distributionskanälen, Kreditrisiko des Kunden oder der Wahrscheinlichkeit eines Kundenverlustes.[6]

---

6 Vgl. den Beitrag von A. Hanzal in diesem Buch.

4.5 Rationale und emotionale Leistungsvorteile

Die einzelnen Leistungsangebote von Banken gleichen sich immer mehr. Relationship Banking erfordert jedoch klare Leistungsdifferenzierungen, die substantiellen Mehrwert für den Kunden schaffen. Ausgehend von den traditionellen Ansätzen der Unique Selling Proposition (USP) und Unique Advertising Proposition (UAP) bieten sich folgende Zielfelder an:

- Leistungsdifferenzierungen durch neue Angebotsbündelungen (z.B. Financial Planning),
- Preisdifferenzierungen mit Bonus- (und/oder Malus-)systemen,
- Distributionsdifferenzierungen mit dem Ziel, daß der Kunde immer, überall und zu jeder Zeit bequem und einfach seine Bankleistungen beanspruchen kann (z.B. Automaten, Telefon Banking, PC Banking),
- Know-how und Beratungsdifferenzierung durch individuellere und bessere Beratung,
- sinnvolle Servicedifferenzierungen, wobei sich hier eine über den Kundenerwartungen liegende Leistung in vielen Fällen nicht auszahlt, eine Nichterfüllung der geforderten Standards jedoch zum Kundenverlust führen kann,
- Kombination von rationalen und emotionalen Leistungen in Form von Kundenclubs, Bonusclubs oder Incentive-Systemen.

Idealerweise erfüllen die einzelnen Lösungsansätze eines oder mehrere Kriterien in den nachfolgenden Bereichen:

- wahrnehmbare Leistungsdifferenz für den Kunden,
- emotionale Vorteile für den Kunden,
- preisliche Vorteile für den Kunden,
- längerfristige Vorteile für den Kunden (Bonussysteme) und
- hohe Hürden bei einem beabsichtigten Bankwechsel (z.B. dank aktivem Cross-Selling).

5. Kundenbindungsmodelle

In der Literatur werden verschiedenste Modelle zur Steigerung der Kundenbindung dargestellt.[7] Neben der dominierenden Bedeutung einer umfassenden Kundenanalyse beeinflussen zwei Kriterien das Relationship Banking maßgeblich:

- die Kundenzufriedenheit und
- die Kundenbindung.

Eine Optimierung dieser Einflußgrößen führt schließlich zu einem umfassenden Relationship Banking und zu einer Steigerung der Kundenrentabilität.

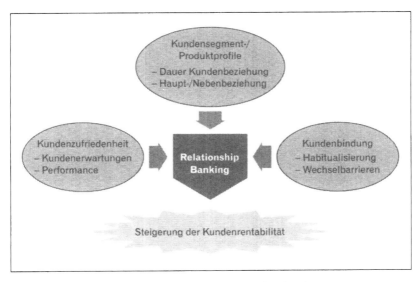

Abbildung 2: Einflußfaktoren auf das Relationship Banking

- Eine hohe Kundenbindung setzt eine umfassende Kundenzufriedenheit voraus.

---

7 Vgl. Simon/Homburg (1995), Joho (1996) und Reichheld (1997).

- Eine hohe Kundenzufriedenheit allein garantiert noch keine hohe Kundenbindung.
- Ausgewogene Kundenzufriedenheits- und Kundenbindungsmaßnahmen sind die Basis für ein erfolgreiches Relationship Banking.
- Relationship Banking muß meßbar sein und die Gesamtrentabilität des Unternehmens erhöhen.

Daraus ergibt sich für eine operative Umsetzung des Relationship Banking ein Modell, das wiederum die drei oben aufgeführten Hauptaspekte berücksichtigt (vgl. Abbildung 3).

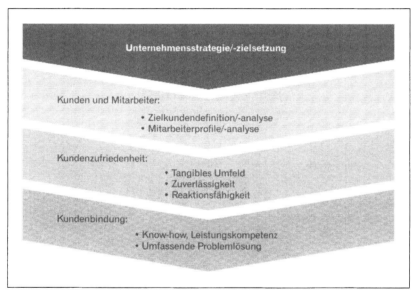

Abbildung 3: Kundenbindungsmodell

5.1 Unternehmensstrategie

Die Strategie und das Commitment der Geschäftsleitung bzw. des Verwaltungsrates dienen als Basis für die umfassende Umsetzung des Relationship Banking und setzen somit die „Leitplanken" für die entsprechenden Aktivitäten. Die Unternehmensstrategie wird in diesem Zusammenhang als gegeben betrachtet.

5.2 Kunden- und Mitarbeiteranalyse

Zunächst muß eine klare Kundenanalyse und Zielkundendefinition erfolgen. Es gilt, die für das einzelne Finanzinstitut richtigen Kunden zu bestimmen.

Relationship Banking kann nur erfolgreich sein, wenn das Finanzinstitut auch die richtigen und vor allem loyalen Mitarbeiter hat. Von ausländischen Banken ist beispielsweise bekannt, daß im Private Banking rund 50 Prozent der Kunden ihre Bankbeziehung zusammen mit ihrem Anlageberater wechseln.[8] Mitarbeiterilloyalität (nicht selten durch illoyales Verhalten der Bank gegenüber den Mitarbeitern erzeugt) stellt für die Branche heute ein echtes Problem dar. Aus Kundensegmentsoptik läßt sich festhalten, daß mit steigendem Umfang und zunehmender Komplexität einer Kundenbeziehung auch die Rolle der Mitarbeiter für das Relationship Banking dramatisch zunimmt. Finanzinstitute tun gut daran, gerade in turbulenten Zeiten mit Fusionen und Reorganisationen, der Beziehung zwischen Kundenberater und Kunde eine gewichtige Bedeutung beizumessen. Höhere Mitarbeiterloyalität und -wertschöpfung werden vor allem dann erreicht, wenn die Mitarbeiterproduktivität ertragsorientiert gemessen und das Mitarbeiterentgelt darauf abgestimmt wird. Auch Mitarbeiter sollten im Rahmen des Relationship Banking am Mehrwert partizipieren können. Die Basis dafür sind u.a. operative Management-Informationssysteme und flexible, bonusorientierte Gehaltssysteme für Mitarbeiter.

5.3 Kundenzufriedenheit

Im Bereich der Kundenzufriedenheit ist das klassische Confirmation/Deconfirmation-Paradigma (C/D-Paradigma) als Basismodell zu nennen. Im Grundmodell führt der Soll-Ist-Vergleichsprozeß durch

---

[8] Vgl. Reichheld (1997), S. 122

den Kunden zur Bestätigung oder Nichtbestätigung einer Geschäftsbeziehung. Je nach Resultat erfolgt dann eine Reaktion, die direkt auf die Kundenzufriedenheit wirkt[9]. Das C/D-Paradigma ist in seiner Grundstruktur einfach vorstellbar (vgl. Abbildung 4).

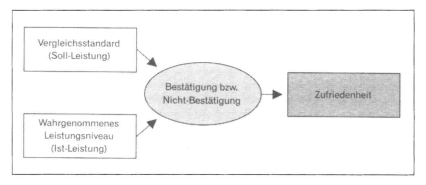

Abbildung 4: Confirmation/Deconfirmation-Paradigma

Die zunehmend größere Bedeutung der Kundenzufriedenheit im Zusammenhang mit entsprechenden Qualitätsmanagement-Programmen von Finanzdienstleistern führt in verschiedenen Ländern (u.a. Deutschland, Schweden, USA) dazu, daß nationale Kundenbarometer zur Messung der Kundenzufriedenheit entwickelt werden.[10] In der Schweiz sind zur Zeit Überlegungen zur Einführung eines solchen Kundenbarometers im Gange. Diese Kundenbarometer dienen als Benchmark zur Messung der eigenen Leistungen im Konkurrenzumfeld. Viele Banken und Versicherungen haben in den letzten Jahren Quality Management (TQM)-Programme lanciert und sind oft von deren Resultaten enttäuscht worden. Drei Gründe lassen sich für die unbefriedigenden Ergebnisse dieser Programme nennen:

- Isolierte Programme, die nicht in die gesamte Wertschöpfungskette integriert waren.

---

9 Vgl. Simon/Homburg (1995), S. 36 ff.
10 Vgl. Bruhn (1997), S. 309 ff.

- Keine umfassenden Programme, deren Resultate sich bis auf die Ebene der eigenen Erfolgsrechnung ermitteln lassen.
- Keine umfassende Management Attention, wurden doch sehr oft Stabsstellenmitarbeiter mit dieser Aufgabe betreut.

Zur Steigerung der Kundenzufriedenheit bei Banken ist drei Parametern spezielle Beachtung zu schenken: dem tangiblen Umfeld, der Zuverlässigkeit und der Reaktionsfähigkeit.

- *Tangibles Umfeld:* Darunter sind der Auftritt und das Erscheinungsbild eines Finanzinstitutes zu verstehen. Die Marketingkommunikation, Corporate Identity- und Corporate Design-Aspekte, aber auch Bankgebäude und die einzelnen Kundenzonen zählen dazu.
- *Zuverlässigkeit:* Eine tagfertige Transaktionsabwicklung im Zahlungsverkehr und Wertschriftenbereich wird heute von einem Finanzinstitut als Branchenstandard erwartet. Ein kundenfreundliches Reporting (Kontoauszüge, Gutschriften-/Belastungsanzeigen, Depotauszüge und Börsenabrechnungen) kann die Kundenzufriedenheit weiter erhöhen. Gerade in diesem Bereich täten viele Banken und Versicherungen gut daran, diesem Aspekt – als kleine, aber feine Maßnahme – mehr Beachtung zu schenken. Zuverlässigkeit, hohe Servicequalität und Diskretion stellen schließlich wichtige Eckpfeiler für die Kundenzufriedenheit dar. Dabei heißt hohe Servicequalität nicht nur Mitarbeiter-, Beratungs- und Abwicklungsqualität, sondern auch hohe Verfügbarkeit im Direct Banking (Geldautomaten, Internet-Banking, etc.).
- *Reaktionsfähigkeit:* Darunter sind zeitliche und örtliche Servicebereitschaft, eine zeitgerechte Leistungserbringung, State-of-the-art-Kundendienstfunktionen und Telefonservice[11] zu verstehen. Als wichtiges Element der Reaktionsfähigkeit ist auch die rasche und kompetente Behandlung von Kundenreklamationen zu sehen.

---

11 Rückrufe beim Kunden und rasche Antworten auf Fragen sind nur ein Mosaikstein der Kundenzufriedenheit. TQM-Maßnahmen haben oft diesen Aspekt in den Vordergrund gestellt.

Bei der Kundenzufriedenheit muß ein Finanzinstitut den vom Kunden erwarteten Standard erfüllen. Eine Übererfüllung kostet die Bank oder Versicherung sehr viel Geld, erhöht die Kundenzufriedenheit jedoch höchstens marginal. Als Beispiel aus einem anderen Dienstleistungsbereich seien hier die unterschiedlichen Preis- und Leistungserwartungen eines Kunden erwähnt, der sich in einem McDonald's-Restaurant oder in einem Nobelrestaurant verpflegt. Für die Finanzinstitute heißt das, daß neben den richtigen Kundensegmenten auch die richtige Servicequalität und das Preis-Leistungs-Verhältnis individuell bestimmt werden müssen.

5.4 Kundenbindung

Aktive Kundenbindungsaktivitäten verfolgen das Ziel, den Kunden längerfristig an das Finanzinstitut zu binden. Diese bestehen aus integrierten Marketing-Maßnahmen, die sich in drei Bereiche gruppieren lassen: Kundenmehrwerte, umfassende Problemlösung sowie rationale und emotionale Leistungsvorteile.

- *Kundenmehrwerte:* Kundenbindung wird geschaffen, indem dem Kunden ein echter Kundenmehrwert (Real Value) angeboten wird. Dieser Kundenmehrwert läßt sich durch ein adäquates Serviceangebot mit entsprechender Preis-Leistungs-Palette erzielen. Selbstverständlich spielen auch Instrumente wie Mitarbeiter-, Beratungs- und Leistungskompetenz eine umfassende Rolle. Der Leistungsumfang (Anzahl Dienstleistungen und Volumen), der von einem Kunden beansprucht wird, entscheidet zudem maßgeblich über die Intensität der Kundenbeziehung. Erstrebenswertes Ziel ist es, die Hauptbankbeziehung der richtigen Kunden zu werden. Dies wiederum erfordert eine darauf abgestimmte Marketingpolitik (Dienstleistungen, Preispakete, etc.). Interessant ist in diesem Zusammenhang, daß amerikanische und britische Banken rund 1,5 Dienstleistungen pro Kunde verkaufen, während diese Zahl bei aktiven Schweizer Banken zwischen 2,5 und 3 liegt.

- *Umfassende Problemlösung:* Kundenmehrwert wird dann erreicht, wenn die Finanzinstitute in Richtung einer individualisierten Beratung und Problemlösung gehen. Dieser kann sowohl automatisiert als auch persönlich oder in einer Mischform davon erfolgen. Financial Planning und umfassende Retail Financial Services[12] sind die Stichworte dazu. Daß sich auf diesem Gebiet auch mit Retail Financial Services profitable Geschäfte abwickeln lassen, zeigen die vielen Nichtbanken wie AWD, Ad Vitam, VZ, die mit ihrer Beratung einen echten Kundenmehrwert generieren.

- *Rationale und emotionale Leistungsvorteile:* Die beschriebenen Instrumente wie Know-how, Leistungskompetenz und umfassende Problemlösung stellen nur einen Teil der rationalen und emotionalen Leistungsvorteile eines Kunden dar. Aktive Kundenbindung erfolgt immer mehr auch über Bonus- oder Incentivesysteme oder Kundenclubs. Die Kosten von durchdachten Bonussystemen oder Kundenclubs werden durch Mehrumsatz mehr als wettgemacht, und neue Programme aus dem In- und Ausland sprießen wie Pilze aus dem Boden. Der Kunde ist auch in unserer hochtechnologisierten Welt ein „Jäger und Sammler" und die alten Rabattmarkensysteme werden durch moderne Chipkartenlösungen stufenweise abgelöst. So läuft beispielsweise in Eichstätt bereits ein Pilotversuch mit einer chipbasierten Geldkarte der Volksbank, die mit einem Bonussystem auf demselben Chip kombiniert ist. Neue Kooperationen und Lösungen werden bei den Bonus- und Kundenloyalitätsprogrammen nur noch eine Frage der Zeit sein. Die Voraussetzungen für wettbewerbsfähige Bonussysteme oder Kundenclubs sind in Übersicht 2 genannt.

---

12 Unter Retail Financial Services wird das umfassende Angebot von Bank- und Versicherungsleistungen aus einer Hand verstanden.

Übersicht 2: Voraussetzungen für Bonussysteme

Zielsetzung	Kriterien	Ergänzungen
Hauptbankbeziehung, Mehrvolumen, Mehrerträge	Honoriert werden nicht Bestandsgrößen, sondern Zusatzvolumen	Denkbar sind: Neugeld, Börsengeschäfte, Hypotheken, Kartenumsatz etc.
Fokussierung auf Zielkundensegmente	Prinzipiell können alle Kunden mitmachen und profitieren	Wirklich interessant ist das System erst für die definierten Zielkundensegmente
Fokussierung auf interessierte Kunden	Kunde muß sich für das Bonussystem anmelden	Einfache Anmeldung, Abgabe Allg. Geschäftsbedingungen
Einbezug in Gesamtmarktbearbeitung	Verknüpfung mit Kunden- und Marketingdatenbanken	Datenschutz ist zu beachten, Transparenz für Kunden zu schaffen
Dauernde Kundenmotivation	Kunde erhält immer wieder Anreize für seine Partizipation	Beispiele: Aktionsbezogene Bonuspunkte für neue Dienstleistungen, doppelte Punkte für Kartenumsatz etc.
Kostentransparenz und Kontrolle	Leistungen haben zeitlich begrenzte Gültigkeit	Langfristige Eventualverbindlichkeiten sind zu vermeiden
Rationale und emotionale Anreize	Neben geldwerten Leistungen sollen auch emotionale Leistungen geboten werden (z.B. VIP-Behandlung)	Vorzugsbehandlung von Kunden (z.B. zu Anlässen) bis hin zum Kundenclub

Die in diesem Buch aufgezeigten Beispiele (Bankverein KeyClub, American Express) sind erfolgreiche Praxisbeispiele, die in diese Richtung gehen.

Mit dem oben skizzierten Maßnahmenbündel kann eine aktive Kundenbindung in der Finanzbranche erreicht werden. Zudem wird beim Kunden eine stärkere Habitualisierung, d.h. Gewöhnung an das entsprechende Finanzinstitut erzielt. Mit zunehmendem Leistungsumfang, den der Kunde von einem einzelnen Institut beansprucht, werden auch die Austrittsbarrieren für einen Bankwechsel erhöht, da im gegebenen Fall der Kunde mit massivem administrativem Aufwand und nicht zu unterschätzenden Bankwechselkosten (z.B. für den Transfer einer Anlagebeziehung) zu rechnen hätte.

6. Meßkonzepte

Konsequentes Relationship Banking wirft die Frage der Erfolgskontrolle und des Einflusses auf die Profitabilität auf. Im Vordergrund eines Meßkonzeptes stehen fünf Bereiche:

- Planung und Zielsetzung,
- Kundenentwicklung,
- Kundenzufriedenheit,
- Kundenbindung (und Mitarbeiterloyalität)[13],
- Rentabilität.

Schließlich zählt für jedes Finanzinstitut der Einfluß des Relationship Banking auf die Erfolgsrechnung.

6.1 Planung und Zielsetzung

Viele Finanzinstitute werden heute noch stark produktorientiert (Anzahl verkaufter Produkte, produktspezifische Marketingaktionen etc.) geführt. Umfassendes Relationship Banking erfordert ein neues Management-Informationssystem und ein Umdenken im Zielsetzungs- und Kontrollprozeß eines Institutes.

Eine Neuorientierung auf das Relationship Banking sollte sich bis auf die Marketingplanung erstrecken. Das folgende Beispiel zeigt einen Ansatz, wie sich eine Bank im Rahmen der Marketingplanung nur noch auf ein paar wenige, von ihr als relevant eingestufte Kennzahlen konzentriert.

---

13 Im Rahmen dieses Beitrages werden die Ausführungen auf die Messung der Kundenloyalität konzentriert.

Übersicht 3: Beispiel Quantitative Marketingplanung 19XX

Zielgrößen 19XX		Ist 19XX–2	Schätzung 19XX–1	Ziel 19XX
Anzahl Kunden	Segment 1	120 000	125 000	125 000
	Segment 2	25 000	30 000	35 000
	Segment 3	15 000	17 000	22 000
Durchschnittliche Kundenzufriedenheit		97 %	97 %	97 %
Durchschnittliche Kundenbindung		94 %	95 %	96 %
Betriebsertrag (aus Kundengeschäften)		85 Mio. Fr.	120 Mio. Fr.	135 Mio. Fr.
Kunden mit positivem DB	Segment 1	25 %	27 %	30 %
	Segment 2	85 %	90 %	95 %
	Segment 3	70 %	70 %	75 %

Speziell zu erläutern sind in diesem Beispiel:

- Konzentration auf drei Schlüsselgrößen: Kunden, Kundenzufriedenheit/-bindung und Ertrag.

- Wachstum wird in Segmenten mit mehrheitlich positivem Deckungsbeitrag angestrebt (Segment 2 und Segment 3).

- Hauptzielsetzung wird auf die Steigerung der durchschnittlichen Kundenbindung und des Betriebsertrages (insgesamt und pro Segment) gelegt.

Dieses einfache Beispiel kann auf verschiedene Organisationseinheiten (Stufe Mitarbeiter, Abteilung, Filiale, Sitz und Gesamtinstitut) heruntergebrochen werden und kann darüber hinaus auch eine Basis für eine kundenbindungsorientierte Mitarbeiterentlohnung bilden.

Eine umfassende Analyse des Kundenportfolios dient auch der Beurteilung der Ist-Situation und der Ermittlung eines weiteren Handlungsbedarfs. Aufgrund der modernen Kundenscoringmodelle werden diese Kennzahlen vermehrt proaktiv eingesetzt, d.h. die Veränderung des Kundenverhaltens steht bei der Beurteilung im Vordergrund, um daraus entsprechende Kundenbindungsmaßnahmen abzuleiten.

6.2 Kundenentwicklung

Relationship Banking ist meßbar und in der Erfolgsrechnung ausweisbar. Am Beispiel von zwei Banken, die jährlich 100 000 Neukunden akquiriert haben und unterschiedliche Kundenverlustraten (Attrition Rate) aufweisen, soll aufgezeigt werden, wie sich eine höhere Kundenbindung konkret auf die Kundenbestände auswirkt.

Bank A verliert langfristig 10 Prozent der Kunden pro Jahr, während Bank B nur 5 Prozent der Kunden pro Jahr verliert.

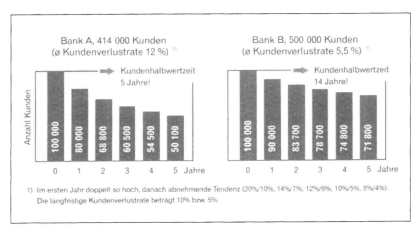

Abbildung 5: Einfluß Kundenbindung auf Kundenentwicklung

Der Unterschied im Kundenbestand der beiden Banken ist bereits nach fünf Jahren eklatant, weist doch Bank B nach fünf Jahren 86 000 Kunden mehr aus als Bank A. Bank A hat eine Kundenhalbwertzeit von nur fünf Jahren, d.h. von 100 akquirierten Kunden hat die Bank nach fünf Jahren bereits wieder die Hälfte verloren. Die Kundenhalbwertzeit bei Bank B beträgt hingegen rund 14 Jahre. Was das für die Erfolgsrechnung der beiden Banken bedeutet, wird im Abschnitt 6.5 erläutert.

6.3 Kundenzufriedenheit

Für die Messung von Kundenzufriedenheit und Dienstleistungsqualität stehen eine Vielzahl von Meßmethoden zur Verfügung, die in der Praxis einen unterschiedlichen Stellenwert einnehmen. Im Rahmen dieses Beitrages würde es zu weit führen, darauf im Detail einzugehen. Grundsätzlich lassen sich zwei Perspektiven unterscheiden:[14]

- *Kundenorientierte Meßansätze:* z.B. quantitative Verfahren (Umsatz, Kundenbindung, Zurückgewinnungsraten), Silent Shopper, Qualitätsvergleiche, Kundenbefragungen (einstellungs- oder zufriedenheitsorientiert) schriftlich oder in Form von persönlichen Einzel- oder Gruppenexplorationen, Willingness-to-pay-Ansatz.[15]
- *Unternehmensorientierte Meßansätze:* z.B. Qualitätsaudits, Benchmarking, interne Qualitätsmessung.

Die beiden Ansätze beinhalten sowohl objektive als auch subjektive Meßansätze. Bei einer kritischen Würdigung der einzelnen Systeme läßt sich festhalten, daß bei vielen Ansätzen das Problem besteht, daß nicht der Kunde, sondern die Unternehmung selbst die qualitätsrelevanten Kriterien festlegt. Der Gefahr des Aufbaus falscher Meßgrößen kann in der Praxis entgegengetreten werden, indem mehrstufige Verfahren gewählt und die für den Kunden wichtigen Kriterien beispielsweise in Form von Gruppenexplorationen ermittelt werden.

Wichtig scheint bei der Messung der Kundenzufriedenheit, daß die Meßverfahren so angelegt werden, daß das Finanzinstitut auch aussagefähige Zeitreihen über mehrere Jahre erhält. Eine Datenkonstanz ist für einen Einbau dieser Informationen in ein Management-Informationssystem ein absolutes Erfordernis.

---

14 Vgl. Bruhn (1997), S. 60 ff., Simon/Homburg (1995), S. 43 und den Beitrag von B. Bernet in diesem Buch.
15 Dabei wird davon ausgegangen, daß der Kunde bei seinem Qualitätsurteil das Preis-Leistungs-Verhältnis mitberücksichtigt.

6.4 Kundenbindung

Zu den wichtigsten Schlüsselzahlen der Kundenbindung zählen:

- Durchschnittliche Kundenbindungsrate (oder umgekehrt, wie viele Kunden verliert die Unternehmung im Durchschnitt pro Jahr).
- Durchschnittliche Kundenbindungsrate nach Alter der Kundenbeziehungen (z.B. 1., 2., 3. Jahr der Kundenbeziehung etc.). Eine detaillierte Analyse ist angebracht, weil in der Regel die Kundenverlustraten in den ersten Jahren einer Kundenbeziehung markant höher sind als in den Folgejahren.
- Halbwertzeit einer Kundenbeziehung (wie lange dauert es, bis von den neu akquirierten Kunden 50 Prozent wieder verloren gehen).
- Cross-Selling- und Vermögenswertanalysen sowie Ertragsberechnungen über die Gesamtdauer einer durchschnittlichen Kundenbeziehung (lifetime value).
- Gewinn-/Verlustrelationen einer Kundenbeziehung (nach Segmenten) über verschiedene Jahre.

Um den Wert neuer bzw. verlorener Kunden festzustellen, gilt es, die genauen Kosten und Ertragsmuster nach einzelnen Kundensegmenten zu analysieren.[16] Der Aufwand für eine umfassende Analyse dieser Zahlengrößen lohnt sich für ein Finanzinstitut, denn dadurch können wertvolle Erkenntnisse über die bestehenden Kunden, deren Rentabilität und Verhalten gewonnen werden. Diese Angaben liefern wiederum relevante Basisinformationen zur Festlegung der künftigen Unternehmensstrategie und Maßnahmenpläne.

6.5 Rentabilität

Relationship Banking muß für ein Finanzinstitut profitabel sein. Nur so läßt sich der Einsatz entsprechender finanzieller und personeller Ressourcen rechtfertigen. Eine stärkere Kundenbindung wirkt direkt

---

[16] Am Beispiel der Credit Suisse zeigt P. Dubs in seinem Beitrag in diesem Buch auf, wie sich die Kosten-/Ertragsstrukturen über einzelne Jahre entwickeln.

auf die Marketing- und Akquisitionskosten, die Erträge aus Zusatzumsätzen, die Kosten von Administration und Abwicklung und schließlich auf die Neukundenakquisition durch Weiterempfehlungen bestehender Kunden. Wie stark das Relationship Banking auch auf eine sinkende Preissensibilität wirkt, wird von Spezialisten unterschiedlich beurteilt. Sicher ist, daß die Preissensibilität mit einer stärkeren Kundenbindung tendenziell sinkt. Die Abbildung 6 verdeutlicht den Einfluß dieser Kosten- und Ertragsgrößen[17].

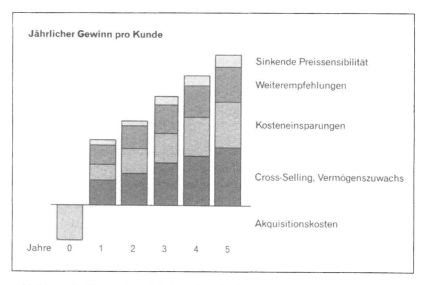

Abbildung 6: Nutzen langfristiger Kundenbeziehungen

Am bereits erwähnten Beispiel der Banken A und B (vgl. den Abschnitt 6.2) soll nun in einem vereinfachten Modell veranschaulicht werden, wie sich unterschiedliche Kundenbindung substantiell auf die Erfolgsrechnung auswirkt. Dabei wird unterstellt, daß die beiden Banken in Zukunft ihren Kundenbestand halten wollen, das bedeutet für Bank A die Akquisition von 49 900 neuen Kunden und für Bank B von 28 200 neuen Kunden pro Jahr.

---

17 Vgl. Reichheld (1997), S. 54.

Übersicht 4: Auswirkungen unterschiedlicher Kundenbindung auf die Erfolgsrechnung

Kriterien	Bank A	Bank B
Anzahl neue Kunden pro Jahr (zwecks Erhalt des Kundenstammes)	49 900 Kunden	28 200 Kunden
Marketingkosten „Neukundenakquisition" (500 Fr. pro Kunde)	25,0 Mio. Fr.	14,0 Mio. Fr.
Abwicklungskosten (50 Fr. pro Kunde)	2,5 Mio. Fr.	1,4 Mio. Fr.
Entgangene Zusatzerträge „Cross-Selling/Vermögenszuwachs" (75 Fr. pro Kunde)	3,7 Mio. Fr.	2,1 Mio. Fr.
Entgangene Gewinne „Weiterempfehlungen" (Differenz Bank A/B, 5 000 Kunden)[18]	2,5 Mio. Fr.	
Total	33,7 Mio. Fr.	17,5 Mio. Fr.

Um ihren Kundenstamm von 414 000 Kunden und das daraus resultierende Ertragspotential zu halten, muß Bank A mit „Kundeninvestitionen" von 33,7 Mio. Fr. pro Jahr rechnen, während Bank B (mit entsprechend höherer Kundenbindung) ihren Kundenstamm von 500 000 Kunden mit einer jährlichen Marketinginvestition von 17,5 Mio. Fr. erhalten kann! Dieses vereinfachte Beispiel zeigt, welchen direkten Einfluß Relationship Banking auf die Erfolgsrechnung haben kann.

Andere Berechnungen bei einer Bank haben ergeben, daß für den Verlust eines richtigen Kunden Kosten (bzw. teilweise entgangene Gewinne) von rund 1 000 Fr. entstehen. Diese Ertragsgrößen zeigen, daß es sich lohnt, in Relationship Banking zu investieren. Selbstverständlich müssen in der Praxis die einzelnen Größen für jedes Finanzinstitut gesondert und noch einige Stufen detaillierter berechnet werden.

---

18 Es wird angenommen, daß vom unterschiedlichen Kundenstamm (Differenz Bank A zu Bank B = 86 000 Kunden) bei Bank A 5 000 Kundenempfehlungen weniger resultieren.

7. Vorgehen bei Relationship Banking-Projekten

Ein umfassendes Relationship Banking-Projekt soll in Phasen angegangen und realisiert werden. Dabei wird ein Vier-Phasen-Modell mit Analyse, Strategiefestlegung, Maßnahmen und Kontrollprozeß vorgeschlagen (vgl. Abbildung 7):

- *Analyse:* In dieser Phase werden die Grundlagen für ein konsequentes Relationship Banking ermittelt. Aufgrund der quantitativen Analysen werden Stärken/Schwächen und der daraus resultierende Handlungsbedarf abgeleitet.

- *Strategie:* In der Strategiephase sollen die Handlungsoptionen und Prioritäten sowie der diesbezügliche Business-Plan erarbeitet werden. Diese bilden u.a. die Basis für die Entscheidungsfindung.

- *Maßnahmen:* Die konkreten Maßnahmen sind der Kern eines Relationship Banking-Projektes. Dabei müssen die einzelnen Maßnahmenpakete sich klar auf die Steigerung des Kundenmehrwertes fokussieren.

- *Kontrolle:* Kein Relationship Banking ohne institutionalisierte Meß- und Kontrollinstrumente! Daraus werden die Einflüsse auf die Erfolgsrechnung (und schließlich den Shareholder Value) und allenfalls notwendige Korrektur- und/oder Weiterentwicklungsmaßnahmen abgeleitet.

8. Fazit und Ausblick

Relationship Banking ist ein wichtiger Eckpfeiler in einem shareholder-value-orientierten Umfeld der Finanzbranche.

- Relationship Banking wird für immer mehr Banken und Versicherungen aufgrund ihrer Marktpositionierung zum Zwang. Nachdem ein Kunde insgesamt zwischen fünf bis zehn Beziehungen im Finanzbereich unterhält (Bankbeziehungen, Kreditkartenorganisationen, Lebens- und Risikoversicherungen), wird der Kampf um „interessante Kunden" noch intensiver geführt werden.

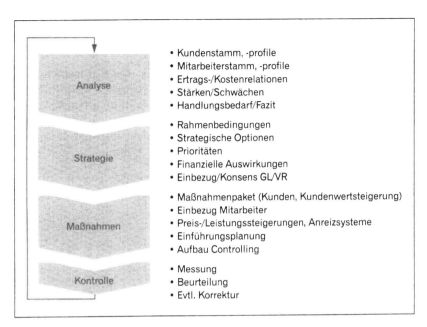

Abbildung 7: Vorgehen bei Relationship Banking-Projekten

- Relationship Banking wird durch Fusionen, Euro, Allfinanzkooperationen und die dadurch drastisch steigende Wettbewerbsintensität zusätzlich an Bedeutung gewinnen. Eine Vielzahl von neuen Leistungen, Direct Marketing Initiativen, Magazinen und Bonussystemen ist zu erwarten. Eine Konsolidierung, auch bei Bonussystemen und Kundenclubs, wird in absehbarer Zeit auf die Branche zukommen.

- Relationship Banking führt nur als konsequente Unternehmensstrategie, unter Berücksichtigung der verschiedenen Facetten von Kundenzufriedenheit und Kundenbindung, zum marktentscheidenden Erfolg. Isolierte Programme werden nicht die notwendige Markt- und Kundenakzeptanz erzielen.

- Relationship Banking erfordert Investitionen in Kunden und Mitarbeiter, denn Kunden- und Mitarbeiterloyalität will verdient sein. Relationship Banking verlangt den Aufbau entsprechender Infra-

struktur (Management-Informationssysteme, Controllinginstrumente) und Technologie (Datenbanken und Scoringsysteme).
- Relationship Banking muß bis auf die Stufe der Erfolgsrechnung meßbar sein. Durch wettbewerbsfähige Personalleadership, Marketing-/Prozeßleadership, Kundenleadership und Ertragsleadership wird schließlich der Shareholder Value steigen. Alle Stakeholder (Kunden, Mitarbeiter, Aktionäre) müssen letztlich am generierten Mehrwert angemessen partizipieren können.

An Qualität, Service, Leistungen und herausragende Events erinnert sich der Kunde noch lange, wenn der Preis bereits vergessen ist!

2. Kapitel

Relationship Banking als Marketingaufgabe

Strategisches Kundenmanagement und Retention Marketing im Retail Banking

Peter Dubs

1. Ausgangslage

In den siebziger Jahren boomte der Schweizer Bankenmarkt. Mit der Einführung der bargeldlosen Lohn- und Gehaltszahlungen stürmten alle Schweizerinnen und Schweizer die Banken, um neben ihrem Sparkonto ein Lohn- oder Gehaltskonto zu eröffnen. Die erfolgreichste Bank war die, der es gelang, mit möglichst vielen Filialen viele neue Kunden zu binden. Mit guten Margen, geschützt durch Konvenien wurde ein „demokratischer" Service geboten: Jeder Kunde – ungeachtet seiner Rentabilität – erhielt jeden Service:

Eine Kundin der Schweizerischen Kreditanstalt, Emma Mittenwanger, besaß damals ein Konto für ihre Rente und ein Depot mit einem Bestand von ca. 30 000 Fr., das keinerlei Umsätze aufwies. Diese Kundin pflegte sich täglich ein bis drei Stunden in der angenehm eingerichteten Schalterhalle aufzuhalten; sie kannte jeden Kassierer mit Namen, plauderte häufig mit ihnen und telefonierte – auf Kosten der Bank selbstverständlich, es war ja eine gute Kundin – einmal pro Woche mit ihrem Sohn im Ausland, um ihn zu fragen wie es gehe.

Kundenverluste gab es schon immer, vor allem bei einem Wohnsitzwechsel, da man ja normalerweise das Geld immer am Schalter „seiner" Bank abholte. Online-Systeme mit PIN waren damals noch nicht verbreitet und viele Kunden waren auf ihre lokale Bankbeziehung angewiesen. Im Umfeld eines wachsenden Marktes waren die Verluste aber leicht zu verschmerzen, auf jeden abgehenden Kunden kamen zwei neue.

Die Anekdote von Emma Mittenwanger zeigt vielleicht deutlicher als manche Statistik die Veränderungen, denen in den letzten Jahren sowohl Kunden als auch Bankmitarbeiter unterworfen waren: Schlangen an den Kassen, teilweise inkompetentes Personal, Fehler bei der Abwicklung einfachster Transaktionen, keine Extraservices mehr – das alles bringt viele Kunden dazu, über einen Bankwechsel nachzudenken. Gleichzeitig wurde die Mobilität der meisten Kunden erhöht. Mit Kreditkarte, ec-Karte und Telefonservices wurde der Kunde ortsungebunden, und die Banken, deren „fette" Zeiten endgültig vorbei sind, merken schmerzlich, daß Kundenverluste nicht mehr durch spontane Neukundenzugänge und Akquisitionen wettgemacht werden können. Gleichzeitig fehlen die Mittel, um ein früheres Serviceniveau wieder herzustellen.

In dieser Situation drängen sich Retention als Grundphilosophie und gezielte strategische und taktische Planung als Werkzeuge zur Erreichung des Zieles auf. Und es werden nur Strategien und Taktiken erfolgreich sein, die eine starke Fokussierung der Maßnahmen erlauben, denn die Mittel sind sehr begrenzt. Der folgende Artikel soll verschiedene Aspekte dieser Problematik aus der Sicht einer Großbank beleuchten und die wichtigsten Faktoren einer Retentionstrategie herauskristallisieren.

2. Warum verliert die Bank Kunden?

Die unterschiedlichsten Gründe führen zum Bankwechsel der Kunden und somit zu schmerzlichen Kundenverlusten für die betreffende Bank. Man unterscheidet drei Gruppen von Gründen zum Wechsel:

- *Nicht beeinflußbare Gründe* (Gruppe 1): Tod, Konkurs, Wohnsitzwechsel, Initiative Bank (Zusammenlegung, unerwünschte Geschäfte des Kunden etc.).

- *Unpersönliche Gründe* (Gruppe 2): Abwicklungsfehler, Preiserhöhungen, Filialschließung, allgemeines negatives Image, schlechte Anlageperformance.

- *Beziehungsgründe* (Gruppe 3): schwache oder keine persönliche Beziehung, schlechte Reklamationsbehandlung, inkompetente Betreuung, häufiger Beraterwechsel etc.

Ein Kundenverlust durch die erste Gruppe der objektiv feststellbaren Gründe ist nicht beeinflußbar. Höchstens beim Kundenverlust durch Tod kann ein rechtzeitiger guter Kontakt zu den Erben unter Umständen zum Erhalt der Geschäfte führen.

Bei der zweiten und dritten Gruppe der Verlustgründe läßt sich durch Qualitätsmanagement bei den Arbeitsabläufen, gute und motivierende Führung, Ausbildung und optimale Arbeitsplatzgestaltung inkl. EDV-Systeme sehr wohl etwas tun.

Allerdings sind die in dieser Rubrik aufgeführten Gründe selten allein ausschlaggebend. Fast immer ist in einem Saldierungsfall, bei dem nur ein Grund aus der zweiten Gruppe genannt wird, häufig auch die persönliche Beziehung zwischen Bank und Kunde gestört. Da es aber den Kunden meistens peinlich ist, derartige Gründe Bankpersonen gegenüber zu äußern, schieben sie lieber die unpersönlichen Gründe in den Vordergrund. Dem Berater ist es recht, der Sündenbock ist identifiziert, ohne daß es jemandem weh tut.

Dies führt zur klaren Schlußfolgerung, daß im Grunde das Betreuungskonzept einer Bank den wichtigsten Retentionsfaktor darstellt. Allerdings sind spezielle Zielgruppenaktionen als begleitende Maßnahmen ebenfalls wichtig. Und in neuerer Zeit wird auch vermehrt eine gezielte Retention von einzelnen mittels Data Mining identifizierten Kunden ausprobiert und zum Teil auch schon erfolgreich eingesetzt.

Segmentierung als Basis für ein Betreuungskonzept

Um ein sinnvolles Betreuungskonzept zu kreieren, muß man einerseits die Rentabilität und andererseits die Bedürfnisse von Kunden kennen. Diese beiden Kriterien erlauben es, die richtigen Rahmenbedingungen zu schaffen, die sowohl die betrieblichen Anforderungen abdecken als auch die Aspekte, die die Kunden interessieren.

Mit der Einführung der sogenannten Customer and Profitability Analysis-(oder kurz CRAPA-)Datenbank hatte die Credit Suisse seit längerer Zeit eine gute Basis, um die Rentabilität jedes einzelnen Kunden zu messen. Für die Kundenbedürfnisse allerdings lagen keine direkten Daten vor. Deshalb behalf man sich in erster Näherung

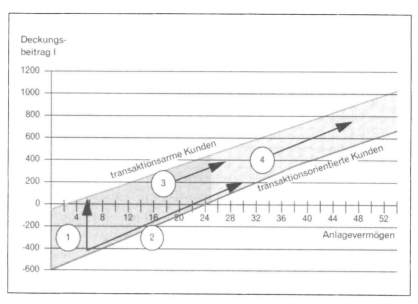

Abbildung 1: Segmentierung nach den Kriterien Anlagevermögen, Deckungsbeitrag und Transaktionshäufigkeit

mit dem Anlagevermögen und der Transaktionshäufigkeit pro Kunde.

Das Anlagevermögen umfaßt alle Werte, die der Kunde bei der CS angelegt hat, also Zahlungsverkehrs-, Spar- oder fiduziarische Konti sowie Depots und Versicherungen in Form einer CS Life. Diese Größe gibt schon relativ detaillierte Auskunft über etwaige Anlageprobleme, obwohl sie nur Werte bei der CS und nicht bei anderen Banken umfaßt. Das Retail Banking der Credit Suisse umfaßt Kunden mit Anlagevermögen bis 500 000 Fr. Die Transaktionshäufigkeit ist ein Indikator für die Art der Bankbeziehung und zeigt, ob der Kunde die Bank nur für Anlagezwecke oder auch für den täglichen Zahlungsverkehr nutzt.

Abbildung 1 gibt Auskunft über die gegenseitigen Abhängigkeiten dieser drei Meßgrößen. Die Darstellung zeigt, daß die Rentabilität mit zunehmendem Anlagevermögen, ungeachtet der Art der Anlage, steigt. Sie zeigt auch, daß transaktionsorientierte Kunden mit Anlagevermögen unter 25 000 Fr. meist einen stark negativen Deckungsbeitrag I aufweisen, während transaktionsarme Kunden ab einem Anlagevermögen von etwa 2 000 Fr. bereits rentabel werden. Die Analyse erlaubt es, im Retail Banking drei Subsegmente zu definieren, die eine unterschiedliche Betreuung benötigen.

Eine erste Gruppe umfaßt die Kunden, die ein tiefes Anlagevermögen und eine hohe Transaktionsdichte aufweisen. Der größte Teil dieser Kunden weist einen negativen Deckungsbeitrag I auf und ist damit hochgradig unrentabel (der DB I schließt die Erlöse sowie die Liquiditäts-, Eigenmittel-, Risiko- und Transaktionskosten ein). Der Großteil der Kunden hat das Bedürfnis nach schneller und unkomplizierter Auskunft über Kontostand und -bewegungen, nicht aber nach Anlageberatung.

Diese Kunden benötigen ein Betreuungskonzept, das auf der einen Seite wenig kostet und auf der anderen Seite trotzdem erlaubt, zwei Stoßrichtungen im Marketing zu verfolgen.

3. Stoßrichtung 1: Rentabilisierung

Ein Großteil dieses Kundenkreises wird in absehbarer Zeit kein genügend großes Anlagevermögen erreichen, um einen positiven Deckungsbeitrag zu erwirtschaften. Trotzdem sollen diese Kunden nicht „vertrieben" werden. Sie stellen eine wichtige Basis für zukünftige rentable Kundensegmente dar, denn interessante Neukunden zu gewinnen, die von Beginn an einen positiven Deckungsbeitrag erwirtschaften, wird immer schwieriger.

Ein Teil der durch diese Kunden verursachten Kosten kann durch erhöhte Gebühren gedeckt werden. Der Schweizer Markt erlaubt aber keine kostendeckende Gebührenstruktur, wie dies in den meisten Auslandsmärkten möglich ist. Deshalb müssen gleichzeitig kostenarme Standardprodukte, wie elektronische Auskunft, ec-Direct, Cash- und andere Dienstleistungen, so eingeführt werden, daß die Kunden sie als angenehme Erweiterung der Produktpalette erleben und gleichzeitig ein positives Image von der Bank erhalten.

Ein anderer Teil der Kunden kann durch den Verkauf von Zusatzprodukten wie Eurocard, Privatkredit usw. „rentabilisiert" werden, ohne daß der Kunde mehr Geld anlegt.

Kunden mit einem Anlagevermögen unter 25 000 Fr. werden bei der Credit Suisse hauptsächlich telefonisch durch zentrale Betreuungsteams und nicht mehr durch Mitarbeiterinnen und Mitarbeiter in den Geschäftsstellen betreut. Die direkten Betreuungskosten für eine derartige zentrale Infrastruktur sind etwa halb so groß wie eine gleichwertige dezentrale Betreuung in den Filialen. Mit einer Zuteilung von etwa 8 000 bis 10 000 Kunden pro Betreuungsperson ist ein aktiver, persönlicher Verkauf von Produkten an diese Kunden nur in Ausnahmefällen denkbar. Viel erfolgversprechender ist ein gezieltes Direct Mailing mit Reaktionsmöglichkeit durch den Kunden. Speziell fürs Telefon ausgebildete Verkäufer können dann eine beschränkte Zahl von Interessenten persönlich beraten.

4. Stoßrichtung 2: Identifikation von interessanten Kunden

Innerhalb dieser Gruppe der transaktionsorientierten Kunden mit niedrigem Anlagevermögen verbergen sich etwa 5 bis 10 Prozent Kunden mit kurzfristigem Potential für höhere Anlagevolumina. Das Problem besteht darin, diese „Nadeln im Heuhaufen" zu finden. Denn die Mehrheit dieser Kunden wird, wie vorher erwähnt, passiv betreut, d.h. man hat mit diesen Kunden nur Kontakt, wenn irgendein Problem entsteht. Sei es, daß der Kunde eine Frage z.B. betreffend einer Zahlung hat, sei es, daß ein Konto überzogen ist: Bei fast allen Banken sind diese Betreuungspersonen dafür ausgebildet und die Systeme darauf ausgerichtet, ein Trouble Shooting möglichst effizient auszuführen, nicht aber, dem Kunden aktiv Anlageprodukte anzubieten.

Das Aufspüren dieser Kunden kann über deduktives oder induktives Data Mining erfolgen. Der einfachste deduktive Ansatz ist der, daß Kunden, deren Anlagevermögen vor kurzem die 25 000 Fr.-Grenze überschritten hat, aufgelistet und dann von Mitarbeitern, die im Anlagegeschäft ausgebildet sind, individuell kontaktiert werden. Diese

Methode ist einfach und effizient, sie läßt aber viele Kunden mit Potential unbeachtet.

Ein typisch induktiver Ansatz ist der, Kunden zu finden, die bei anderen Banken ebenfalls Geld angelegt haben und deshalb in der Lage wären, bei der Credit Suisse das Vermögen zu konzentrieren.

Die Bank, die Informationen über den Haushalt (Größe, Einkommen, Autos, Eigenheimbesitz usw.) von einigen Tausend Kunden besitzt, kann das ideale Produktenutzungsprofil dieser Kunden eruieren und es mit dem der existierenden Kunden vergleichen. Alle diese Kunden, die ein, gemessen an ihrem Haushalt, ungenügendes Produktenutzungsprofil aufweisen, haben möglicherweise auch ein mutmaßlich höheres Potential für Zusatzgeschäfte. (Die Zuverlässigkeit dieser Voraussage hängt vor allem ab von der zur Verfügung stehenden Datenmenge.)

Das Problem im Schweizer Markt besteht heute darin, daß die Bank keine Informationen dieser Art besitzt. Damit ist es auch unmöglich, das Profil eines typischen „Zweitkunden" zu identifizieren. In den Vereinigten Staaten von Amerika beispielsweise können derartige Daten eingekauft werden und stehen dann dem Käufer zur gezielten Bearbeitung zur Verfügung. Eine Bank in Kalifornien hat mit einem derartigen Potentialkonzept und einer darauf ausgerichteten Betreuungsstrategie eine massive durchschnittliche Ertragsverbesserung ihrer Filialen erreicht.

Welche Kunden haben Potential?

Wenn wir von Potential sprechen, meinen wir natürlich Ertragspotential. Und dieses hängt stark vom Lebenszyklus eines Kunden ab.

Abbildung 2 zeigt den Verlauf des Deckungsbeitrages I von drei verschiedenen Kundengruppen: Kunden, die im Alter von 35 Jahren weniger als 25 000 Fr. Anlagen haben (Universalkunden), solche, die mit 35 Jahren zwischen 25 000 und 500 000 Fr. besitzen (Individualkunden) und schließlich Private Banking-Kunden mit mehr als 500 000 Fr. Anlagevermögen.

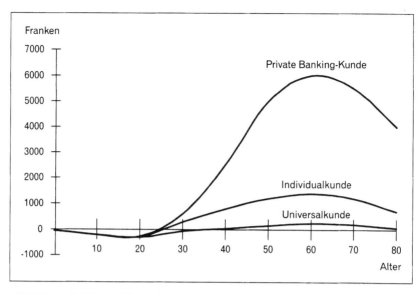

Abbildung 2: Entwicklung des Deckungsbeitrages verschiedener Kundengruppen im Privatkundengeschäft pro Jahr in Abhängigkeit zum Alter der Kunden

Die Darstellung zeigt, daß es bis zum Alter von etwa 25 Jahren praktisch unmöglich ist, aufgrund der Entwicklung des Deckungsbeitrages eine Voraussage über die zukünftige Qualität eines Kunden zu machen. Die Darstellung zeigt auch, daß viele Kunden während ihres ganzen Lebens unrentabel bleiben. Selbst wenn einige der beschriebenen Universalkunden in der zweiten Lebenshälfte noch 40 000 bis 60 000 Fr. auf die hohe Kante legen können, müßten sie etwa hundert Jahre alt werden, um die vorher produzierten Verluste wieder wettzumachen.

Die Situation ist in der Realität sogar noch wesentlich komplexer, da in Abbildung 2 die Kurven durch eine Vielzahl der Kunden stark geglättet wurden. Abbildung 3 zeigt den Lebensverlauf der Rentabilität eines einzelnen Kunden, der sich hauptsächlich im Bereich der Anlagen unter 25 000 Fr. bewegt. Ganz gewöhnliche Lebensereignisse beeinflussen den Deckungsbeitrag des Kunden sehr stark. Würde man auf dieser Darstellung noch spezielle Vorkommnisse, wie den Kauf eines Autos mit Fremdfinanzierung durch die Bank, Scheidung, eventuelle Wiederaufnahme der Berufstätigkeit durch die Ehefrau, Erbschaft, mögliche schwere Krankheiten, Arbeitslosigkeit usw., eintragen, würde die Varianz so groß, daß man lieber gleich von Beginn an auf eine Potentialbestimmung verzichtet, da eine präzise Voraussage unmöglich ist.

In der Praxis ist die Auswirkung solcher Ereignisse aber weniger dramatisch, denn der Kunde reagiert normalerweise im Falle eines positiven oder negativen Schicksalsschlages nicht mit einem sofortigen Bankwechsel. Im Falle eines Lottogewinns oder einer ehelichen Auseinandersetzung ist die momentane Bankbeziehung eigentlich von sehr untergeordneter Bedeutung. Wichtig ist deshalb eine regelmäßige Überprüfung des Potentials. Die Erfahrung zeigt, daß Kunden beim heutigen Serviceniveau schon glücklich sind, wenn man innerhalb von drei Monaten nach einem bedeutenden Ereignis reagiert und den Kunden fragt, ob man ihm helfen könne.

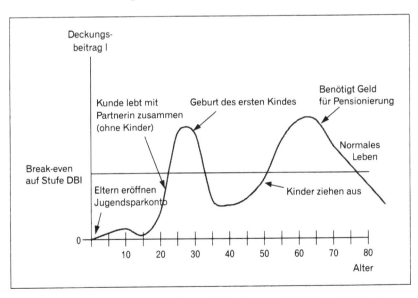

Abbildung 3: Einflüsse verschiedener Ereignisse auf die Rentabilität eines Kunden

5. Stoßrichtung 3: Aktivierung inaktiver Kunden

Die zweite Zielgruppe bilden die Kunden mit niedrigem Anlagevermögen und wenig Transaktionen. Mit einem durchschnittlichen Guthaben von 5 000 Fr. haben die meisten von ihnen einen leicht positiven Deckungsbeitrag und belasten deshalb die Erfolgsrechnung nicht. Es handelt sich vor allem um reine Sparkunden, z.B. Jugendsparkonten und -bücher oder „sichere Sparbatzen" bei einer Zweitbank von älteren Kunden.

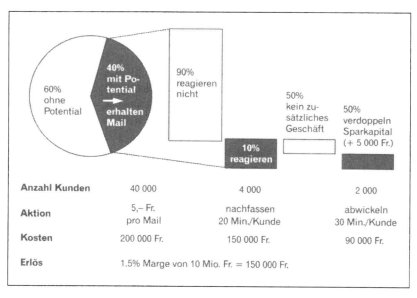

Abbildung 4: Marketing-Maßnahme zur Aktivierung von 100 000 inaktiven Kunden

In den meisten Fällen kennt die Bank diese Kunden nicht. Viele haben ihr Guthaben vergessen oder mindestens nicht aktiv in ihrem Bewußtsein. Diese beiden Tatsachen machen es schwierig, eine erfolgversprechende Marketingstrategie aufzubauen. Auf der anderen Seite verlockt die große Masse der Kunden, das vorhandene Potential auszuschöpfen.

Die Abbildung 4 zeigt eine mögliche Marketingaktion mit einer angenommenen Basis-Menge von 100 000 Kunden. Mittels geeigneter Methoden werden 60 000 als Low-Potential-Kunden ausgeschieden. 40 000 von ihnen erhalten ein Mail mit einem sehr interessanten Angebot, so daß sensationelle 10 Prozent der angeschriebenen Kunden reagieren. Beim telefonischen Nachfassen gelingt es, die Hälfte zu überzeugen, ihre Anlagen bei uns zu verdoppeln. Damit bringt diese Aktion 10 Mio. Fr. zusätzliches Sparkapital. Die meisten Leser mit Erfahrung im Bankmarketing würden den Leiter einer derartigen Erfolgsaktion sofort befördern.

Stellt man Kosten und Nutzen dieser Aktion in Rechnung, so stellt man rasch und ernüchtert fest, daß die Kunden das Geld mindestens drei Jahre lang unangetastet auf der Bank lassen müssen, um allein die direkten Kosten der Aktion zu decken.

Und natürlich hat niemand die übrigen Kunden beobachtet, die nicht direkt mit dem Kupon auf das Mail reagiert haben. Sonst hätte man vielleicht gemerkt, daß ein paar Tausend die Gelegenheit „beim Schopf" gepackt, ihr Konto aufgelöst und das Geld zur Konkurrenz gebracht haben. Das waren die Kunden, die gar nicht mehr wußten, daß sie Geld auf dieser Bank angelegt hatten.

6. Stoßrichtung 4: Pflege von Kunden mit einem Anlagevermögen von mehr als 25 000 Fr.

Diese Kundengruppe – in der Credit Suisse nennt man sie Individualkunden – ist außerordentlich interessant. Selbst wenn man die Kunden mit Vermögen über 500 000 Fr. dem Private Banking zurechnet, erwirtschaftet man mit den Individualkunden je nach Berechnungsart einen Deckungsbeitrag I von durchschnittlich 500 bis 1 000 Fr. und mehr pro Jahr. Geht man von einer jährlichen Verlustrate von 5 Prozent aus, bedeutet das eine mittlere Verweilzeit dieser Kundengruppe von 20 Jahren. Ausmultipliziert ergibt sich ein DB I von total 15 000 Fr. pro Kunde über seine ganze Lebensdauer.

Eine Erhöhung der Verlustrate um 2 Prozent auf 7 Prozent ergibt eine mittlere Verweilzeit dieser Kunden von nur noch 14,2 Jahren. Das heißt, man erwirtschaftet mit den gleichen durchschnittlichen Kunden über deren Lebensdauer nur noch 10 725 Fr. oder fast 30 Prozent weniger. Diese vereinfachte Betrachtung und Rechenbeispiele anderer Autoren zeigen, wie dramatisch sich eine geringe Erhöhung eines Kundenverlustes auf das langfristige Ergebnis auswirkt. Eine spezielle Gefahr dieser Art des Geschäftsverlustes liegt darin, daß die kurzfristigen Auswirkungen auf das Ergebnis nicht besonders gravierend sind.

7. Basis des Retention Marketing: Das Betreuungskonzept

Die Credit Suisse hat sich aufgrund der Wichtigkeit dieses Kundensegmentes dafür entschieden, die Kunden nicht von einem Team betreuen zu lassen, sondern jedem dieser Kunden individuell einen Kundenverantwortlichen zuzuteilen. Da die Kunden Anlage- und Kreditbedürfnisse haben, muß der Kundenverantwortliche über eine breite Ausbildung verfügen, um diese Probleme für den Kunden adäquat lösen zu können. Auf der anderen Seite ist für diese Art Kunden eine standardisierte Produktpalette vorteilhaft: auf der Anlageseite liegt der Schwerpunkt bei den Spar- und Fondsprodukten, auf der Kreditseite decken die Produkte Lombard- und Hypothekarkredit bzw. Autoleasing die Bedürfnisse zu mehr als 95 Prozent ab.

Diese Art von Beratung erfordert normalerweise eine Beratungszeit zwischen 30 und 60 Minuten. Zudem besteht bei den Kunden ein Diskretionsbedürfnis, das gemäß einer repräsentativen Umfrage wichtiger ist als beispielsweise niedrige Spesen oder die Nähe der Filiale. Deshalb war es undenkbar, im Betreuungskonzept offene Beraterplätze in der Schalterhalle vorzusehen. So empfangen die Berater „ihre" Kunden ausschließlich in Beratungszimmern. Dies hat den zusätzlichen Vorteil, daß Kunden ohne Anlage- oder Kreditbedürfnisse die Zeit dieser Berater nicht mehr in Anspruch nehmen. Messungen ergaben, daß Berater am offenen Beraterpult bis 200 Kundenkontakte pro Woche hatten, während die Zahl bei den Individualkundenberatern weit darunter lag. Allerdings hatten nur etwa 5 dieser 200 Kunden ein Potential für eine Anlageberatung. Wie die Abbildung 5 zeigt, können die Berater in den geschlossenen Beratungsräumen deutlich mehr Zeit für den Verkauf aufwenden und verkaufen auch wesentlich lukrativere Produkte.

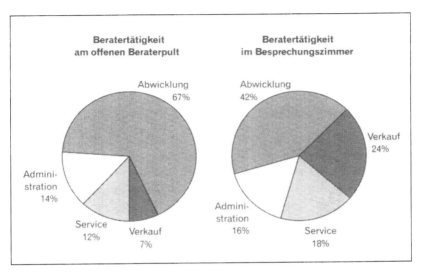

Abbildung 5: Beratertätigkeit im Vergleich

Die persönliche Zuteilung von Kundenverantwortung birgt aber auch die große Gefahr der einseitigen Kundenbetreuung in sich. Denn jeder dieser Berater hat entsprechend seiner Vorbildung bestimmte Vorlieben beim Produktangebot. Ehemalige Mitarbeiter aus dem Anlagegeschäft z.B. konzentrieren sich gerne auf Depotkunden mit Direktanlagen, vor allem Aktien. Lieber schichten sie ein 200 000 Fr.-Depot zweimal im Jahr um, als einen Kunden mit Sparbuch und Kassenobligationen zu einer persönlichen Beratung einzuladen. Häufig entgeht diesen Beratern, daß die Kunden auch andere Bedürfnisse als Börsengeschäfte haben.

Aber auch ehemalige Mitarbeiter aus den Bereichen Kredit oder Kasse lieben „ihre" Produkte über alles. Das zeigt eine Kontrolle der

Wochenrapporte mit den Produktverkäufen relativ rasch. Im Normalfall liegt bei ihnen die Anzahl der Verkaufskontakte relativ niedrig und zudem sind die Anlageprodukte untervertreten. Im Gegensatz dazu neigen die Anlagespezialisten dazu, die Kredit-, Konto- und Kartenprodukte zu vernachlässigen.

Solche Aussagen können natürlich nur gemacht werden, wenn ein entsprechendes Verkaufsinformationssystem zur Verfügung steht. Und hier hapert es bei den meisten Banken. Denn die Bankinformatik ist vor allem dafür programmiert, die Produkte abzuwickeln und weniger dafür, sie anzubieten. Die Credit Suisse hat ein einfaches, aber doch recht effizientes System für das Verkaufsmanagement aufgebaut, dessen Funktionen in Abbildung 6 dargestellt ist, wobei die wichtigsten Einflußgrößen für ein intelligentes Kundenbetreuungsprogramm aus unterschiedlichen Quellen stammen.

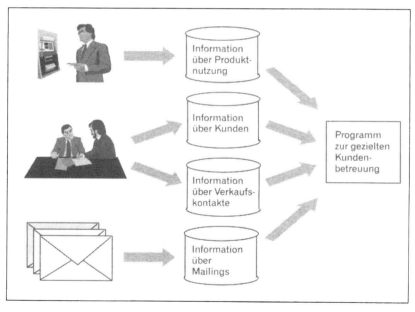

Abbildung 6: Verkaufsmanagementsystem der Credit Suisse

Um dem Kundenberater die Betreuung seiner Kunden zu erleichtern, wählt ein Programm, das auf verschiedenen Datenquellen basiert, Kunden mit speziellen Bedürfnissen aus und bietet sie ihm online zur Bearbeitung an. Die Reaktion des Kunden wird in einem Verkaufsrapport festgehalten und beeinflußt sofort die Wichtigkeit des Kunden für die nächste Marktbearbeitung.

Selbstverständlich werden diese Informationen auf den nächsten Managementebenen in Wochen- und Monatsrapporten sinnvoll verdichtet, damit die Vorgesetzten die Verkaufsleistung des Beraters oder eines ganzen Teams interpretieren können. Nur wenn solche Betreuungssysteme in den Führungskreislauf integriert werden, haben sie Aussicht auf Erfolg, denn der Aufbau einer Verkaufskultur bedeutet Verhaltensänderung auf allen Stufen. War früher die exakte und rasche Abwicklung eines Bankgeschäftes der einzige Erfolgsfaktor einer Bank, so tritt heute mehr und mehr die aktive Beratung und der Verkauf der richtigen Produkte in den Vordergrund.

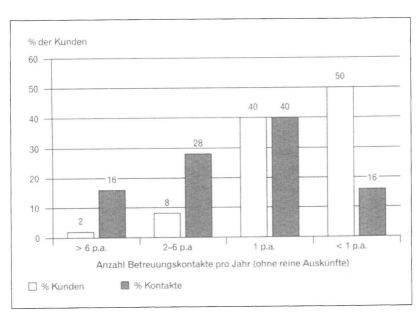

Abbildung 7: Ausgewogenes Kundenmanagement

Wie Abbildung 7 zeigt, kann mit einem derartigen EDV-gestützten Kundenmanagementsystem eine ausgewogene Betreuung gewährleistet werden. Bei einer Anzahl von über 500 Kunden wird eine rein manuelle Auswahl der Kunden entweder sehr einseitig oder aber sehr aufwendig. In einem optimal geführten System können die Rahmenbedingungen etwa so gesetzt werden:

Die 10 Prozent der wichtigsten Kunden erhalten zwischen 40 und 50 Prozent des Betreuungsaufwandes, die übrigen Kunden werden alle ein bis drei Jahre einmal kontaktiert. Es versteht sich von selbst, daß Kundenkontakte z.B. in Form einer reinen Saldoauskunft oder Kursanfrage nicht als Verkaufskontakte zählen.

8. Data Mining als Hilfe bei der Auswahl von Kunden mit Potential

Der deduktive Teil des Data Mining in Form von Zielgruppendefinitionen wurde hier schon mehrfach beschrieben. In der Praxis hat sich dabei ein iteratives Verfahren bewährt. In einem ersten Schritt wird zusammen mit Produktexperten und Frontmitarbeitern eine Zielgruppe definiert, von der man aufgrund von Erfahrungen annehmen kann, daß sie auf ein bestimmtes Produkt anspricht.

In einem ersten Testrun wird dann die Zielgruppe von ein bis zwei Geschäftsstellen namentlich ausgedruckt und mit einem bis zwei verschiedenen Verkaufsprozessen getestet. Wird eine bestimmte, vorher festgesetzte Erfolgsquote erreicht oder überschritten, war die Definition gut. In einem zweiten Schritt werden darauf die Mißerfolge analysiert. Aufgrund der dabei gewonnenen Erkenntnisse wird die Selektion verfeinert, wenn die dazu notwendigen Daten vorliegen. Häufig stößt man aber an die Grenzen der Datenqualität. Vor allem, wenn Daten wie Zivilstand, Berufstätigkeit, Haushaltsgröße usw. maßgeblich wären, sind die Datenbanken meist nicht in der Lage, zufriedenstellende Informationen zu liefern.

In neuerer Zeit ist man deshalb dazu übergegangen, mittels spezieller statistischer Methoden wie neuronalen Netzwerken usw. induktiv

Zielgruppen mit Potential zu bestimmen. Die Methode hat den Vorteil, daß sie Hypothesen prüft, auf die auch ein Experte mit seinem Erfahrungsschatz nie gekommen wäre.

Auch hier wird ein iteratives Vorgehen gewählt. Meistens wird eine (genügend große) Stichprobe dreigeteilt. Mit dem ersten Drittel wird ein Modell entworfen, dessen Qualität mit dem zweiten Drittel gegenüber anderen Modellen überprüft wird. Das dritte Drittel dient dazu, die Voraussagen mit den effektiv eingetretenen Resultaten zu überprüfen.

Effektive Ereignisse	Voraussagen	
	Kunde bleibt	Kunde geht
Kunde bleibt	214 734	65 788
Kunde geht	5 371	15 942

Total Kunden: 301 835
Richtige Voraussagen: 230 676 (= 76.4 %) Sehr gut!
Aber: Data Mining gibt dem Berater z.B. 190 absprungverdächtige Kunden
(27% seines Portefeuilles von 700 Kunden)
Effektiv sind aber nur etwa 37 echte Kandidaten.

Abbildung 8: Induktive Voraussage über absprungverdächtige Kunden

Die Abbildung 8 zeigt das Resultat eines Data Mining-Versuches, mit dem Kunden identifiziert wurden, bei denen eine hohe Wahrscheinlichkeit bestand, daß sie die Bank innerhalb der nächsten sechs Monate verlassen würden. Interessant dabei ist, daß ein großer Teil der als absprungverdächtig bezeichneten Kunden aufgrund von Kriterien identifiziert wurden, deren Bedeutung nicht direkt auf der Hand lag. Andere angezeigte Kriterien wiederum brachten Hinweise über gewisse Kundengruppen, die man einfach vergessen hatte.

So wurde beispielsweise von der Statistik auf bestimmte Berater hingewiesen, deren Kunden vermeintlich in Scharen davonliefen. Eine genaue Überprüfung der Resultate zeigte aber, daß diese Berater eben gerade ihre Daten bereinigt hatten. Wenn ein Kunde zum Beispiel zwei Cif's (Customer Information File) hatte, wurde in Absprache mit ihm eines davon saldiert und die Konti des saldierten aufs andere Cif übertragen. In Wirklichkeit hatten die Berater etwas Sinnvolles gemacht, das System identifizierte sie aber als Kundenschreck.

Ursprünglich war geplant gewesen, jedem einzelnen Berater die absprungverdächtigen Kunden über das Kundenmanagementsystem direkt anzuzeigen, damit er direkt mit dem Kunden Kontakt hätte aufnehmen können. Die Abbildung 8 zeigt aber auch, daß selbst bei einer durchschnittlich sehr hohen Voraussagewahrscheinlichkeit von 75 Prozent dem Berater zu viele „falsche Kunden" angezeigt worden wären. Eine direkte Bearbeitung wäre zu teuer geworden und hätte bei einer Trefferwahrscheinlichkeit von weniger als 1:5 die Berater kaum zu Spitzenleistungen motiviert. Sicher werden zukünftige Data Mining-Modelle noch bessere Resultate liefern, aber die Latte ist in diesem Bereich sehr hoch gelegt.

9. Bonussystem zur Festigung der Kundentreue

Neben den vielfältigen Gründen, eine Bank zu verlassen, gibt es verschiedene Gründe für einen Kunden, bei seiner Bank zu bleiben. Ein wichtiger Grund ist z.B. eine vielfältige Beziehung mit möglichst vielen Konti, Karten, PIN, ständigen Aufträgen usw. Der Kunde denkt sich dann: „Ich werde vielleicht hier nicht gerade optimal bedient, aber deshalb alles zu künden und bei einer anderen Bank wieder bei Null zu beginnen, lohnt sich denn doch nicht."

Ein wesentlich sympathischerer Grund wäre folgender Gedanke des Kunden: „Es funktioniert zwar nicht alles bei dieser Bank, aber Herr Keller, mein Berater, bringt das immer wieder in Ordnung, ihm kann ich vertrauen." Diesen Gedankengang muß eine Bank mit dem Betreuungskonzept zu fördern zu versuchen.

Ein weiterer guter Grund wäre, wenn sich der Kunde bei einem Malheur denkt: „Es passieren zwar bisweilen Fehler bei meiner Bank, im großen und ganzen sind aber der Service und die Vielfalt der Dienstleistungen den anderen Banken überlegen." Da die meisten Bankdienstleistungen sehr ähnlich sind, kann eine Bank sich hier mit einem Bonussystem profilieren.

Diesen Gedankengang soll das Produktpaket Bonviva auslösen, das die Credit Suisse allen Individualkunden kostenlos anbietet. Es handelt sich dabei um ein Paket verschiedener Services:

- Bankeigene Leistungen:
  - Gratis Traveller Checks
  - Vorzugszins auf Zinsstufensparkonto
  - Verbilligte Eurocard
- Bankfremde Leistungen:
  - Schlüsselfundsystem
  - Restaurantrabatte in der Schweiz
  - Hotelrabatte weltweit
  - Kartensperrservice (bankübergreifend) etc.

Der Berater des Kunden bietet das Service-Paket persönlich an und bespricht die einzelnen Leistungen mit dem Kunden. Dieser persönliche positive Kontakt mit einem Angebot, das die Konkurrenz in dieser Form nicht bietet, löst bei vielen Kunden den vorher erwähnten dritten Gedankengang aus und festigt die Kundenbindung.

Ein ähnliches System wie die Credit Suisse hat der Schweizerische Bankverein mit seinem Key Club. Wie Abbildung 9 zeigt, sind die Systeme qualitativ etwa gleich gut. Während das Punktesystem des SBV stärker zu Zusatzgeschäften animiert und generell den guten Kunden mehr bietet, stellt Bonviva der Credit Suisse die kleineren Kunden besser, indem der ganze Service ab Anlagevermögen von 25 000 Fr. geboten wird. Auch die Beziehung Berater/Kunde wird beim System der CS stärker gewertet und dadurch, daß kein Punktekonto separat geführt werden muß, vereinfacht sich auch die Abwicklung.

	SBV Key Club	CS Bonviva
Breites Angebot für alle Interessen	++	++
Für Kunden mit hohem Deckungsbeitrag	++	+
Für Kunden mit kleinerem Deckungsbeitrag	+	++
Animiert zu Zusatzgeschäften	++	+
Einfache Abwicklung	+	++
Verbessert Beziehung zum Berater	(+)	+

Abbildung 9: Zwei Schweizer Bonussysteme im Vergleich

Erfolgsfaktoren bei der Einführung eines solchen Bonussystems sind:
- Schaffung einer breiten Akzeptanz bei Beratern.
- Zuverlässige und einfache Abläufe für die Teilnahme des Kunden am Bonussystem sorgfältig einführen.
- Persönliches Engagement aller Führungsstufen.
- Angebot des Bonussystems an eigene Mitarbeiter fördert Verständnis und Verkaufsbereitschaft.
- Laufende Erweiterung des Systems und spezielle Angebote halten das Interesse wach.

10. Zusammenfassung

Die drei taktischen Maßnahmen *Betreuungskonzept, Kundenmanagementsystem mit Data Mining* und *Bonussystem* führen zusammen zum Erfolg. Das Betreuungskonzept stellt im heutigen Marktumfeld sicher noch den wichtigsten Faktor im Retention-Marketing dar, gefolgt vom Bonussystem und vom Data Mining. Ein verändertes Konsumentenverhalten führt aber wahrscheinlich schon in wenigen Jahren zu einer Umgewichtung dieser Faktoren mindestens bei einem Teil der Kunden. Und für diesen Moment heißt es gerüstet sein. Erfolg wird also die Bank haben, die sich auf allen drei taktischen Gebieten gut auskennt und so die richtige Gewichtung jederzeit neu vornehmen kann. Dies gilt speziell für die Gebiete Data Mining und Expertensysteme. Know-how auf diesem Gebiet läßt sich nicht kurzfristig aufbauen, da die dazugehörigen EDV-Systeme dem vorhandenen angepaßt und zusammengeschweißt werden müssen. Insbesondere auf diesem Gebiet werden in den nächsten Jahren große Veränderungen zu erwarten sein.

Relationship Banking bei Profitline-Kundenbindung durch individuelle Mehrwerte

Charles Oppenheim

Kundenbeziehungen gezielt aufzubauen und zu festigen, ist für einen Telefonanbieter von Finanzdienstleistungen von existentieller Bedeutung. Das Profitline-Konzept des Relationship Banking basiert auf innovativen Produkten, die dem Kunden individuelle Mehrwerte bieten. Große Bedeutung wird der unterstützenden Marktkommunikation beigemessen, die auf modernster Technologie basiert und neue Erkenntnisse laufend umsetzt. Auch qualitativen und emotionalen Faktoren in der Kundenansprache und bei der Teambetreuung kommt viel Beachtung zu. Die Methode von Profitline besteht in einem unkonventionellen und dynamischen Weiterentwickeln der einzelnen Elemente im Beziehungsmanagement.

1. Kundennähe und Kundenzufriedenheit

Profitline startete Mitte Mai 1996 für die UBS Swiss Life mit dem Telefonverkauf von Finanzdienstleistungen, die eine Spar- und eine Versicherungskomponente aufwiesen. 15 Monate später hatte der Newcomer bereits 500 Mio. Franken an Kundengeldern entgegengenommen, das entspricht etwa der Einnahme einer mittleren Versicherungsgesellschaft in der Schweiz. Er setzte sich als unangefochtene Nummer eins vor die anderen schweizerischen Telefonanbieter von Finanzprodukten. Seither verzeichnet er bei sehr niedrigen Kosten weiterhin beeindruckende Zuwachsraten. Nicht nur direkte Mitbewerber, sondern auch „konventionelle" Anbieter von Finanzprodukten und manch ein Branchenfremder mögen sich nach den Gründen des Erfolges fragen. Warum schaffte Profitline in kurzer Zeit das, wofür andere viele Jahre benötigen? Die erfreuliche Entwicklung hat sehr viel mit Kundenbeziehungsmanagement zu tun: Mit innovativen Ideen lassen sich auch im vermeintlich einförmigen Detailgeschäft

Mehrwerte für den einzelnen Kunden schaffen. Mehrwerte, die ihn offensichtlich zufriedenstellen. Weil die Profitline außerdem Technologie und Know-how für das Kundenbeziehungsmanagement investiert, hat sie präzisere Informationen über ihre Kunden als viele andere Finanzinstitute und kann dadurch ihr Angebot noch kundennäher gestalten. Ein Regelkreis, der positiv verstärkt. Er löst Vertrauen, Loyalität und weitere Käufe von Profitline-Produkten aus.

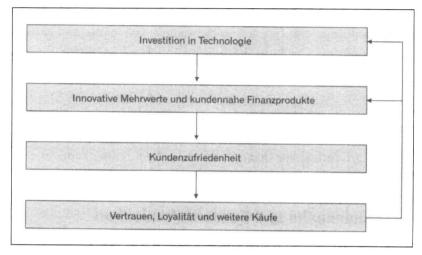

Abbildung 1: Regelkreis Kundenzufriedenheit

Relationship Banking verfehlt sein Ziel, wenn mit attraktiven Produkten lediglich möglichst viele zufriedene und loyale Kunden gewonnen und gehalten werden sollen. Das Angebot muß ebenso auf der Kostenseite stimmen und aus der Sicht der Bank attraktiv sein: Letzten Endes muß sie ja gegenüber ihren Stakeholdern mit rentablen Kundenbeziehungen aufwarten, das heißt mit gewinnbringenden Produkten.

Im folgenden werden einige wichtige Elemente des Relationship Banking bei Profitline detaillierter erläutert:

- Die Profitline-Produkte: Mit innovativen Ideen, die dem Kunden echten Mehrwert bringen, lassen sich gleichzeitig ein hoher Grad an Kundenzufriedenheit und niedrige Kosten erzielen. Welche Produktmerkmale bewirken das, und warum haben sie diesen Effekt?
- Das Profitline-Kommunikationssystem: Das attraktivste Produkt bringt Profitline wenig, wenn der potentielle Käufer nicht darauf angesprochen wird. Wie kommuniziert Profitline mit den Kunden auf dem bestmöglichen Weg und mit größtmöglicher Effizienz?
- Die „weichen" Faktoren des Profitline-Kundenbeziehungsmanagements: Die Glaubwürdigkeit gegenüber Kunden und der Erfolg hängen stark mit diversen nicht quantifizierbaren Faktoren zusammen. Auf welche Elemente richtet Profitline ein besonderes Augenmerk?

2. Profitline-Marketing

2.1 Maximaler Nutzen

Treuesysteme nach „Rabattmarken-Konzepten" schießen wie Pilze aus dem Boden. Nach den Kundenkarten der Warenhäuser und den Clubs der Konsumgüterhersteller bieten jetzt auch Finanzinstitute Programme zur Sicherstellung der Kundenloyalität an. Wenn sich für den Kunden Produkte und Dienstleistungen verschiedener Anbieter immer gleichartiger gestalten, gibt es für ihn keine Gründe für einen Wechsel. Da helfen nur künstliche Anreize. Punktesysteme, die mit Vergünstigungen aller Art locken, vom bevorzugten Service bis zum Hotelrabatt, vom Zirkuseintritt bis zum Freiflug. Klar ist, daß solche Programme Kosten zur Folge haben, die schließlich umgelegt werden müssen. Ist der Kunde gewillt, diesen Zusatzaufwand langfristig zu bezahlen? Oder wünscht er sich lieber möglichst gute Leistungen bei klar ersichtlicher Kostenstruktur?

Profitline ist von der Antwort auf die zweite Frage überzeugt und hat deshalb konsequent andere Wege eingeschlagen: Durch innovative Produkte soll der Kunde eine transparente Leistung erhalten und einen maximalen Produktnutzen erzielen. Der Neuling am Markt war vermutlich weltweit der erste Finanzdienstleister, der einen individuellen Höchstzins offerierte.

Neue Ideen verlangen Mut und bergen stets auch Risiken. Profitline ließ sich nicht durch die oft vorherrschende Skepsis im Stil von „ja, aber" bremsen. Vielmehr wurde das vorwärtsgerichtete „Warum nicht?" als Devise hochgehalten. Ungefähr richtig war stets besser als überhaupt nichts richtig bzw. alles haargenau falsch. Ein kleiner Rückschritt war bei einigen wichtigen Fortschritten in Kauf zu nehmen. Diese Grundhaltung – wenn auch nicht ganz der schweizerischen Tradition verpflichtet – zieht sich quer durch die Managementphilosophie: Profitline zieht es vor, ein vielleicht erst zu 99 Prozent ausgereiftes Produkt zu lancieren. Nur so kann sie damit Erfahrungen sammeln, um ihm noch den letzten Schliff zu geben. Sie gibt Mitarbeitern einen weitgehenden Handlungsspielraum, auch wenn dabei Fehler unvermeidlich sind. Dafür sind sie motiviert und engagiert.

2.2 Was will der Kunde?

Im Prinzip bedeutet ein maximaler Produktnutzen für jeden Investor dasselbe: Er will eine hohe Rendite bei gleichzeitigen Steuervorteilen. Darüber hinaus ist große Flexibilität erwünscht für den Fall eines plötzlichen Kapitalbedarfs. Im übrigen fordern Anleger Sicherheit. Je

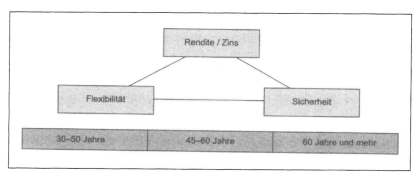

Abbildung 2: Grundsätzliche Anlageziele

nach persönlichen Präferenzen und Altersklasse sind die Prioritäten der drei grundsätzlichen Anlageziele unterschiedlich gewichtet.

Bei einer jüngeren Person steht in der Regel der Vermögensaufbau im Vordergrund. Sie ist im Interesse einer besseren Rendite auch zu erhöhtem Risiko bereit. Mit fortschreitendem Alter gewinnt dagegen die Vermögenserhaltung an Bedeutung. Verluste will man sich nicht mehr erlauben; Sicherheit kommt vor Rendite. Klassische Bankinstitute und Versicherungsgesellschaften befriedigen unterschiedliche, ja kontradiktorische Bedürfnisse. Während herkömmliche Bankprodukte vor allem Flexibilität und Liquidität bereitstellen, bietet die Lebensversicherung hauptsächlich Sicherheit und Rendite. Profitline will die Vorteile von Bank und Versicherung verbinden. Ihre Vision berücksichtigt zum einen die einzelnen Phasen des Lebenszyklus mit ihren unterschiedlichen Bedürfnissen und zum anderen die bestehende Anlagestruktur und die individuellen Sparziele. Gleichzeitig werden die als nachteilig wahrgenommenen Merkmale von Bankprodukten (Spesen, Gebühren) und von Versicherungen (Provisionen) eliminiert.

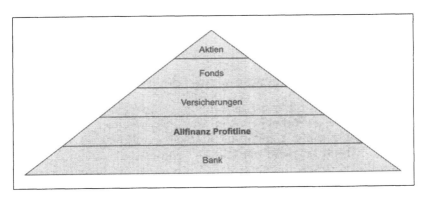

Abbildung 3: Allfinanz in der Bedürfnispyramide

Profitline positioniert sich in der Anlagepyramide eigenständig zwischen Lebensversicherung (Sicherheit und Rendite) und Bank (Flexibilität und Liquidität).

2.3 Unique Selling Proposition (USP)

Eine der Erfolgsformeln bei Profitline für die Differenzierung und die Schaffung von Mehrwerten heißt Unique Selling Proposition (USP). Produkte mit USP sind einzigartig und lassen sich von alternativen Angeboten klar unterscheiden. Während andere Produktmerkmale oft schnell wieder vergessen werden, bleiben USPs in der Erinnerung eines Käufers haften. Bei der Entwicklung von Profitline-Produkten wird daher der Kundennutzen konsequent aus der USP-Perspektive heraus maximiert. ProfitlineFlex, das erste Allfinanzprodukt von Profitline (gemischte Versicherung mit beliebig häufigen „Einmal"einlagen in der Höhe von mindestens 5 000 Fr., mit voller Verfügbarkeit und einheitlicher Zinsberechnungsbasis), sicherte sich in kürzester Zeit einen beachtlichen Marktanteil. Es weist die folgenden fünf USPs auf:

- *Keine Abschlußkosten:* Profitline bietet das einzige vergleichbare Produkt in der Schweiz, bei dem anläßlich des Vertragsabschlusses keinerlei Spesen oder Gebühren abgezogen werden. Sämtliche Dienstleistungen sind für den Kunden kostenlos.

- *Persönlicher Zinssatz:* Der Sparzinssatz wird für jeden Kunden individuell errechnet aufgrund des Alters, Geschlechts, der Kapitalhöhe und der aktuellen langfristigen Marktzinsen. Die Berechnung wird transparent ausgewiesen. Das ist einzigartig.

- *Zinsstufensystem:* Für die Berechnung des persönlichen Zinssatzes werden alle ProfitlineFlex-Verträge zusammengerechnet. Übersteigt das gesamte Kapital die Beträge von 25 000, 50 000, 75 000 oder 100 000 Fr., wird der Zinssatz automatisch erhöht. Das gilt für alle Verträge, die unter dem Vertragspartner geführt werden, also z.B. auch die des Ehepartners. Wird während zwölf aufeinanderfolgenden Monaten nichts behoben, wird ein Bonus von 0.5 Prozent pro Jahr gewährt, der im persönlichen Zinssatz bereits von Anfang an inbegriffen ist.

- *Monatliche Zinsgutschrift:* Der monatlich neu ermittelte Zins wird monatlich gutgeschrieben, ebenso die Gewinnbeteiligung (Überschüsse). Das gibt Sicherheit und bewahrt vor unsicheren Überschußversprechen bei Ablauf.

- *Verfügbarkeitsgarantie:* ProfitlineFlex bietet größtmögliche Flexibilität, denn Kündigungsfristen sind unbekannt. Beliebige Beträge in der Höhe von mindestens 5 000 Fr. können zurückgezogen werden. Selbst gestandene Finanzfachleute staunen über diese einmalige „100 Prozent-Geld-zurück-Garantie".

2.4 Weitere Erfolgsmerkmale

Profitline gibt sich mit den erwähnten USPs ihrer „Bancassurance" noch nicht zufrieden. In den Produkten und ihrer Vermarktung stekken noch weitere Merkmale, die dem Käufer Mehrwerte und Profitline die erstrebte Kundenbindung bringen.

2.4.1 Steuervorteile

ProfitlineFlex basiert auf einer rückkaufsfähigen Kapitalversicherung gegen Einmaleinlage mit Spar- und Risikoteil. Für die direkte Bundessteuer gilt, daß sie im Rahmen der freien Vorsorge steuerprivilegiert ist, wenn die versicherte Person bei der Auszahlung das 60. Altersjahr vollendet und die Laufzeit der Anlage mindestens fünf Jahre betragen hat. Die meisten kantonalen Steuergesetze enthalten eine ähnliche Regelung. Außerdem ist das Todesfallkapital erbschaftsprivilegiert. Es fällt nicht in die Erbmasse, sondern wird in jedem Fall direkt an den/die Begünstigten ausbezahlt.

2.4.2 Sicherheit

Der Name UBS Swiss Life bzw. die zwei größten schweizerischen Unternehmen der Bank- und Lebensversicherungsbranche bürgen für Sicherheit. Erfahrene Anlagespezialisten der UBS legen das Geld an, und die garantierten Versicherungsleistungen werden in vorgeschriebenen Sicherungsfonds verwaltet. Ein persönliches, frei wählbares Paßwort dient der eindeutigen Identifikation und legitimiert den Kunden zu telefonischen Transaktionen. Daten werden bei Profitline mit höchster Vertraulichkeit behandelt. Das Paßwort wird vom System verwaltet und ist für den Telefonberater nicht erkennbar.

2.4.3 One-step Workflow

Telefonverkauf birgt die einmalige Chance, mehrstufige und daher oft kundenfeindliche Arbeitsabläufe auf einen einzigen direkten Schritt, auf eine einzige Kontaktperson zu beschränken. Die Beraterin oder der Berater übernimmt alle Funktionen für einen optimalen Kundenservice. Sie oder er betreut den Anrufenden am Telefon, stellt die Offerte aus, faßt nach oder ruft bei Bedarf zurück. Dieser One-step Workflow, wie er bei Profitline heißt, bewirkt, daß der Anrufer innerhalb von fünf Minuten die gewünschte Faxofferte bzw. innerhalb eines Tages die briefliche Offerte von Profitline bei sich zuhause vorfindet. Auch bei späteren Fragen, bei Nach- oder Rückzahlungen ist die – auf Wunsch gleiche – Beraterperson wieder für ihn da. Unterstützt werden Profitline-Mitarbeiter durch leistungsfähige Telefon- und Informatiksysteme (vgl. dazu auch die Abschnitte 3 u. 4).

2.4.4 Niedrigere Betriebskosten bringen höhere Rendite

Profitline erzielt einen viel niedrigeren Kostensatz als Gesellschaften mit Außendienst und repräsentativen Büropalästen und kann deshalb attraktivere Bedingungen bieten. Direkte Kundenkontakte beschränken sich aufs Telefon, und motivierte Beraterinnen und Berater werden vom System gezielt durch ihr Gespräch geführt. Auch die schriftliche Offerte und der Vertragsabschluß sind weitgehend automatisiert. Beratungszeiten sind Kundenbedürfnissen angepaßt: Profitline arbeitet von Montag bis Samstag jeweils von 7.00 bis 21.00 Uhr. Sämtliche Aufwände für den Betrieb, das Personal und die Werbung belaufen sich auf etwa 1,5 Prozent der eingenommenen Gelder. Das ist zehnmal weniger als der durchschnittliche Kostensatz von 15 Prozent eines klassischen Lebensversicherers. Der niedrige Satz ist der Schlüsselfaktor für die attraktive und gleichzeitig rentable Gestaltung von Profitline-Produkten. Bereits nach etwas mehr als einem Betriebsjahr konnte die Gewinnschwelle erreicht werden.

Übersicht 1: Betriebskosten von Profitline im ersten Jahr

Kommunikation	3.6 Mio. Fr.
Mitarbeiter	1,5 Mio. Fr.
Betrieb	0,6 Mio. Fr.
Abschreibungen	0,4 Mio. Fr.
Total	**6,1 Mio. Fr.**

2.4.5 Weniger Investitionskosten

Zur höheren Rendite trugen auch die niedrigen Investitionskosten beim Start von Profitline bei. Dennoch gestaltete sich bereits der Beginn vielversprechend: Bei Anfangsinvestitionen von 5,0 Mio. Fr. war Profitline schon vier Monate nach dem Startschuß am Markt. Wenige Wochen später verfügte sie bereits über mehrere hundert Verträge. In der Folge kamen praktisch jeden Monat tausend neue Kunden hinzu. Der Start erfolgte sozusagen auf der „grünen Wiese": Infrastruktur mußte zuerst geschaffen, Software entwickelt, Personal angestellt und geschult werden. Im Industrieviertel, wo sich Profitline einmietete, lagen die Jahresmietzinsen pro Quadratmeter noch unter 100 Franken.

Übersicht 2: Anfangsinvestitionen von Profitline

Bau	1,1 Mio. Fr.
Technologie	0,7 Mio. Fr.
Telefon-Software	1,8 Mio. Fr.
Kommunikation: Kreation + Produktion	0,4 Mio. Fr.
Personal: Rekrutierung + Ausbildung	0,7 Mio. Fr.
Diverses	0,3 Mio. Fr.
Total	**5,0 Mio. Fr.**

2.4.6 Produkte

Profitline versteht sich als dynamischer Anbieter von Finanzdienstleistungen, der seine Produkte der Nachfrage und der Marktentwicklung anpaßt und erweitert. Stempelsteuerbefreite Versicherungen mit periodischer Prämienzahlung, Angebote in ausländischer Währung, Fondsanlagen, Rentenprodukte stehen beispielsweise in der Entwicklung. Auch bei neu geschaffenen Produkten wird selbstverständlich die Grundphilosophie der USP – spesen- und gebührenfreier Service sowie maximale Rendite dank niedriger Betriebskosten – beibehalten.

- *ProfitlineFlex:* Der Erfolg des zuerst am Markt eingeführten Produktes ProfitlineFlex war und ist überwältigend. Technisch gesehen handelt es sich um eine rückkaufsfähige gemischte Versicherung mit Einmalprämien. Die Berechnung des persönlichen Zinssatzes erfolgt auf einer für alle Versicherungsnehmer identischen Basis.

- *ProfitlineTop:* ProfitlineTop basiert ebenfalls auf Einmaleinlagen. Die Produktlinie läßt sich aber auf ein individuelles Risikoprofil zuschneiden. Der Kunde definiert sein eher auf Sicherheit oder eher auf Rendite ausgelegtes Sparziel. Die verschiedenen Module von ProfitlineTop lassen sich dann nach Bedarf auswählen (garantiertes Kapital oder Anlagefonds). Die Berechnung des Ertrags erfolgt auf dem aktuellen Marktzins bzw. bei Fondsprodukten aufgrund des aktuellen Fondswertes.

- *ProfitlineStep:* ProfitlineStep ist eine gemischte Versicherung mit periodischer Prämie. Der Aufbau gestaltet sich analog wie bei ProfitlineTop. Die Leistungen richten sich ebenfalls nach den aktuellen Markt(zins)werten. Bei Top und Step werden Depotkonten angeboten, auf denen der Kunde sein Kapital anhäufen kann, bis der für die Police erforderliche Betrag (Einmaleinlage bei Top, Jahresprämie bei Step) angespart ist.

2.5 Was lief schief?

Seit dem Start versucht Profitline, ungeachtet offener Fragen und trotz vieler kritischer Einwände von angeblichen Spezialisten, innovative Produkte mit echtem Mehrwert auf den Markt zu bringen. Daher ist es unvermeidlich, daß hin und wieder auf bereits getroffene

Entscheide zurückgegriffen wird. Ein Hindernis war beispielsweise, daß Einzahlungen anfänglich auf 250 000 Fr. pro Vertragspartner beschränkt waren. Der überwältigende Erfolg war einfach nicht einkalkuliert worden.

3. Dynamic Communication

Was Profitline als „Dynamic Communication" (DyCo) bezeichnet, heißt andernorts Marktkommunikation. Der Begriff enthält aber weit mehr als nur Werbung. Das Wort „dynamisch" spiegelt die vorwärtsgerichtete Philosophie wider, wonach Kundenzufriedenheit durch Mehrwerte und rentable Produkte entsteht und nicht durch fixe Pläne und starre Konzepte. Dasselbe gilt für die Kommunikation. Sie wird mit Hilfe von modernster Technologie laufend verbessert und den gemachten Erfahrungen angepaßt. DyCo spielt beim Profitline-Angebot, das ausschließlich über das Telefon vertrieben wird, eine äußerst wichtige Rolle. Mehr als die Hälfte des betrieblichen Aufwandes fließt in die Marktkommunikation, zum Beispiel für die Werbung in der Presse und im Fernsehen (siehe Übersicht 1).

3.1 Fulminanter Start

Zu Beginn wurde das Profitline-Angebot ohne übertriebene Marktforschungsergebnisse auf den Markt gebracht. In den ersten zwei halbseitigen Inseraten im Mai 1996 standen die persönlichen Zinssätze im Vordergrund, die damals bis 4,4 Prozent betrugen. Die Aussage bewirkte bereits rund 150 Anrufe. In der Folge wurde an erster Stelle das „Sparen ohne Spesen und Gebühren" kommuniziert. Drei- bis viermal so viele Anrufe resultierten daraus. DyCo bedeutete danach eine kontinuierliche Optimierung der Inserate. Profitline versuchte es mit dem gleichen Inserat im Sport- und im Wirtschaftsteil der gleichen Tageszeitung. Größe und Farben, Kernaussagen und Wochentage der Erscheinung wurden variiert. Für jeden Parameter maß man die Anzahl Anrufe und die Höhe der daraus resultierenden Vertragssummen.

3.2 Der Profitline-Kunde

Inzwischen wurden die Kommunikationsmaßnahmen stark verfeinert, und der Erfolg einzelner Marketingbemühungen ist recht gut bekannt.

Übersicht 3: DyCo-Kennzahlen

Kundenempfehlung	13 %
SF1	9 %
Wochenzeitung XY	7 %
Anteil Coupons	7 %
Konversionsrate	**> 25 %**

Profitline kennt die Antwortraten von einzelnen Medien. Die Auswirkungen der unterschiedlichen Plazierungen innerhalb einer Zeitung sind ebenso transparent. Medienauswahl, Inseratgrößen, Farben, vermittelte Botschaften, Eye-Catcher haben Effekte, die sich dank permanenter Überwachung und Ermittlung im voraus ziemlich genau abschätzen lassen. Die Wissensbasis wird laufend angepaßt und ergänzt. Täglich wird geprüft, welche Käuferschichten Profitline anrufen und wer Verträge abschließt; wer nach Erstzahlungen noch Folgezahlungen leistet. Über ein Viertel aller Profitline-Offerten werden in Verträge konvertiert. Einzelne Telefonberaterinnen erzielen gar Konversionsraten von bis zu 40 Prozent. Je besser Kundenprofile definiert sind, desto gezielter lassen sich Versand- und Nachfaßaktionen ansetzen, desto besser können Produkte nach den Bedürfnissen von einzelnen Kundenkategorien gestaltet werden. Profitline war beispielsweise selbst erstaunt über die Altersverteilung der Kunden.

Bei allem Hang zu noch mehr und zu noch detaillierteren Kenntnissen hütet sich Profitline vor zu viel Perfektionismus, der die Dynamik der Kommunikation gefährden könnte.

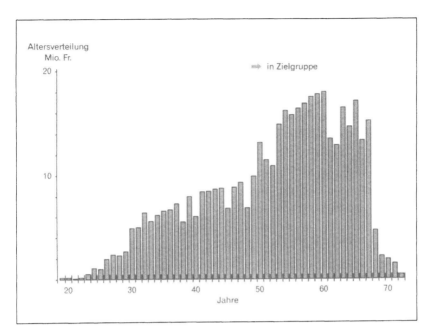

Abbildung 4: Altersverteilung der Profitline-Kunden

3.3 Modernste Technologie

Damit sich die Wissensbasis laufend anpassen und ergänzen läßt, ist modernste Technologie gefragt: Neben dem Call Center und dem integrierten Marketingsystem besitzt Profitline ein sogenanntes „Data Warehouse", das Informationen des Marketing-, Telefon- und Zeiterfassungssystems zusammenfaßt. Jede Nacht werden die aktuellen operationalen Daten ins Datenlager auf einem Windows-NT-Server komprimiert.

3.3.1 Call Center

Ein Call Center mit automatisierten Telefonarbeitsplätzen bildet das Herz des Betriebs. Die Organisationsform hat sich schon andernorts als geeignetes Mittel erwiesen, um Kundenzufriedenheit und Kundenbindung zu maximieren. Anfänglich 20, heute rund 40 meist im Teilzeitverhältnis angestellte Personen betreuen die Anrufer und stellen einen effizienten Kundendienst sicher. Die Telefoneinrichtungen sind mit dem Marketingsystem verbunden, das sämtliche Kunden- und Verkaufsdaten in einer großen Oracle-Datenbank abgelegt hat. Die Berater werden vom System gezielt durchs Gespräch geführt und haben auf Knopfdruck umfangreiche Informationen und gezielte individuelle Berechnungen zur Verfügung. Die attraktive Kostenstruktur eines Call Centers bietet sich als Absatzkanal für innovative Produkte geradezu an. Sie hat Profitline stark beim Vorstoß in Marktsegmente geholfen, die traditionelleren Mitbewerbern bisher verwehrt geblieben sind.

3.3.2 Management Information System

Für die täglichen Managemententscheide setzt Profitline auf ein Management Information System (MIS), das sie auf ihre Bedürfnisse zugeschnitten hat. Es basiert auf dem Data Warehouse und erlaubt, aktualisierte Daten nach verschiedensten Variablen auszuwerten und die Reports nach Belieben neuen Bedürfnissen anzupassen. Die Informationen werden in verschiedenartigen Diagrammen dargestellt, auch mit multidimensionalen Auswertungen und auf geographischen Karten. So läßt sich zum Beispiel im sogenannten „Cockpit Report" nachvollziehen, welche Zeitungen wieviele Verträge mit welchen Summen generieren. Mehr noch: Es wird auch ersichtlich, welche Werbesujets am meisten Anrufe nach sich ziehen. Daten lassen sich bei Bedarf in Excel übernehmen und weiterverarbeiten. Das MIS gibt auch Auskunft über Auslastung und Leistungserfolg der Telefonberaterinnen und -berater und erleichtert dadurch die Personalplanung. Verschiedene Variablen können aufgezeigt werden, beispielsweise wer wieviel Zeit mit ein- und ausgehenden Gesprächen verbringt und welche Offerten und Verträge daraus entstehen. Ebenso kann die Entwicklung dieser Angaben über die Zeit beobachtet werden. Dank MIS wurde sogar festgestellt, daß das Wetter einen bedeutenden Einfluß auf die Zahl der eingehenden Anrufe hat. Bis heute kalkuliert Profitline die Prognosen allerdings noch nicht ein.

3.3.3 Data Mining

Außer dem Management Information System setzt Profitline für die Optimierung ihrer Marketingmaßnahmen auch „neuronale Netze" ein, die ebenfalls auf dem Data Warehouse basieren. Damit wird aus großen Datenbeständen das bisherige Kundenverhalten modelliert und Rückschlüsse für künftige Werbe-, Versand- oder Nachfaßaktionen gezogen. Neuronale Netze sind eine Methode des Data Mining, die in letzter Zeit als Voraussetzung für „Database Marketing" starke Verbreitung finden. Neuronale Netze können dank eigener Lernfähigkeit in komplexen, auch nicht-linearen Datenbeständen Strukturen entdecken. Dank der neuronalen Netze ist Profitline heute in der Lage, weit über zwei Drittel der Käufer und Nichtkäufer zu identifizieren. Das ist ein nicht zu unterschätzender Vorteil für die gesamte Marketingkommunikation.

Data Mining und Database Marketing sind aber nicht nur rein technische Begriffe. Viel mehr noch drücken sie die dynamische Grundhaltung von Profitline aus: Der Informationsstand muß sich permanent neuesten Erkenntnissen anpassen, damit Profitline ihre Aktionen danach ausrichten kann. Nur so läßt sich der Vorsprung bewahren und ausbauen. Je mehr der Kunde dadurch als Einzelperson anerkannt und angesprochen wird, desto besser lassen sich Hürden überwinden. Die ganze Technologie darf aber nie Selbstzweck sein, sondern dient als eine Art Werkzeug, das es optimal einzusetzen gilt.

4. „Weiche" Faktoren

Wenn sich ein Kunde aufgrund eines Inserates telefonisch meldet und nach einem zehnminütigen Verkaufsgespräch bei Profitline eine Viertelmillion Franken einzahlt und später nochmals 100 000 Fr., so hat das nicht nur mit den bisher aufgezeigten, objektiv meßbaren Faktoren zu tun. Außer dem eigentlichen Produkt und seinen Mehrwerten sowie einer gelungenen Marktkommunikation hängt der Befriedigungsgrad eines Kunden bzw. das optimale Beziehungsmanagement auch von nicht-quantifizierbaren Faktoren ab. Dazu zählen so wenig greifbare Dinge wie Image oder Vertrauen. Werte wie Reaktionsfähigkeit und Zuverlässigkeit müssen nach außen getragen werden. Ob der Kunde Freundlichkeit und echte Anteilnahme erfährt und als Mensch, nicht nur als Vertragspartner, ernst genommen wird, übt einen entscheidenden Einfluß auf die Abschlußquoten aus.

Profitline ist in der glücklichen Lage, hinter sich die beiden renommierten Namen UBS und Swiss Life zu wissen und sie im Auftritt auch zeigen zu können. Sie allein bieten schon eine gute Basis für den Ruf, die Glaubwürdigkeit und die Beständigkeit. Für die Profitline-Idee machen sich auch angesehene Persönlichkeiten stark, wie zum Beispiel Bernhard Russi. Der Ex-Skirennfahrer und Profitline-Kunde äußert sich öffentlich begeistert über die Kundenfokussierung, die transparenten Leistungen und die Kostenvorteile. Letztlich hängen aber die „weichen" Erfolgsfaktoren zum wesentlichen Teil von den Mitarbeiterinnen und Mitarbeitern ab, welche die einzelnen Anrufer betreuen und Profitlines Botschaft übermitteln.

4.1 Motivierte Mitarbeiter

Profitline ist überzeugt, daß eine Telefonberaterin, die sich am Arbeitsplatz persönlich entfalten kann, engagiertere und bessere Arbeit leistet. Die Standard-Begrüßung am Telefon „Herzlich willkommen bei Profitline" soll wirklich von Herzen kommen. Zu diesem Zweck dient eine freundliche Umgebung mit vielerlei Arbeitserleichterungen. Die Personalunterstützung, die Weiterbildung und das Coaching anhand von aufgenommenen Telefongesprächen werden großgeschrieben. Zur physischen Betreuung gehört die kostenlose Massage von Schulter- und Nackenpartien. Die funktionelle Organisation basiert auf Teams, und Hierarchien sind weitgehend verbannt. Das Management bemüht sich, alle Mitarbeiter in die Entscheide miteinzubeziehen, die sie betreffen. Durch direkte und offene interne Kommunikation soll eine Firmenkultur herrschen, in der Fehler nicht nur zulässig, sondern sogar erwünscht sind. Denn sie eröffnen Chancen zur weiteren Verbesserung.

4.2 Zufriedene Kunden = bleibende Kunden

Ein zufriedener Mitarbeiter macht aus einem Anrufer einen zufriedenen Kunden. Die Erkenntnisse der Konsumgüterindustrie gelten je länger desto mehr auch in der Finanzbranche: Die emotionale Ebene gewinnt gegenüber der rationalen Ebene immer mehr an Bedeutung. Irrationale und gefühlsbetonte Elemente dürfen auch in den Kundenkontakten nicht zu kurz kommen. Außer Briefen, Karten und Anrufen, die sich nicht nur auf das Finanzdienstleistungsangebot beziehen, erfreuen sich auch Blumensträuße von Profitline einer großen Beliebtheit. Profitlines Vision des erfolgreichen One-to-one-Marketing besteht darin, den Kunden nicht nur zufriedenzustellen, sondern ihn positiv zu überraschen. Und das nicht nur bei Vertragsabschluß, sondern auch während der Vertragsdauer.

Nach allem Gesagten ergibt sich die angestrebte längerfristige Kundenbindung eigentlich von selbst. Beweis: In der zwar kurzen Zeit der Profitline-Existenz sind nur sehr wenige Kunden wieder abgesprungen, obwohl die Hürden nicht sehr hoch sind. Leute mit Hemmschwelle legen bei einem Telefonanbieter wieder auf. Der typische Kunde ist ein kritischer Konsument, der sich umfassend informiert und vor dem Kauf verschiedene Angebote vergleicht. Er will nicht nur schöne Worte hören, sondern auch Fakten sehen. Flexibilität ist gefragt, da ein Anlageentscheid nur für einen überblickbaren Zeitraum gilt. Eine gute Rendite fordert er und größtmögliche Sicherheit. Und genau das kann ihm Profitline bieten.

3. Kapitel

Human Resources und Servicequalität

Kundenbindung durch Human Capital

Markus Bachofen

1. Trendwende im Bankenmarkt

Mit der Globalisierung der Kapitalmärkte wachten Mitte der 80er Jahre die Investmentbanken unsanft auf. Die Auswirkungen dieser Strukturwelle zusammen mit der enormen Effizienzsteigerung im Technologiebereich der 90er Jahre erreichen die immer noch national, regional bzw. sogar lokal fragmentierten Detailmärkte. Darin arbeiten klassische Retailbanken mehr oder weniger effizient und bis heute relativ sorglos.

Unterdessen schiebt sich eine hyperkompetitive Arena ins Blickfeld. In dieser überleben nur die Besten. Es sind weniger direkte Konkurrenten als vielmehr neue Anbieter, welche die traditionelle Wertschöpfungskette der Retailbanken in Frage stellen.

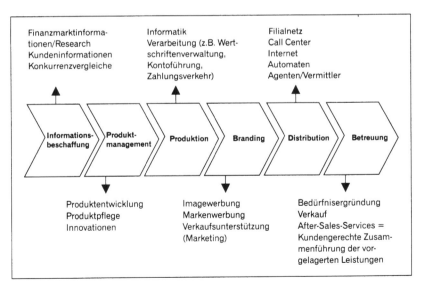

Abbildung 1: Auseinanderbrechen der Wertschöpfungskette

Wieso? Die große Stärke der Retailbanken bzw. -einheiten liegt bis jetzt im Anbieten von finanziellen Problemlösungen mit einem Konzept der integrierten Wertschöpfungskette. Sie produziert grundsätzlich ihre eigenen Produkte und vertreibt die Leistungen in einem mehr oder weniger geschlossenen Kreislauf (customer buying cycle).

Diese „natürliche" Wertschöpfungskette wird nun aufgebrochen. Jede hyperkompetitive Einheit, wie z.B. GE Capital, Microsoft u.a., ist einer Retailbank überlegen, wenn sie eine Wertschöpfungsstufe herausbricht und dem Kunden zur Verfügung stellt. Sei es, weil sie die Dienstleistung industriell, d.h. zu einem günstigeren Preis anbieten kann oder die abgetrennte Wertschöpfungsstufe in eine neue -kette eingliedert, die dem Kunden mehr nützt.

Der gebildete und mündige Marktteilnehmer stellt sich mit Hilfe eines effizienten und transparenten Informationsmarktes auf die neue Situation ein und stellt sich die günstigsten Wertschöpfungsstufen in einer für ihn sinnvollen Kette zusammen. Natürlich zu einem für einen nach klassischem Ansatz operierenden Anbieter unerreichbaren Preis. Nur, ist dieser Markt so transparent und sind die Kunden bereit, die anfallenden Informationskosten zu übernehmen?

Warum betritt ein Kunde seine Bank? Er möchte eine Lösung für ein finanzielles Problem. Er wünscht einen fehlerlosen Service bei der normalen Abwicklung und eine gute und ausgewogene Beratung für finanzielle Fragen mit auf ihn zugeschnittenen Antworten und Lösungen, möchte sich aber keinesfalls lange im Bankgebäude aufhalten.

Bei diesem Trend hat die Retailbank durch die Integrationsfähigkeit (assembling capability) von Finanzservices gegenüber ihren Kunden einen wesentlichen Vorteil. Damit werden die Schnittstellen zwischen Kunde und Kundenberater, unabhängig von den zur Anwendung kommenden Kommunikationsmittel, im wahrsten Sinne des Wortes zu kapitalem Wert.

Eine Alternative wäre die Konzentration auf einen Teil der Wertschöpfungskette, zum Beispiel auf eine vom Kunden anerkannte Kernkompetenz der Bank, wie das Anbieten von Immobilien- bzw. Hypothekarservices. Die Anwendung dieser Strategie würde bedeuten, das Markteinzugsgebiet zu erweitern, die zukünftige Integration in ein mindestens virtuelles Firmennetzwerk sowie unter Umständen eine gezielte Ausweitung in angrenzende Services.

2. Kunde und Kundenberater im Mittelpunkt

Gehen wir davon aus, daß die Wertschöpfungskette auseinanderbrechen wird. Daraus folgt, daß nicht mehr ein Anbieter die Kundenschnittstelle beherrscht, sondern deren viele. Das wiederum bedeutet, daß derjenige, welcher die Schnittstelle mit den meisten lenkbaren output-Faktoren überwacht, den Kunden „besitzt". Das führt zu zwei Fragen: Welche Stufe der Wertschöpfungskette muß eine Retailbank in Zukunft als Kernkompetenz ausweisen, um den Kunden für sich zu gewinnen bzw. zu halten? Und zweitens: Kann die Bank überhaupt Kunden „besitzen"?

Zur ersten Frage: Das Überleben einer kleineren oder regionalen Bank wird davon abhängen, ob sie im Finanzdienstleistungsgeschäft das „assembling" beherrscht, anders gesagt, für den Kunden optimale Gesamtlösungen anbieten kann. Oder aber, eine Wertschöpfungsstufe konkurrenzlos in Raum, Zeit und Preis ihrem Kunden bereitstellen kann. Zur zweiten Frage: Natürlich gehört der Kunde sich selbst. Er leiht uns seine Informationen zum Gebrauch und damit verfügen wir über sein Vertrauen und Kundeninformationen, die wir allein nutzen dürfen. Er entscheidet allein, wie lange.

Für die Bank heißt das, Kundendaten sammeln, auswerten und zugunsten ihrer Kunden einsetzen, also ein effizientes Datenmanagement. Dazu braucht es physische oder elektronische Sender und Empfänger, um Informationen auszutauschen, also ein effektives Schnittstellenmanagement. Um zu überleben, müssen zukünftig Funktionen, Prozesse und Strukturen, müssen *Kunden und Kundenberater als Mittelpunkt* in einem Netzwerk eingebettet sein. Warum? Es geht um die Nutzung des Rohstoffs der Zukunft: Informationen. Die Wertschöpfung wird dabei Informationstransformation und -veredelung sein. Telekommunikation wird dabei wichtiger als der physische Informationsaustausch. Trotzdem werden Kunde und Berater im Zentrum bleiben.

Die physische und elektronische Ausgestaltung dieser Schnittstelle ist die Antwort auf die Herausforderung. Dieser Beitrag beschränkt sich auf die Aktivitäten, die den Menschen im Zentrum haben. Anhand von konkreten Beispielen soll der Umbau der *Geschäftseinheit Privatkunden* der Zürcher Kantonalbank im Bereich der Ziele, Prozesse, Funktionen und Strukturen aufgezeigt werden.

2.1 Auswirkungen im Zielsystem

Griffige Konzepte beeindrucken. Da verpflichten sich Geschäftsleitungen dem Shareholder Value und machen sich in kartesianischer Logik den wirtschaftlichen Globus untertan. Oder: der TQM-Ansatz steht im Zentrum des täglichen Schaffens. Damit überlebt man glücklicherweise in schrumpfenden Massenmärkten. Einen Multiplikator erreicht man dort, wo beide Konzepte mit je einem Sponsor, möglichst auf Geschäftsleitungsebene, projektmäßig im Unternehmen ausgebreitet werden.

Die Zürcher Kantonalbank strebt Ähnliches an, „alles eine Frage des Inhaltes". Wir stellen die Schnittstelle Kunde-Kundenberater in den Mittelpunkt eines vernetzten Umfeldes. Da man das Ganze als lebenden, sich permanent verändernden Organismus bezeichnen kann, versehen wir die Lösung mit einem „systemischen" Ansatz. Tatsache ist, daß es Anreize geben muß, um diese Symbiose zwischen Kunde und Kundenberater in die „richtige" Richtung zu bewegen. Darum sind diesem Zentrum vier Zieldimensionen mit gleichem Stellenwert und gegenseitiger Abhängigkeit zugeordnet: *Rentabilität, Kundenzufriedenheit, Mitarbeiterzufriedenheit* und *Marktposition*. Die Kunst, das optimale Gleichgewicht anzustreben und zu halten, liegt in der Verantwortung unserer Kundenberater und deren Teamleiter und soll das eigenverantwortliche, unternehmerische Handeln fördern.

Das Zielsystem ist mehrschichtig. Es muß auf strategischer, operativer Ebene wie auch auf der verkaufsorientierten Beratungs- und Betreuungsebene genügen. In der jährlichen Zielvereinbarung gilt es,

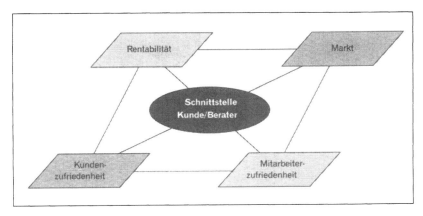

Abbildung 2: Zielsystem der Zürcher Kantonalbank

die von der Bankleitung in den vier Dimensionen erhaltenen Ergebnisziele in für Kundenberater konkrete Aktivitätsziele umzuwandeln.

Wir sind der Meinung, daß im Retailbanking nicht unbedingt der Return on Equity als Zielgröße im Vordergrund steht, sondern primär Wirtschaftlichkeitsindikatoren. Darum führen wir in der Zieldimension Rentabilität mit Deckungsbeiträgen sowie fokussierten Betriebskosten, d.h. Kosten, die von den Verantwortlichen direkt beeinflußt werden können. In den Dimensionen Kunden- und Mitarbeiterzufriedenheit gelangen je ein meßbarer Index zur Anwendung. In der Dimension Markt messen wir die Marktdurchdringung. Sie ist von Bedeutung, da die Zürcher Kantonalbank im kantonalen Einzugsgebiet Marktleader ist und diese Position auch in Zukunft halten will.

2.1.1 Anforderung: Quantifizierung der Zufriedenheit

Es macht den Banken wenig Mühe, in den Dimensionen Rentabilität und Marktposition die Zielsuche, Zielfindung und die Zielerreichung meßbar abzubilden. Sie verfügen über umfangreiche, historische und aktuelle, interne und externe Daten, um transparente Vergleiche und Informationen bereitzustellen. Die Forschung und Ausbildung im finanziellen Rechnungswesen stellt den Unternehmen jahrzehntealtes Know-how zur Verfügung.

Problematischer wird es, wenn Kunden- oder Mitarbeiterzufriedenheit transparent und meßbar dargelegt werden soll. Ertrags- und Wertschöpfungsrechnungen, Bilanzen in der heutigen Darstellung eignen sich schlecht. Das EFQM-Modell[1] und die ISO-Zertifizierungen[2] zeigen Grenzen, weil zu wenig ausgereift. Verläßliche und breit abgestützte Zahlen, Statistiken, aber auch Erfahrungen sind Mangelware. Vielfach laufen dann solche Initiativen, Programme und Projekte ins Leere.

Mit der Positionierung der Kunden- und Mitarbeiterzufriedenheit als gleichwertige Dimensionen neben Rentabilitäts- und Marktzielen stellten sich Anforderungen an ein wirksames Meßinstrument:

- *Ebene der Gesamtbank:* Zufriedenheitserhebungen der aktiven Kunden und Mitarbeiter. Die Befragung soll für alle Kundensegmente erfolgen und bis auf die Regionalebene zuverlässige Ergebnisse liefern. Es ist somit möglich, den Ergebnisverantwortlichen auf allen Ebenen jährliche Kunden- und Mitarbeiterzufriedenheitsziele zu setzen.

- *Ebene Geschäftseinheiten:* Die Geschäftseinheiten erarbeiten im Anschluß an die Zufriedenheitsstudien Detailkonzepte, um Schwachstellen in ihren Geschäftsbereichen zu identifizieren, Qualitätsstandards und -ziele zu erarbeiten und die Implementierung von Maßnahmen zu ermöglichen.

2.1.2 Antwort: Das TRI:M-Modell zur Qualitätsmessung

Infratest Industria – Tochter des zweitgrößten Marktforschungsinstituts in Deutschland – hat seinen Schwerpunkt in Kundenzufriedenheits- und Kundenbindungsstudien. Ein besonderer Typ dieser Untersuchungen ist „Tri:M – das Kundenbindungs-System". Kernidee dieses Systems ist die Kundenorientierung. Denn Menschen machen Geschäfte mit Menschen und nicht mit Institutionen oder Unternehmen. Die Menschen, die mit dem oder im Unternehmen gern arbei-

---

1 European Quality Award der European Foundation for Quality Management (EFQM).
2 International Organization for Standardization (ISO).

ten, sind der Schlüssel zum Erfolg. Das System untersucht, ob ein Kunde die Leistungen als so hervorragend ansieht, daß er diese immer wieder in Anspruch nimmt; weiterhin, ob er diese Leistungen im privaten wie auch im geschäftlichen Bereich weiterempfiehlt und nicht die Konkurrenz bevorzugt, falls diese ihm geringfügige Preisnachlässe oder andere Vorteile bietet.

Ähnlich untersucht man den Mitarbeiter, ob dieser sich im Unternehmen wohlfühlt und langfristig zu bleiben beabsichtigt bzw. mit dem Unternehmen fest verbunden ist. Tri:M bedeutet *Measuring, Managing und Monitoring*, und diese Reihenfolge zeigt gleichzeitig die Vorgehensweise auf.

Die Tri:M-Methode basiert auf zwei Bausteinen: dem Tri:M-Index und dem Tri:M-Grid. Der Index spiegelt in einer Zahl die Bindung der Kunden und Mitarbeiter an das Unternehmen wider. Er zeigt an, wie sich im Zeitverlauf die Anteile der Gruppen ändern. Der zweite Baustein ist der Grid. Er gibt in detaillierter Form Stärken und Schwächen des Unternehmens wieder. In ihm sind alle Leistungsmerkmale des Unternehmens enthalten, welche die Kundenbindung beeinflussen (siehe Abbildung 3).

Die Geschäftseinheit Privatkunden führt auf der Ebene Geschäftseinheit und Regionalleitung mit dem Tri:M-Index als Ergebnisziel

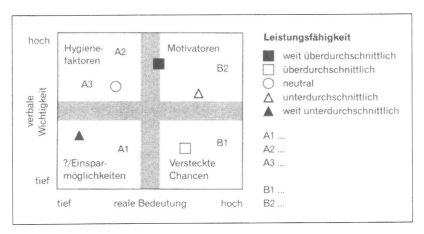

Abbildung 3: Tri:M-Grid

und benützt den Tri:M-Grid auf den Ebenen Filialleitung, Teamleitung und Mitarbeiter zur Erarbeitung von Aktivitätszielen in Form von konkreten Maßnahmen. Weil dieses Modell der Schweiz in der Finanzbranche nicht verbreitet ist, mißt sich die Zürcher Kantonalbank heute mit vergleichbaren Instituten in Deutschland (benchmarking).

2.2 Auswirkungen auf Kernprozesse

2.2.1 Beispiel 1: Absatzprozeß oder „zuerst die Schnittstelle"

Die Kundenschnittstelle als Mittelpunkt bedeutet, dem Kundenberater etwas zu geben, um diese Stelle aktiv und systematisch zu bearbeiten. Die Frage lautet: Wie werden Retailkunden in Banken beraten?

Im Zentrum steht der Kunde mit seinen finanziellen Bedürfnissen. Sie werden mit einem konzeptionellen Ansatz ergründet und mit unserem Beratungssystem umfassend und ausgewogen befriedigt. Damit werden eine Differenzierung gegenüber Konkurrenten und eine hohe Wiedererkennung im Markt sowie hohe Kundenbindung erreicht.

Das für unsere Kunden richtige Beratungssystem fanden wir in der Verkaufsphilosophie „Beratung und Betreuung mit System".[3] Die systematische Vernetzung des Verkaufsprozesses mit Führungs- und Personalförderungsprozessen ist von größter Bedeutung:

- *(1) Verkaufsinstrument:* Es steht eine einheitliche Vorgehensweise im Verkauf zur Verfügung, die in Form von Präsentationsunterlagen einen roten Faden in jeder Verkaufs- und Beratungssituation bietet. Durch die überzeugend bildhafte Darstellung von der Kundenanalyse über den Lösungsvorschlag bis hin zum Abschluß schafft der Kundenberater Vertrauen und Verständlichkeit für eine enge Kundenbeziehung und starke Kundenbindung.

---

[3] „Beratung und Betreuung mit System" wurde entwickelt von der Firma Wonney, Beratung und Training für Unternehmensentwicklung.

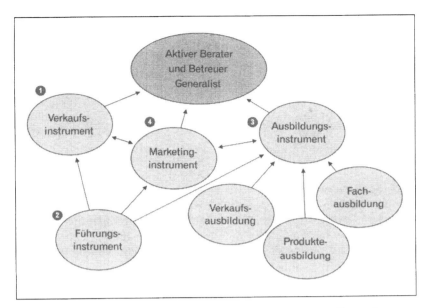

Abbildung 4: Systemübersicht „Beratung und Betreuung mit System"

- *(2) Führungsinstrument:* Durch den einheitlichen Einsatz des Systems werden neben den Ergebniszielen höchst effektive Arbeitsziele und Vertriebsaktivitäten mit den einzelnen Mitarbeitern vereinbart. Diese sind nach den Phasen des Verkaufsprozesses ausgerichtet, in der die Führungskraft seine Mitarbeiter als Vorbild und Coach begleitet und unterstützt.

- *(3) Ausbildungsinstrument:* Nach einer anwendungsorientierten Grundausbildung in der Handhabung des Instrumentes wird es als Trainingsinstrument in der täglichen Beratungs- und Verkaufspraxis vor Ort verwendet. Die Führungskraft entwickelt seine Kundenberater mit dem Instrument, welches er selber bei Kundenkontakten verwendet.

- *(4) Marketinginstrument:* Die strategische Bedeutung der integrierten Beratung und Betreuung mit System hat die klare Ausrichtung, die Denkhaltung des Kunden zur Denkhaltung der Geschäftseinheit Privatkunden zu machen. Im Mittelpunkt der Zusammenarbeit und der Lösungsfindung steht immer der Kunde mit seinen Wünschen, Plänen und Zielen.

In sechs Monaten wurden an die sechshundert Kundenberater geschult und das System flächendeckend eingeführt. Dieses rasche und kundenberaterorientierte Vorgehen löste bei den Kadern Widerstände aus. Man schulte das erste Mal zuerst die Mitarbeiter, anschließend die Kader und zum Schluß das Topmanagement. Die unmittelbar eintretenden Verkaufserfolge an der Kundenschnittstelle löste das kulturelle Problem.

Ebenso neu war, daß der Absatzprozeß mit diesem neuen Instrument vor dem Planungsprozeß eingeführt wurde. Damit waren traditionelle Führungsprozesse plötzlich auf den Kopf gestellt. Mit diesem Entscheid vor 2½ Jahren hat die Zürcher Kantonalbank auf der verkaufstechnischen Ebene eine mentale Umkehr erreicht, um die uns manche andere Bank beneidet.

2.2.2 Beispiel 2: Führungsprozeß oder „die umgekehrte Führungspyramide"

Zielsuche, Mitwirkung und Mitgestaltung von Zielen mit dem Kundenberater stellen neue Anforderungen an Intellekt und Mentalität unserer Führungskräfte. Es gilt, über einen iterativen Prozeß Ziele zu vereinbaren und gleichzeitig unsere vier Zieldimensionen zu verknüpfen (vgl. Abbildung 5).

Als Arbeitsinstrument dient das MiT-Management im Team. Die Grundlage dazu ist das Konzept des Managements ohne Manager[4], wie es im SEMCO-Fallbeispiel „Die runde Pyramide" beschrieben wird. Es sieht eine Mischform von ca. 70 Prozent Selbstführung und 30 Prozent Teamführung vor. Zwei Ziele sollen erreicht werden: 1. Die Selbstverantwortung der Mitarbeiter soll verstärkt und Führung als Dienstleistung etabliert werden. 2. Die Zieldimension Kunden- und Mitarbeiterzufriedenheit soll auf der Ebene der Maßnahmen und Aktivitäten operationalisiert werden.

---

4 Vgl. Semler.

Nach Ablauf des fünfstufigen Prozesses (MiT-Bausteine) entwickeln sich die Teammitglieder selber, sie machen sich kompetenter und sichern ihre eigene Qualifizierung, denn das Motto von MiT lautet: „Durch eigene Planung und eigene Kontrolle Qualität verbessern, sich weiter entwickeln und die eigenen Möglichkeiten (Potentiale) ausschöpfen."

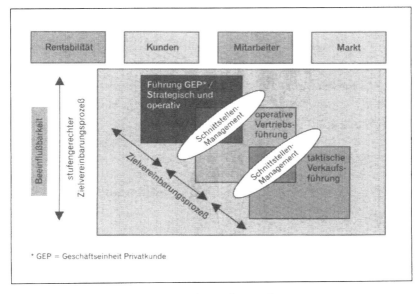

Abbildung 5: Systemübersicht „Zielvereinbarung"

Um die Effizienz und die Effektivität dieses Kulturwandels messen zu können, wurde ein entsprechendes Modell entwickelt. Dieses Modell wird in einer ersten Phase getestet und in einer zweiten validiert. Dieses bildet dann die Basis für die Weiterentwicklung eines Führungsinstrumentes mit einem entsprechenden Funktionsspektrum. Ziele der Führungswirkung sind u.a.:

- Einbeziehen der Mitarbeiter in Veränderungsprozesse,
- Verhindern von Selbstblindheit durch Selbst- und Fremdeinschätzung,
- Verbessern der Motivation und damit des Geschäftserfolgs,

- Fördern der Eigenverantwortung jedes Mitarbeiters,
- Fördern der permanenten Veränderungsbereitschaft und der Innovation.

Meßkriterien sind einerseits Fachkompetenz, Sozial- und Führungskompetenz (Kommunikations- und Verkaufskompetenz) sowie die in Abbildung 6 genannten Grundsätze.

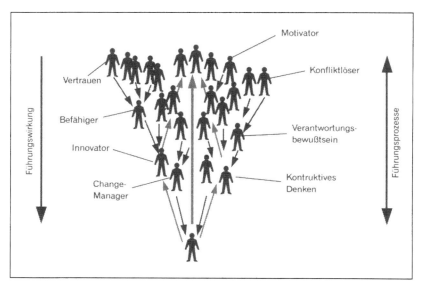

Abbildung 6: Systemübersicht „Führungswirkung – Führungsprozesse"

2.3 Vernetzen des Zielsystems mit Prozessen

2.3.1 Erstes Instrument: Das Führungscockpit

Die auf unsere Bedürfnisse ausgerichteten Führungscockpits für die Filialleitung, Regionalleitung und Führung der Geschäftseinheit sind in eine Ziel- und eine Instrumentenebene unterteilt. Diese wiederum beinhalten die vier Zieldimensionen. Das Cockpit ist multifunktional ausgelegt, das heißt, Ziel- und Instrumentenmodule können je nach

Handlungsbedarf die Ebenen wechseln. Der Einsatz der Cockpits verfolgt drei Ziele:

1. Das Zielsystem mit den Führungsprozessen auf der strategischen und operativen Ebene zu verbinden und meßbar darzustellen.
2. Den Transformationsprozeß von Ergebnis- zu Aktivitätszielen transparent zu gestalten.
3. Die geschäftsspezifischen Leistungsindikatoren (key performance indicators) der Geschäftseinheit Privatkunden über alle Ebenen durchzusetzen.

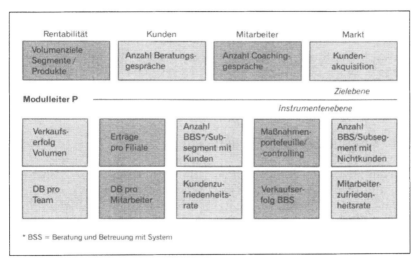

Abbildung 7: Führungscockpit

2.3.2 Zweites Instrument: Das Coaching- und Controlling-Tool

Die Nachfrage nach diesem Werkzeug lag im Bedürfnis, das Ergebnis der Kundengespräche mit dem eingeführten Modell „Beratung und Betreuung mit System" messen zu können. Die Zielvereinbarung in der Dimension Kunden auf der Ebene Aktivitätenziele sieht beispielsweise vor, daß jeder Kundenberater in klar bezeichneten Kundensegmenten eine vereinbarte Anzahl Beratungsgespräche zu führen hat. Drei Ziele sollen erreicht werden:

1. Unseren Kunden primär eine umfassende finanzielle Betreuung zu gewährleisten und sicherzustellen.
2. Dem Teamleiter zu ermöglichen, mittels transparenter Auswertungen die Stärken und Schwächen seines Teams festzustellen, es zu entwickeln und zu fördern.
3. Die vereinbarten Ziele in allen vier Dimensionen zu erreichen.

Das Instrument wurde im 2. Semester 1996 kurz nach Einführung des Beratungssystems mit Unterstützung der Firma Wonney entwickelt. Im 1. Halbjahr 1997 wurden sämtliche Team- und Filialleiter ausgebildet, das Instrument installiert und im 2. Halbjahr auf freiwilliger Basis ausgetestet und verbessert. Die Zielvereinbarungen für 1998 bilden die Grundlage für den systematischen Einsatz des Führungsmittels (Abbildung 8). Es befähigt den Teamleiter, die vier Zieldimensionen auf der Aktivitätenebene zu verfolgen und zielgerichtet in periodischen Gesprächen mit seinen Kundenberatern Stärken und Schwächen zu besprechen und den Zielerreichungsgrad festzustellen.

2.4 Auswirkungen auf Funktionen

An der physischen Kundenschnittstelle wird breites Generalistenwissen für finanzielle Gesamtlösungen (financial planning) gefordert. Der zukünftige Technologieeinsatz ersetzt teilweise bisheriges Führungs-, Verkaufs- und Fachwissen. Vermehrte Sozialkompetenz des einzelnen wird entscheidend. Vorurteilsloses Kommunizieren und in multikulturellen, multifunktionalen Dimensionen tragbare Lösungen zu erarbeiten, wird unabdingbar. Teamleiter werden verstärkt Ausbilder und damit zu Multiplikatoren des Erfolges.

Neben kundenorientierten Generalisten als Garanten eines optimalen Kundenservices (customer care) wird der Finanzdienstleister von morgen zudem hochqualifizierte Spezialisten in Schlüsselfunktionen einsetzen müssen: Es braucht Mitarbeiter, welche die datenorientierten Modelle des Marketings (data base marketing), die Finanzrisiken (risk management) und die neuesten technologischen Entwicklungen (browser technology) beherrschen. Dies werden die vier tragenden Säulen des Finanzdienstleisters zu Beginn des nächsten Jahrtausend sein.

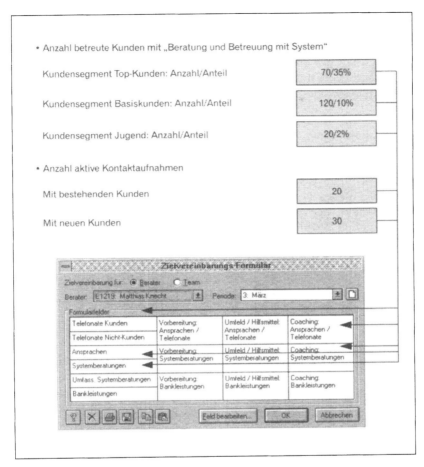

Abbildung 8: Marketingmodell – Ausschnitt „Anzahl betreute Kunden"

2.4.1 Beispiel 1: Finanzberater

Die Umsetzung dieses Ansatzes zeigte schnell die Grenzen des Kundenberaters auf. Die fachliche Beratungskompetenz im klassischen Bankproduktbereich ist hoch. Die Vernetzung von Problemstellungen in einem umfassenderen Ansatz (financial planning) ist heute jedoch noch nicht vorhanden. Für die Beherrschung der Kundenschnittstelle hat diese Kompetenz jedoch strategische Bedeutung. Als erste Bank in der Schweiz ist darum die Zürcher Kantonalbank eine Partnerschaft mit den Fachhochschulen von Winterthur und St. Gallen eingegangen, um in erster Priorität unsere Modulleiter zu Finanzberatern ausbilden zu lassen. Dieser Lehrgang wird von der Bank finanziert.

Es gilt, eine gezielte Investition in unsere Schlüsselpersonen vorzunehmen. Dabei verfolgen wir folgende Ziele: Der Modulleiter soll als Coach befähigt werden, das Wissen an seine Mitarbeiter gezielt weiterzugeben und darüber hinaus Kundenberater zu motivieren, diesen Lehrgang selber aufzunehmen. Er beinhaltet das Normwissen des Retailbankers der Zukunft. Damit ist für die Kundenberater der Geschäftseinheit Privatkunden die Meßlatte gelegt (siehe Abbildung 9).

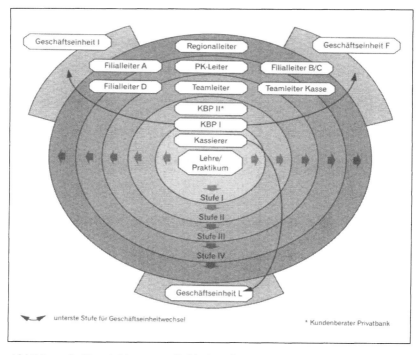

Abbildung 9: Entwicklungsmöglichkeiten für Finanzberater

2.4.2 Beispiel 2: Lohn-/Gehaltssystem

Mit der Einführung eines neuen Lohn-/Gehaltssystems am 1. Juli 1997 verfolgt die Zürcher Kantonalbank folgende Grundsätze: Es unterstützt in erster Linie das Erreichen der Unternehmensziele. Das Gehalt beinhaltet insbesondere eine Funktions- und Leistungsentschädigung. Das Lohn-/Gehaltssystem ist ein integrierter Bestandteil des Personalentwicklungssystems, das die Umsetzung einer klaren Leistungskultur in unserem Unternehmen zum Ziel hat (siehe Abbildung 10).

Der Funktionswert erfolgt aufgrund eines definierten Berufsbildes, unabhängig von Rang, Führungsstufe und Unterschriftsberechtigung. Jedes Berufsbild wird von einer gemischt zusammengesetzten Gruppe nach folgenden Kriterien bewertet: Gefordertes fachliches, führungsmäßiges und organisatorisches Wissen, Grad der Problemlösungskomplexität, Verantwortung und Kompetenzen, physische Belastung und Umgebungseinflüsse. Die Summe der für jedes Kriterium gepunkteten Zahl ergibt den Funktionswert. Änderungen in der Funktion können jederzeit vorgenommen werden, bedingen aber eine Korrektur der bisherigen Einstufung, d.h. auch Lohn- und Gehaltsherabsetzungen.

Die Berufserfahrung kommt hauptsächlich in der Leistungsbewertung zum Ausdruck. Dabei verliert in diesem Konzept das Dienstalter an Gewicht. Ab 26 Jahren bis zum 50. Lebensjahr ist das Gehalt um 0,4 Prozent im Jahr linear steigend. Damit verliert die Erfahrung zugunsten der Mobilität und des Wandels an Bedeutung. Im ganzen System ist in der Zürcher Kantonalbank logischerweise ein Nachholbedarf bei den jüngeren Mitarbeitern festzustellen, während viele ältere Mitarbeiter auf der Stufenleiter nach oben gestiegen sind. Diese Ungleichheiten werden in den nächsten ein bis drei Jahren korrigiert werden.

Nach dem Motto „Leistung lohnt sich" beträgt die Spanne für das Leistungspotential 40 Prozent. Die Grundlage ist die jährliche Mitarbeiterbeurteilung, in welcher die Leistung jedes Mitarbeiters in einer neunstufigen Beurteilungsskala eingetragen wird. Eine Beurteilungsstufe entspricht demzufolge einem Leistungspotential von 5 Prozent.

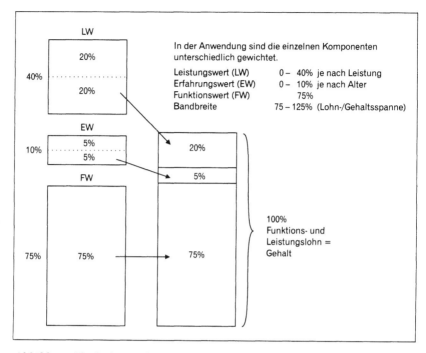

Abbildung 10: Lohn-/Gehaltssystem der Zürcher Kantonalbank

Echte Führung ist dabei gefordert, denn Gefälligkeiten sind nicht mehr gefragt. Auch da stellte sich heraus, daß Anpassungen bei den wirklichen Leistungsträgern der Bank zu Lasten der Leistungsschwachen dringend nötig sind.

2.5 Auswirkungen auf Strukturen

Menschen stehen bei uns im Mittelpunkt. Die Kundenschnittstelle steht im Zentrum unseres Netzwerkes. Das bedingt eine neue Organisationsform, ausgerichtet auf verstärkt horizontale und informelle Information und zu Lasten der vertikalen „Dienstweg-Mentalität". *Vernetztes, teamorientiertes Denken und Arbeiten* soll gefördert werden. Seit Januar 1998 arbeitet die Geschäftseinheit Privatkunden mit einer kundenorientierten Struktur, die das Organigramm in Abbildung 11 wiedergibt.

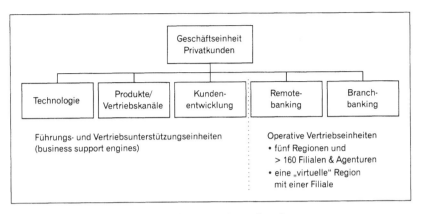

Abbildung 11: Struktur Geschäftseinheit Privatkunden

2.5.1 Beispiel 1: Modellfilialenkonzept

Dieses Konzept verfolgt das Ziel, die Zürcher Kantonalbank als Benchmark-Standard im Retailbanking der Schweiz zu positionieren. Ein Grundgedanke geht davon aus, daß eine gleichzeitige Optimierung des gesamten physischen Verkaufsnetzes zur zukünftigen Wettbewerbsfähigkeit aus Kostengründen nicht umsetzbar ist. Ein weiterer Grundsatz erlaubt, daß eine klare Reorganisationsverantwortung in den Händen der lokalen Verkaufspunkte liegt und damit die Motivation der Mitarbeiter durch eine echte Selbstbestimmung deutlich erhöht wird. Es wurden zwei Filialen aus verschiedenen Regionen ausgewählt. Folgende Kernfunktionen wurden neben der eigentlichen Beratungs- und Betreuungsfunktion dabei berücksichtigt:

- *Entwicklungslabor:* Die Modellfiliale wird als „real-time-Labor" zur Entwicklung von Kundenlösungen angewendet. Unsere besten Mitarbeiter und Spitzentechnologien werden eingesetzt. Lösungen können kostengünstig eingeführt werden. Mit neuen Verkaufsstrategien und -psychologien kann ebenfalls experimentiert werden.

Eine natürliche Migration ermöglicht eine dezentral gesteuerte Wandlung der Organisation.

- *Benchmark-Übersetzung:* Einerseits kann ein gezieltes Benchmarking von anderen Industrien eingeführt werden, z.B. hinsichtlich der Kundenorientierung von Warenhausketten (Nordström-Case) oder bezüglich des Einsatzes der Technologie von z.B. Silicon Valley-Unternehmen. In der Modellfiliale werden neue Ansätze zunächst an unsere Marktbedingungen angepaßt, bevor sie weiter in unsere Struktur eingebaut werden. Betroffene Mitarbeiter anderer Filialen können das neue Umfeld „live" erfahren, erlernen und damit schneller in ihren Bereichen umsetzen.

- *Ausbildungszentrum:* Die Modellfilialen dienen der Ausbildung von Personal. Der Vorteil dieses Ansatzes gegenüber einer formellen Ausbildung in einem internen oder externen Ausbildungszentrum ist die Sicherung der Verbindung mit der alltäglichen Geschäftstätigkeit, d.h. harte, funktionelle Realität.

- *Bildung der Unternehmenskultur:* Die erfolgreichsten Unternehmen heben sich durch eine ausgeprägte Unternehmenskultur ab, die interne Reibungen minimiert und verfügbare Energien auf den Markt richtet. Je mehr unsere Mitarbeiter eine gemeinsame Haltung verkörpern, um so mehr werden unsere Kunden ein einheitliches Bild von unserer Dienstleistung gewinnen: Der Kunde wird ernst genommen.

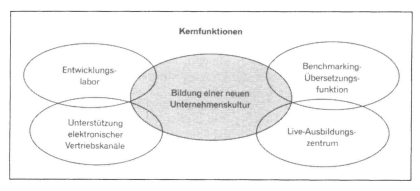

Abbildung 12: Modellfilialen-Konzept

- *Unterstützung der elektronischen Vertriebskanäle:* Beide Vertriebskanäle, sowohl der traditionelle als auch der telekommunikationsbasierte, werden maximal ausgeschöpft. Dabei soll in allen Vertriebskanälen eine bestmögliche Hebelwirkung zugunsten der Kunden erwirkt werden.

2.5.2 Beispiel 2: Corporate-Center-Konzept

Dieses Konzept hat zum Ziel, die Führungskultur im Sinne von Führung als Dienstleistung gezielt zu fördern. Das heißt u.a., daß die verbleibenden Organisationselemente die sechs Verkaufsregionen (fünf Filialbankregionen und eine elektronische bzw. „virtuelle" Region) unterstützen. Diese wiederum haben nur eine wesentliche Aufgabe, die Rahmenbedingungen für Kunden und Mitarbeiter und deren Schnittstelle optimal zu gestalten. Die zentralen und regionalen Bereiche (business support engines) bilden zusammen die führungsmäßige Grundplatte, welche in Ergänzung zur technologischen Logistikplatte sämtliche Interaktionen zwischen unseren Kunden und Mitarbeitern unterstützt.

Folgende Hauptfunktionen werden von den verschiedenen Einheiten wahrgenommen: Die Filialbank ist verantwortlich für den Absatzprozeß bis zum Kunden und ist heute als Profit-Center geführt. Die Onlinebank, die alle elektronischen Vertriebskanäle vereinigt, zeichnet sich ebenfalls für den Absatzprozeß verantwortlich, wird allerdings z.Z. als Service-Center geführt. Andere Optionen sind geplant und jederzeit umsetzbar. Die Einheit Kundenentwicklung gebietet über den Planungs- und Steuerungsprozeß der Geschäftseinheit. Sie vereinigt darum die Funktionen Kundensegmentierung und -bearbeitung, Personalentwicklung und -ausbildung und das Controlling. Sie plant und steuert die Marktpreise (pricing). Die Einheit Produkte und Vertriebskanäle unterhält und entwickelt nach strategischen Vorgaben die eigenen Dienstleistungen und kauft fremde ein. Sie plant und steuert die Kosten der Leistungserstellung (costing). Die Technologieeinheit steuert die Ideendatenbank (think tank) der Geschäftseinheit. Sie bewirtschaftet das Projektportefeuille, berät und unterstützt die dezentralen Projektleiter und ist verantwortlich für das Nutzeninkasso der Investitionen (project controlling).

3. Human Capital

Was hat Kundenbindung mit Human Capital zu tun? Oder anders gefragt: Wie setzen wir Human Capital im Gegensatz zu Financial Capital zur Bindung unserer Kunden ein? Wir sind der Überzeugung, daß *jeder Kunde als Mitarbeiter der Bank und jeder Mitarbeiter als Kunde der Bank* ernst genommen werden muß. Jeder Kunde und Mitarbeiter soll dabei in Abhängigkeit seines Engagements für seine Bank finanziell entschädigt werden. Beide mit einem ergebnis- und risikoorientierten Preissystem: Der Kunde profitiert dank seiner Leistung gegenüber der Bank von besseren Konditionen, Kommissions- und Spesensätzen; der Mitarbeiter mit einem besseren Gehalt, Bonus oder anderen Vergünstigungen. Im Zentrum stehen Menschen mit Bedürfnissen, Ausgangspunkt des Netzes. Der Finanzdienstleister unterhält und beeinflußt dieses Netz. Er befriedigt unterschiedliche Bedürfnisse an der Schnittstelle. Der Kunde bearbeitet hier seine finanziellen Anliegen mit dem Kundenberater, der Mitarbeiter löst seine ideellen und materiellen Bedürfnisse ein. Investitionen unterhalten das Netzwerk und sichern sein Überleben.

Die Zürcher Kantonalbank positioniert sich im Markt als „Die nahe Bank", und in der Personalstrategie bekennt sie sich zum Motto „Der Mensch im Mittelpunkt". Das verpflichtet in jeder Beziehung zu Höchstleistungen. Darum hat die Geschäftseinheit Privatkunden u.a. die beschriebenen Prozesse, Instrumente und Strukturen seit Anfang 1996 konsequent entwickelt und eingesetzt. Wir sind überzeugt, daß sie sich damit im Markt differenzieren kann und will.

Sofern eine Volkswirtschaft ihr Human Capital als wichtigste Quelle ihres Reichtums erkennt, muß es eigentlich Ziel jeder Wirtschafts- und Sozialpolitik sein, dieses Kapital zu erhalten, zu entwickeln und optimal einzusetzen. In der betriebswirtschaftlichen Betrachtungsweise unserer Unternehmen heißt dies, Investitionen in hochqualifizierte Mitarbeiter im Sinne von „making the most of the best" zu tätigen.

Es ist bekannt, daß der Erfolg immer stärker von Wissen und Können abhängt. Unsere Kernfrage lautet daher: Wie muß die Kultur und Struktur gestaltet sein, damit das geistige Potential dieser Fachleute noch produktiver entfaltet und in Markterfolge umgemünzt werden kann? Gleichgültig, ob dieses Potential in exzellenten Kenntnissen und Fertigkeiten (know-what und know-how), einem umfassenden Verständnis für systemische Zusammenhänge (know-why) oder in einer hochgradigen Kreativität (care-why) besteht, es gibt Organisationsformen, Instrumente oder Anreizsysteme, um die Wirkung zu multiplizieren. Es gibt Vorbilder wie Merrill Lynch, Andersen und Nova Care. Sie wählen ihre Mitarbeiter sorgfältig aus, geben ihnen herausfordernde berufliche Aufgaben, bewerten Leistung sehr präzise, belohnen großzügig und bringen damit den gebündelten Sachverstand zur höchsten Wirkung. Frei von strengen Hierarchien arbeiten die Mitarbeiter weitgehend selbständig. Sie vernetzen sich untereinander nach Bedarf oder Belieben. Es ist klar, daß es solchen Menschen widerstrebt, sich anderen unterzuordnen und sich in vorgegebene Strukturen einzupassen. Sie bevorzugen partnerschaftliche, informelle, statt hierarchische, formelle Arbeitsformen.

Leider ist auch in diesem Bereich festzustellen:

- 80 Prozent der Mitarbeiter sind mental bereit, diesen Schritt zu wagen und nur 20 Prozent haben die fachlichen Voraussetzungen dafür, während
- 80 Prozent der Kader die fachlichen Voraussetzungen mitbringen und nur 20 Prozent die mentalen Voraussetzungen.

Unserer Meinung nach liegt ein Grund dafür in der Erziehung, der Schulausbildung und der beruflichen Ausbildung. Im Zeitalter der technologischen Revolution bedeutet Human Capital: Der Mensch als Mittelpunkt. Das entspricht zum Beispiel der Humankapitaltheorie von *Gary Becker* (1964) und *Theodor Schulz* (1978).[5] Jeder Mitarbeiter ist ein Vermögensteil, ein Aktivposten, der wie andere Vermögensgüter bewertet werden kann. Beispielsweise stellen Ausgaben für Aus- und Weiterbildung Investitionen in Human Capital dar, die abschreibungsfähig sind.

---

5 Vgl. Stähler (1994).

Der Mensch im Zeitalter der industriellen Revolution: Der ungebildete, undisziplinierte Bauer mußte zum Fabrikarbeiter umerzogen werden. Der präzise und pünktlich arbeitende Mensch als Kosten- und Produktionsfaktor. Die Idee des Taylorismus: Der Mensch muß zur Arbeit gezwungen, kontrolliert und geführt werden. Mechanistisches Menschenbild: Der Mensch unterliegt als Einzelgut den gleichen Bedingungen wie Maschinen (Theorie X), oder wie *Immanuel Kant* sagt, „... den Menschen seiner Würde berauben".

Man braucht nicht allzu weit zurückzublicken. Typische Denker der Aufklärungszeit am Vorabend der industriellen Revolution gingen davon aus, daß das, was der Mensch mit seinem eigenen Intellekt unmittelbar erfährt und verifiziert, zum Ausgangspunkt nimmt, um Probleme des Menschseins in Staat, Religion, Kunst und Wirtschaft zu beurteilen. *Jean-Jacques Rousseau* stellte fest, daß der Mensch passiv durch seine Sinne, jedoch aktiv durch seinen Verstand ist. Das Individuum zeichnet sich durch das Bestreben aus, alle Probleme des Menschseins mit eigenem, selbstverantwortlichem menschlichen Denken zu entscheiden, intellektuell mündig zu werden, sich des eigenen Verstandes ohne fremde Leitung zu bedienen. Wird sein Konzept zum bestimmenden Faktor der Kundenbindung an der Schnittstelle „Kunde-Kundenberater"?

Personalmanagement und leistungsorientierte Vergütung

Oliver Büdel

Zielgruppenorientierte Personalarbeit, abgestimmte Systeme und Verfahren sowie adäquate Instrumente sind aktuelle Anforderungen an das Personalmanagement.

Sollen diese Anforderungen in Taten umgesetzt werden, kann dies zumeist für viele Unternehmen einen generellen Wechsel des Stiles der betrieblichen Personalarbeit bedeuten.

Meist gibt es für alle Mitarbeiter ein Vergütungssystem, das sich aus dem tariflichen Bereich und dem außertariflichen Bereich (AT-Bereich) zusammensetzt. Im AT-Bereich werden mit wenigen Ausnahmen alle Mitarbeiter aller Unternehmensbereiche nach gleichen Prämissen bezahlt.

Weiterhin existiert zumeist ein generelles Fortbildungsprogramm mit oftmals – immer noch – überwiegend seminaristisch zu vermittelnden Inhalten, und in der Mehrzahl werden Beurteilungssysteme vorgehalten, mit denen mehr oder weniger regelmäßig versucht wird, alle Mitarbeiter nach definierten Kriterien einzuschätzen.

Dieser Beitrag möchte versuchen, die Notwendigkeit zu mehr Individualität in der Personalarbeit zu verdeutlichen, wobei es genauso wichtig ist, kontinuierlich die „Passung" aller Elemente miteinander abzustimmen und zu überprüfen.

In den Mittelpunkt der Ausführungen werden das Beurteilungs- und leistungsorientierte Vergütungssystem gestellt.

1. Was wir unter Relationship Banking verstehen

Die für die BHF-BANK relevante Zielgruppe für die Personalarbeit setzt sich aus allen Mitarbeitern zusammen, die in direktem oder dauerhaft sehr nahem Kontakt zu Kunden stehen. Mit anderen Worten, es konzentrieren sich Systeme und Instrumente der Personalarbeit dabei auf die Gruppe, die für die primäre Erwirtschaftung der Erträge zuständig ist. Insofern müssen Beurteilungs- und Vergütungssysteme relativ diejenigen Verhaltens- und Leistungsmerkmale beobachten und bewerten, die für die Wahrnehmung dieser Funktionen von besonderer Bedeutung sind.

Seit 1995 wurden ein neues Beurteilungsverfahren und ein leistungsorientiertes Vergütungssystem eingeführt, da durch die bis dahin vorhandenen Systeme die auch für Mitarbeiter in Vertriebsfunktionen relevanten Merkmale nicht ausreichend genug berücksichtigt waren. Seither unterliegen die vorzustellenden Systeme einem kontinuierlichen Weiterentwicklungsprozeß.

2. Das Beurteilungssystem

2.1 Beschreibung des neuen Verfahrens

Jeder Mitarbeiter führt jährlich mit seinem Vorgesetzten ein Mitarbeitergespräch. Dabei werden sechs übergeordnete Kriterien berücksichtigt:

- fachliche Fähigkeiten,
- Geschäftsverhalten,
- Cross-Selling,
- externes Arbeitsverhalten,
- internes Arbeitsverhalten,
- Führungsverhalten.

Die Bewertung des Mitarbeiters hinsichtlich dieser Verhaltenskriterien erfolgt jeweils anhand von fünf Leistungsstufen. Herausragende Leistungen entsprechen der Stufe E, unzureichende Leistungen der Stufe A. Leistungsstufe C bedeutet, daß der Mitarbeiter die an seine Stelle gestellten Anforderungen voll erfüllt.

Die Dokumentation des Gespräches durch den Vorgesetzten erfolgt auf einem Bogen, wobei das gesamte Verfahren – auch aus Gründen des Datenschutzes – über ein EDV-System abgewickelt wird. Auf diesem Formular sind auch Stärken/Schwächen des Mitarbeiters sowie Vorschläge zur fachlichen und persönlichen Entwicklung zu verzeichnen.

Zur besseren Gesprächsvorbereitung steht Vorgesetzten und Mitarbeitern ein Gesprächsleitfaden zur Verfügung.

2.1.1 Der Leitfaden für das Mitarbeitergespräch

Hauptmerkmal ist, daß es nur einen Leitfaden für alle Bereiche der Bank gibt.

Er ist das Resultat zahlreicher Beiträge und Anregungen von Mitarbeitern aller Hierarchiestufen und aus allen Unternehmensbereichen. Diese wurden in einzelnen Arbeitsgruppen aus den jeweiligen Geschäftsfeldern diskutiert und in eine allgemein akzeptierte endgültige Fassung gebracht. Innerhalb der einzelnen Kriterien stehen häufig mehrere Formulierungen zur Auswahl, so daß sich jedes Geschäftsfeld, jeder Bereich, jede Abteilung wiederfindet. Vetriebsspezifische Verhaltensmerkmale sind darin ebenso beschrieben wie Merkmale für nachgelagerte Funktionen.

Der Leitfaden betont die *Einheit aller Bereiche* als *Gesamtbank* und trägt darüber hinaus durch zahlreiche Formulierungen wesentlichen Unterschieden Rechnung. Die ganz spezifischen Bedingungen des Arbeitsumfeldes des Mitarbeiters sind ohnehin nur durch die Führungskräfte im Gespräch mit Hilfe von Anmerkungen zu den einzelnen Kriterien zum Ausdruck zu bringen.

Für die Anwendung der Kriterien gilt z.B. für den Aspekt *Kundenorientierung*, daß hierunter sowohl die interne als auch externe Kundenorientierung zu verstehen ist. Noch einmal der Hinweis, daß der Leitfaden wirklich nur ein *Leit*faden ist.

Er ist Orientierungsrahmen und Interpretationshilfe zugleich und keine Detailbeschreibung aller individuellen Arbeitswelten. Die Gesprächsführung wird erleichtert, wenn die Vorgesetzten im Leitfaden von der Spalte „Anforderungen voll erfüllt" ausgehen. In der

Übersicht 1 ist die Form des Leitfadens exemplarisch ausschnitthaft wiedergegeben.

Übersicht 1: Beispiel Leitfaden

Kriterien	Fachliche Fähigkeiten: Qualität der Bonitätseinschätzung
Anforderungen werden (noch) nicht ausreichend erfüllt	Häufig Korrektur der Ratingeinstufungen notwendig. Akquisition und Auswahl z.T. inakzeptabler Risiken, die oft nicht zur Weiterbearbeitung zugelassen wurden.
Anforderungen werden (noch) nicht voll erfüllt	Änderungen der Ratingeinstufungen selten notwendig. Zum Teil Auswahl inakzeptabler Risiken, die nicht zur Weiterverfolgung zugelassen wurden.
Anforderungen werden voll erfüllt	Ratingeinstufungen müssen nicht korrigiert werden. Auswahl guter Risiken, die in der Regel problemlos angenommen wurden.
Anforderungen werden deutlich übertroffen	Ratingeinstufungen müssen auch bei komplexen Engagements nicht geändert werden. Auswahl überdurchschnittlich guter Risiken.
Anforderungen werden herausragend übertroffen	Hervorragende Auswahl und Akquisition sehr guter Risiken.

Die Ziele des Mitarbeitergespräches für alle Mitarbeitergruppen, so auch insbesondere für die Mitarbeiter in Vertriebsfunktionen, sind:

- wissen, wie sein Vorgesetzter seine Leistungen einschätzt,
- erkennen, welche Eigeninitiative notwendig ist, um sich weiter zu entwickeln,
- Leistungsstand ermitteln und Potential erkennen,
- Leistungsbereitschaft fördern,
- Zusammenarbeit stärken,
- optimalen Einsatz sicherstellen,
- Förderung und Entwicklung verbessern,
- Weiterbildungsbedarf feststellen,

- Motivation der Mitarbeiter verstärken,
- Gehaltsfindung optimieren.

Im Sinne der zielgerichteten Entwicklung und Ausprägung der in Vertriebsbereichen tätigen Mitarbeiter sind an das Mitarbeitergespräch folgende Anforderungen gestellt:

- Diskussion über die grundlegenden Fragen der Zusammenarbeit zwischen Führungskraft und Mitarbeiter und die Möglichkeit, diese Zusammenarbeit zu verbessern.
- Eine regelmäßige Standortbestimmung für den Mitarbeiter durch ein konkretes Feedback über seine Leistungen und sein Verhalten.
- Treffen von Vereinbarungen über die Initiativen des Mitarbeiters und den daraus resultierenden Personalentwicklungsmaßnahmen.

Voraussetzung hierzu ist die klare Formulierung der Anforderungen an Mitarbeiter in Vertriebsfunktionen. Insofern gelten die Merkmale:

- *kunden- und qualitätsorientiert* (gilt sowohl für die interne als auch externe Kunden- und Qualitätsorientierung)
  - dazu ist eine hohe Transparenz der internen Leistungsbeziehungen notwendig und eine adäquate Kommunikationsstruktur (Beschreibung der Hauptprozesse im Unternehmen sind dazu hilfreich).
  - Formulierung von Qualitätsanforderungen im gesamten, innerbetrieblichen Leistungsprozeß.
- *vertriebsorientiert* (Konsistenz der Vertriebsstrategie mit Produkten)
  - basierend auf Merkmalen der Unternehmensstrategie muß das Anforderungsprofil für Mitarbeiter im Vertrieb konkretisiert sein und diesbezüglich spezielle Entwicklungsmaßnahmen durchgeführt werden.
- *leistungsorientiert* (Weiterentwicklung der Anreizstruktur).

Da insbesondere die Vertriebseinheiten in Teams organisiert sind, hilft das Verfahren des Mitarbeitergespräches, die Kommunikation kontinuierlich mit allen Beteiligten adäquat zu entwickeln (siehe Abbildung 1).

Abbildung 1: Wechselseitige und flexible Kommunikation

2.1.2 Operationalisierung der Anforderungen

Im vorhergehenden Abschnitt wurden einige wichtige Aspekte hinsichtlich des Nutzens der Mitarbeitergespräche aufgezeigt. Natürlich müssen sämtliche Diskussionsergebnisse in konkrete Maßnahmen münden, um die Mitarbeiter systematisch weiterzuentwickeln. Mit Hilfe eines Dokumentationsbogens werden die Gesprächsergebnisse fixiert und damit zu einer verbindlichen Grundlage. Die Abbildung 2 zeigt, wie die einzelnen Schritte des Gesprächs eines Vertriebsmitarbeiters technisch eingeleitet werden und dann ablaufen.

Die Initiative geht dabei vom Mitarbeiter aus, der durch das Versenden eines leeren Gesprächsbogens den Vorgesetzten auffordert, das Gespräch vorzubereiten.

Am Beispiel des Kriteriums „Geschäftsverhalten" wird der Aufbau des Gesprächsbogens in Abbildung 3 dargestellt.

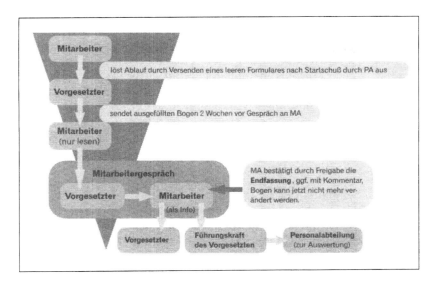

Abbildung 2: Technischer Ablauf des Verfahrens

Kriterien		Anforderungen werden				
(bitte die zutreffenden Ausprägungen anhand des Leitfadens ankreuzen)	Nicht zutreffend	A noch nicht ausreichend erfüllt	B (noch) nicht voll erfüllt	C voll erfüllt	D deutlich übertroffen	E herausragend übertroffen
Geschäftsverhalten						
– Kundenorientierung						
– Kundenzufriedenheit						
– Serviceverhalten						
– Verkaufsverhalten						
– Auftritt nach außen						
– Cross-selling						
– Kosten-/Ertragsbewußtsein						
– Kreativität						
Bemerkungen zu Stärken/Schwächen im Geschäftsverhalten:						

Abbildung 3: Gesprächsbogen

141

Als Abschluß des Mitarbeitergesprächs werden aus den erarbeiteten Ergebnissen und Erkenntnissen die notwendigen Schwerpunkte für die nächsten 12 Monate formuliert. Bei den fixierten Schwerpunkten handelt es sich sowohl um inhaltliche, arbeitsbezogene Aufgaben (des Mitarbeiters) als auch um verhaltensorientierte Erfordernisse. Dabei müssen die jeweiligen Vorstellungen der Gesprächspartner im Zuge einer sachlichen Diskussion angesprochen und möglichst in Einklang gebracht werden. Dies ist sicherlich nicht immer einfach, aber in jedem Fall motivierender und effizienter als autoritäre Leistungsvorgaben.

Natürlich beinhaltet der Bogen auch die allgemeinen Informationen des Mitarbeiters, wie Abteilungsbezeichnung etc., die aber an dieser Stelle nicht extra aufgezeigt werden müssen. Wichtig ist noch die letzte Seite des Bogens. Auf ihr werden bei Abschluß des Gesprächs die konkreten Entwicklungsmaßnahmen und persönlichen Ziele für die Zukunft vereinbart und schriftlich fixiert. Sie stellen damit einen direkten Auftrag an die Personalentwicklung dar, die nach Auswertung aller Gesprächsdokumentationen detaillierte Informationen über Art und Volumen der zu initiierenden Entwicklungsmaßnahmen hat.

2.2 Weiterentwicklung und Umsetzung des Verfahrens

Im Zuge der permanenten Anpassung des Verfahrens an zeitgemäße Erfordernisse werden in regelmäßigem Abstand die Beteiligten seitens der Personalabteilung befragt. Gegenstand der Befragungen ist die Zufriedenheit mit den Inhalten des Verfahrens. Bereits nach der ersten Befragungsrunde wurden eine Reihe von Änderungsvorschlägen unterbreitet und durch Arbeitsgruppen deutliche Verbesserungen erzielt.

Neben der Verbesserung des Instrumentes Mitarbeitergespräch ist vor allem der *Umgang* mit dem Instrument wichtig. Ohne *Umsetzung durch die Führungskräfte*, die mit klaren Zielen ihre Mitarbeiter führen, nachvollziehbar Leistungen bewerten und schließlich über eine geeignete Schlußfolgerung Entwicklungsmaßnahmen initiieren, können die Erwartungen an die erfolgreiche Entwicklung von hochqualifizierten Vertriebsmitarbeitern nicht erfüllt und damit die Grundlagen für erfolgreiche Vertriebsergebnisse nicht geschaffen werden.

2.2.1 Einstellung zum Mitarbeitergespräch

Als äußerst wichtig hat sich gezeigt, welche Einstellung in Unternehmen das Management und die oberen Führungskräfte zu den vorhandenen Verfahren haben. Gemäß Vorbildfunktion orientieren sich nun einmal die meisten Mitarbeiter an ihnen, und aus diesem Grund bedarf es einer sichtbaren Haltung auch zu diesem Aspekt des Personalmanagements.

Für das Mitarbeitergespräch gilt, daß Wertschätzung und Anerkennung wichtiger sind als vermeintlich perfekte Systeme. In den 70er Jahren hatte man die Vorstellung, daß Leistung objektiv meßbar, zumindest aber meßbar und vergleichbar zu machen sei. Die Gewerkschaften sprachen gern von der Notwendigkeit, Gerechtigkeit herzustellen, um der Willkür der Vorgesetzten Einhalt zu gebieten. Es wurden Beurteilungsbogen entwickelt mit einheitlichen oder auch wählbaren Beurteilungskriterien, mit einheitlicher oder auch wählbarer Gewichtung, mit einheitlichen Beurteilungsstufen (= Noten).

Ein einheitlicher Maßstab wurde vorgegeben in Gestalt eines unbedingt einzuhaltenden Durchschnittswerts unter der Glocke von Gauß. Damit sollte (und wurde) die gewünschte Struktur durch einheitliche Vorgaben und Anwendungsregeln für Führungskräfte sichergestellt werden.

Als besonders fortschrittlich galt damals die „Vernetzung" mit anderen Systemen, insbesondere eine Leistungszulage in Prozent des laufenden Grundentgelts, die unmittelbar aus der Beurteilung erfolgte. Ernüchterung erlebten die Führungskräfte, als die Personalabteilung eingriff und ihre Ergebnisse korrigierte und die Vorgaben (siehe vorstehend) einforderte. Konkret wurde dies im Beurteilungsgespräch bei der Frage, aufgrund welcher Vorkommnisse der Vorgesetzte denn gerade diese Beurteilungsstufe richtig fand. Es fehlten nämlich lückenlose Aufzeichnungen über die Leistungen an 365 Tagen. Wenn der Vorgesetzte dann sagte (oft so geschehen): „Ich hätte Sie ja besser gesehen, aber die Personalabteilung ...", dann war es um die Glaubwürdigkeit der ganzen Aktion ohnehin geschehen.

Nach wie vor sind sich Personalverantwortliche einig: Die negativen Erfahrungen mit Beurteilungssystemen überwiegen!

2.2.2 Warum wird die systematische Leistungsbeurteilung abgelehnt?

Selbst wenn beim (unbedingt notwendigen) Training der Beurteiler keine Fehler gemacht worden sind, so stellt sich eher früher als später ein deutlicher Ermüdungseffekt bei allen Beteiligten ein, bei den Beurteilern, den Beurteilten und sogar bei den koordinierenden Stellen. Gründe dafür sind:

Der Mensch wurde übersehen

Absender und Adressat der Beurteilung sind Menschen mit all ihren Ängsten, Interessen, Bedürfnissen und Erwartungen. Beiden ist an ihrem Image, ein guter Beurteiler/leistungsstarker Mitarbeiter zu sein, gelegen. Jeder Mensch ist ein Individuum und will in dieser seiner Einmaligkeit akzeptiert, respektiert und auch gefördert werden. Vor allem aber will er nicht verletzt werden. Es ist häufig zu erleben, daß sich Mitarbeiter an ein massives Kritikgespräch nicht mehr erinnern können (Verdrängung). Heutzutage wird jedoch vermehrt die Gefühlsseite des Menschen als entscheidend für die menschlichen Beziehungen anerkannt. Mit ein paar Beurteilungskriterien (vielleicht auch noch willkürlich ausgewählt) und einigen Noten läßt sich die menschliche Persönlichkeit mit ihrer individuellen Werteskala nicht annähernd erfassen. Das gilt auch für die Arbeitsleistung, die der Mitarbeiter vor dem Hintergrund seines persönlichen Potentials und seiner momentanen Lebenssituation erbringt.

Objektivierung um jeden Preis

Bei allen Bemühungen um eine Versachlichung des Beurteilungsvorganges durch Hilfsmittel (z.B. Punktesysteme oder prozentuale Gewichtungsfaktoren) ist und bleibt jede Beurteilung ein *subjektiver* Akt. Mit dieser sich langsam durchsetzenden Erkenntnis findet der

Drang, subjektive Aspekte zu objektivieren und die Zuflucht in scheinobjektive Prozeduren mehr und mehr ein Ende.

Nicht auf die Vergangenheit, auf die Zukunft kommt es an

Eine sinnvolle Beurteilung zielt auf eine Verbesserung der *künftigen* Arbeitsergebnisse, der *künftigen* Qualifikation und vor allem auf das Erkennen und Ausschöpfen des vorhandenen Potentials. Leistungshemmende Barrieren sollen dabei gemeinsam erkannt und beseitigt werden. In der Vergangenheit gezeigte Leistungen können allenfalls als Anknüpfungspunkte, als Anschauungsmaterial für konkrete Verbesserungsmaßnahmen hilfreich sein. Noten wie in der Schule (für unterbliebene Wissensaufnahme = „Versetzung gefährdet") sind im Unternehmen fehl am Platz.

Scheingenauigkeit durch analytische Beurteilung

In aller Regel sind Beurteilungssysteme in dem Streben nach Perfektion, nur ja keine Leistungsfacette zu übersehen, mit einer Vielzahl von Beurteilungskriterien überfrachtet. Es kommt zu Überschneidungen und damit zu Doppelbewertungen. Es hat sich außerdem gezeigt, daß Beurteiler ihre mehr intuitiv summarische Leistungseinschätzung gezwungenermaßen auf die vorgesehenen Kriterien willkürlich verteilen. Zu viele Beurteilungsstufen (Noten) überfordern den Beurteiler. Egal, ob 9, 7 oder 5 Stufen zur Verfügung stehen, konzentrieren sich die tatsächlich verwendeten Stufen zu 90 Prozent auf 3 Stufen.

Die unverstandene relative Beurteilung

Beurteilung ist in doppelter Hinsicht relativ: Zum einen werden die Anforderungen, Ziele und Aufgaben mit den Ergebnissen verglichen (siehe Abbildungen 3 und 4), zum anderen mit vergleichbaren Mitarbeitern. Dieser doppelte Vergleich bedingt Konsequenzen, die ohne ausreichende Aufklärung aller Beteiligten, vor allem der Beurteilten, unverstanden bleiben müssen und zu Enttäuschung und schädlicher Rivalität führen können.

So erbringt beispielsweise ein Mitarbeiter bei gleichgebliebener Aufgabenstellung eindeutig bessere Leistungen als im Vergleichszeitraum. Sein Beurteilungswert aber bleibt unverändert oder verschlechtert sich sogar, weil seine Kollegen noch besser waren. Muß nämlich der Durchschnittswert der Gruppe gleich bleiben, ergibt sich dieser Effekt zwangsläufig. In einem anderen Fall beispielsweise mußte die personelle Kapazität aufgrund von Kosteneinsparungen verringert werden. Auf die wenigen noch verbliebenen Kollegen entfielen jeweils mehr und meist auch schwierigere Aufgaben. Bei der Beurteilung bleibt jedoch trotz erhöhter Leistungen der Beurteilungswert konstant. Außerdem wird von Mitarbeitern in höherer Eingruppierung (Tarifgruppe AT) für denselben Beurteilungswert mehr Leistung verlangt als von Vergleichspersonen in niedriger Eingruppierung.

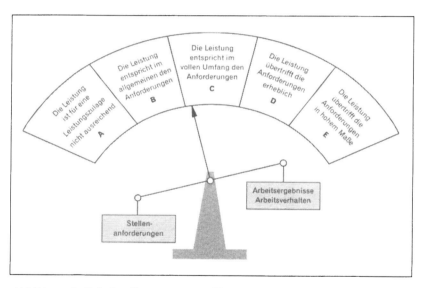

Abbildung 4: Relative Bewertung von Kriterien

Inflation durch alljährliche Routine

Führungskräfte neigen dazu, gleichbleibend gute Leistungen immer besser zu beurteilen. Sie genieren sich, dem Mitarbeiter gegenüber jedes Jahr sagen zu müssen: „Gut, aber auch nicht besser!" Die Massenflucht der Vorgesetzten in den oberen und Spitzenbereich der Beurteilungsskala war und ist dauerhaft nicht aufzuhalten.

Unzeitgemäße Kriterien gefährden den Unternehmenserfolg

Es ist nachgewiesen, daß das „Durchsetzungsvermögen" nach wie vor als wichtigstes Anforderungsprofil und Beurteilungskriterium von Führungskräften angesehen wird. Dem Vorgesetzten von heute und morgen würde dagegen die Eigenschaft eines sensiblen Moderators/Beraters/Coach besser stehen.

Die Leistung der Gruppe rückt mehr und mehr in den Mittelpunkt, der individuelle Leistungsbeitrag orientiert sich am Bedürfnis der Gruppe. Galt früher die Mengenleistung in den Fabriken (Akkordlohn) als wichtigstes Ergebnis, so sind an ihre Stelle längst die vom Kunden gewünschte Qualität, Termintreue sowie der Service getreten. Wer das nicht rechtzeitig erkannt hatte bzw. erkennt, den bestraft der Markt. Diese Veränderungen wurden aber bisher in den wenigsten Beurteilungssystemen berücksichtigt.

Der Drang zur Mitte

Bei alljährlich sich wiederholender Beurteilung ergibt sich unaufhaltsam eine Konzentration zum Mittelwert (allenfalls durch Inflation nach oben verschoben). Das hat drei Gründe:

- Dauerhaft „schlechte" Mitarbeiter werden versetzt oder entlassen.

- Topleute werden so lange befördert und mit höherwertigeren Aufgaben betraut, bis sie im Vergleich zu ihresgleichen ebenfalls zur Mitte wandern.

- Vorgesetzte haben häufig nicht den Mut, dauerhaft Extremwerte „zu verkaufen": untere Extremwerte nicht dem betroffenen Mitarbeiter, obere Extremwerte nicht den Kollegen oder der koordinierenden Stelle.

Die Beurteilungswerte aller Mitarbeiter unterscheiden sich früher oder später nur noch durch Kommawerte. Lohnt sich dann das aufwendige Verfahren noch?

2.3 Wie sieht ein modernes Beurteilungswesen aus?

2.3.1 „Systeme" sollten vermieden werden

Warum? Das wurde in den vorangehenden Passagen eingehend erläutert. Wenn aber ein System zur Anwendung kommt, so muß es einfach sein, damit es von allen Beteiligten verstanden und akzeptiert werden kann. Der Ablauf sollte unbürokratisch sein. Eine Konzentration auf wenige zeitgemäße Kernkriterien, wobei Attribute wie „Qualität" und „soziale Kompetenz" nicht fehlen sollten. Auf wählbare Kriterien und Gewichtungen sollte verzichtet werden, denn diese komplizieren das Verfahren und der Beurteiler setzt sich dem Vorwurf der Manipulation aus.

Man kann geteilter Meinung darüber sein, ob die Notenskala gerade sein sollte, um den Drang zur Mitte aufzulösen, oder ob eine entsprechende Differenzierung um den Mittelwert zu einem befriedigenden Ergebnis führt.

2.3.2 Zielvereinbarung

Mit Zielvereinbarungen sollte – wo immer möglich – geführt werden; Zielvorgaben lassen sich zwar nicht gänzlich vermeiden, sind aber auf das absolute Mindestmaß zu reduzieren (dort, wo es eben nicht anders geht). Es gibt derzeit kein bewährteres und erfolgreicheres Instrument für eine klare Aufgabenstellung hinsichtlich:

- Routinezielen,
- Verbesserungszielen (auch hinsichtlich der zwischenmenschlichen Beziehungen) sowie
- persönlichen Entwicklungszielen.

Sie zwingen alle zum fortwährenden Gespräch und helfen, Kommunikationsprobleme zu vermeiden. Zielvereinbarungen können auch mit Gruppen geschlossen werden. Das Führen mit Zielvereinbarungen schafft mit der Zeit von selbst die Feedback- und Gesprächskultur, die alle Beurteilungssysteme letztendlich überflüssig macht.

2.3.3 Das Mitarbeiter-/Teamgespräch

Ein vorbereitetes und mit Bedacht geführtes Gespräch vermag jedes System mit Kriterien, Gewichten, Faktoren, Punkten und Werten vollständig zu ersetzen. Das „Korsett" engt nur ein. Das Gespräch erzeugt keine Konflikte, sondern löst sie. Gemeinsam (am besten mit allen Beteiligten) lassen sich Erfolge feiern, Hindernisse beseitigen, neue Ziele formulieren. Je höher der Reifegrad der Beteiligten ist, desto selbstverständlicher wird das spontane, offene Gespräch. Als besonders erfolgreich auf diesem Weg haben sich regelmäßige Workshops erwiesen, die anfangs von einem Neutralen, später von dem Teamchef/Gruppensprecher moderiert werden. Bei der Lösung der auftretenden Konflikte im zwischenmenschlichen Bereich haben die meisten Vorgesetzten ihre Schwierigkeiten. Am liebsten wären sie dafür nicht zuständig. Geschult wurden sie nämlich bisher nur für die Sachebene, auf ihrem Sachgebiet kennen sie sich perfekt aus. Übersehen wird dabei, daß die meisten (!) Sachprobleme auf versteckt dahinter lauernde emotionale, persönliche Differenzen zurückgehen.

Ein ebenfalls zentraler Punkt in der allgemeinen Diskussion ist immer wieder die Frage nach der sog. Objektivität im „System". Niemand bestreitet zunächst, daß der Beurteilungsvorgang an sich ein subjektiver Akt ist. Strittig ist eher die Frage, welche Konsequenzen daraus zu ziehen sind.

Es gibt immer noch Verantwortliche, die glauben, daß sich durch eine sehr genaue Beschreibung der Beurteilungskriterien Objektivität erzielen läßt. Der Verfasser ist dagegen der Auffassung, daß die Subjektivität der handelnden Personen eher noch zu stärken und die möglicherweise darin steckende Willkür durch größtmögliche Offenheit des Verfahrens zu reduzieren bzw. auszuschließen ist.

2.3.4 Das Vorgesetzten-Feedback

Es wird deutlich, daß die Anforderungen an die Führungskräfte hinsichtlich der Wahrnehmung ihrer Führungsaufgaben sichtbar von dem abweichen, was heute in den Unternehmen stattfindet. Dabei sollte den Vorgesetzten jedoch generell kein Vorwurf gemacht werden, denn allzu häufig kennen sie nicht einmal die Erwartungen, nach welchem Verständnis und Stil sie die Mitarbeiter führen sollen. Nun ist es logisch und konsequent, den Führungskräften jede Hilfestellung zu gewähren, die sie zur Erfüllung ihrer Führungsverantwortung bekommen können.

Jede gute Mitarbeiter-Vorgesetzten-Beziehung wird automatisch einen konstruktiven Dialog „von unten nach oben" zur Folge haben. Das Feedback, das die Führungskraft von unten nach oben erhält, kann sowohl für ihn wie für die Mitarbeiter von großem Nutzen sein. Die Bezahlung von Führungskräften durch ein festes Gehalt, das die hierarchische Stellung in der Unternehmensorganisation dokumentieren soll, plus ggf. einer flexiblen Tantieme als erfolgsorientiertes Anreizsystem, reicht für eine differenzierte und leistungsorientierte Bezahlung von Führungskräften nicht mehr aus. Genauso wie die Mitarbeiter auch, müssen sich gerade die Führungskräfte gemäß ihrer Vorbild- und Verantwortungsfunktion einem differenzierten Dialog hinsichtlich ihres (Führungs)-Leistungsverhaltens stellen.

Im Feedbackprozeß sind die Adressaten sowohl die Mitarbeiter als auch die Führungskraft. Dabei muß dieser Prozeß immanent dem Grundsatz der Gleichheit genügen und für jeden Beteiligten transparent gemacht werden. Indem das zielorientierte Führungsverhalten elementarer Bestandteil des Dialoges von unten nach oben ist, wird dieses Element gleichzeitig zentraler Gegenstand und wesentlicher Erfolgsfaktor für einen Zielvereinbarungsprozeß. Ziele des Feedbacks für die Führungskraft durch deren Mitarbeiter sind:

- Verbesserung der Arbeitsbeziehungen zwischen Führungskraft und Mitarbeitern durch einen Prozeß der offenen Kommunikation.

- Regelmäßige Standortbestimmung für die Führungskräfte hinsichtlich ihrer Stärken, Fähigkeiten, Führungsleistung und Entwicklungsmöglichkeiten und -notwendigkeiten im Rahmen der bestehenden Führungsgrundsätze und definierten Unternehmensziele.

- Umsetzung einer leistungsgerechteren und für alle möglichst transparenten Entgeltfindung.

- Mitarbeiter zu mehr Eigenverantwortung zu motivieren, auch hinsichtlich der Gestaltung ihres „Geführt-Werdens".

Der Nutzen einer Führungskraft ist nicht mehr nur von der erreichten Hierarchiestufe abhängig, sondern wesentlich von der operationalen Nutzenstiftung bei der Realisierung der Unternehmensziele.

Der beste Gradmesser für das erlebte Führungsverhalten sind die Mitarbeiter.

2.3.5 Konsequenz für das Verfahren

Wichtigste Botschaft des Mitarbeitergespräches ist die Anerkennung im Sinne von Akzeptieren des Mitarbeiters als Teil des Teams – mögen seine derzeitigen Beiträge noch so bescheiden sein. Das wird sich nämlich ändern. Jeder positive Leistungsbeitrag eines Mitarbeiters sollte dankbar anerkannt werden und man wird ihn „wachsen" sehen.

3. Die leistungsorientierte Vergütung im Vertrieb

3.1 Stellenwert der leistungsorientierten Vergütung (LOV) in der BHF-BANK

Grundsätzlich ist die Einkommenspolitik *ein* Kernbereich der Personalpolitik. Eine angemessene und als gerecht empfundene Vergütung ist die *Voraussetzung* für die Arbeitsmotivation. Die Vergütung muß möglichst markt- und leistungsgerecht sein.

Richtig ist auch, daß stets die Gefahr einer *Anspruchsinflation* besteht, d.h., daß im Zeitablauf die Bonifikationen als Besitzstand erlebt werden. Ihr Erhalt wirkt also weniger stark motivierend, als das Ausbleiben der Bonifikation (oder nur Kürzung) demotivierend wirkt. Insofern ist auch hier durch alle Beteiligten sorgfältig, konsequent und differenziert vorzugehen.

Erfolgsorientierte Vergütung kann immer nur eine *Abrundung* der Vergütungspolitik sein und muß u.a. *neben* Personalentwicklung und

Personalführung integraler Bestandteil einer (möglichst) weitreichenden Personalarbeit sein.

Leistungsorientierte Vergütung ist kein Allheilmittel zur Steigerung der Vertriebserfolge.

3.2 Rahmenbedingungen der LOV

Übersicht 2: Rahmenbedingungen der LOV

Vergütungsaspekte	
Orientierung an den Unternehmenszielen	Die Bemessungskriterien der leistungsorientierten Vergütung müssen sich an den operativen und strategischen Geschäftszielen orientieren. Unternehmensziel geht vor Individualziel.
Akzeptanz	Information und Begründung der Vergütung im offenen Gespräch mit dem Mitarbeiter zur Schaffung einer dauerhaften Akzeptanz (auch wichtig: Einfachheit/ Klarheit des Systems).
Anreizwirkung	Die Bemessungskriterien müssen vom Mitarbeiter auch beeinflußbar sein. Erfolg und Erfolgsprämie müssen spürbar im Zusammenhang stehen.
Chancengleichheit	Das System muß gewährleisten, daß: • unterschiedliche Rahmenbedingungen • Marktpotential und Konkurrenzsituation • Bestands- und Neugeschäft • Sonder- und Einmaleffekte angemessen berücksichtigt werden können.
Budgetsouveränität des Vorstands	Dem Vorstand bleibt die Entscheidung über die Höhe des Personalkostenbudgets (fixe und variable Vergütung) auf Gesamtbank und Geschäftsfeld-/ Zentralbereichsebene vorbehalten.
Führungsverantwortung	Die Führungskräfte haben die Primärverantwortung für die Gesamtvergütung eines Mitarbeiters.

Kosten-neutralität	Durch die erfolgsorientierte Vergütung darf kein Kostenschub ausgelöst werden. ON-TOP-Modelle durch Risikoabsicherung nach unten mit Chancen nach oben kommen daher bei gleichbleibendem Gesamtbankerfolg nicht in Frage. Das Wesen der leistungsorientierten Vergütung ist die mögliche Schwankung nach beiden Seiten.
Adressaten	Alle AT-Mitarbeiter der Bank partizipieren am leistungsorientierten Vergütungssystem.
Pragmatismus	Das leistungsorientierte Vergütungssystem darf kein Selbstzweck sein. Der Aufwand der Erfolgsmessung muß in einer wirtschaftlich vertretbaren Relation zum Zusatznutzen für die Bank stehen.
Eigenschaft	• Geld ist die ehrlichste Art der Anerkennung und Differenzierung • Leistungsträger müssen marktgerecht vergütet werden.

3.3 Merkmale der LOV

Ein Vergütungssystem mit variablen, leistungsabhängigen Bestandteilen ist ein weiteres Anreizinstrument und soll gerade in Vertriebsfunktionen die dort tätigen Mitarbeiter zu noch mehr Leistung animieren. Die erwartete Leistungssteigerung ist Basis des Unternehmenserfolges und resultiert u.a. aus der Passung von Unternehmenszielen und den zur Erreichung der Ziele existierenden Anreizsystemen (siehe Abbildung 5).

Das LOV-System gilt für alle AT-Mitarbeiter in allen Organisationseinheiten mit Ausnahme der Handelsbereiche (Geld/Devisen und Wertpapiere), da dort schon länger ein eigenes Bonussystem besteht.

In einem nächsten Schritt wurden die bisherigen Mai-Sonderzahlungen der AT-Angestellten auf einen Referenzbonus umgestellt. Die daraus resultierenden Überhang-Tantiemen wurden in Monatsbezüge umgewandelt. Der Referenzbonus hat folgende Merkmale:

- Er besteht bei 100 Prozent Leistung (Zielerreichung),
- bestimmt das maximale Risiko des Mitarbeiters und
- er ist die Basis für Chance und Risiko.

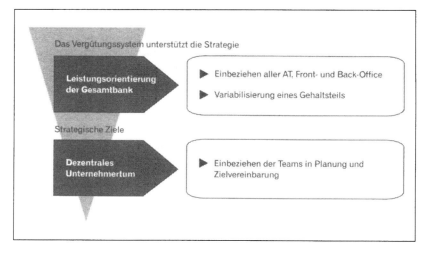

Abbildung 5: Passendes Vergütungssystem der BHF-BANK

Weiterhin ist er nach oben gestaffelt, und zwar für *nicht leitende* Angestellte ab 7 000 DM, 10 000 DM, 12 000 DM, 15 000 DM und 20 000 DM. Für *leitende* Angestellte ab 25 000 DM aufwärts. Der Referenzbonus ist jedes Jahr die Ausgangsbasis für die Berechnung der jeweiligen Auszahlungsbeträge und zwar solange, wie er nicht nominal auf die nächste Staffelgröße angehoben wird.

3.4 Erfolgsmessung und Bonusfestlegung

Die Dotierung der Bonustöpfe erfolgt nach *quantitativen* und *qualitativen* Erfolgen im abgelaufenen Jahr. Dabei wird stufenweise (topdown) vorgegangen, wobei folgende vier Ebenen zu unterscheiden sind:

1. Gesamtbank-Ebene,
2. Geschäftsfeld-/Zentralbereichsebene,
3. Team-/Abteilungsebene,
4. Mitarbeiterebene.

Ab der 2. Ebene wirken sich neben quantitativen auch *qualitative Leistungsbeiträge* auf die Bonushöhe aus.

Für jede Ebene sind relevante quantitative Steuerungsgrößen festzulegen, die sich als *Indikator* für die Beurteilung der Leistung auf der jeweiligen Ebene eignen, wobei sich die jeweils vor- und nachgelagerten Ebenen auf die konkrete Ausgestaltung der Steuerungsgrößen verständigen.

3.4.1 Steuerungsgrößen als Indikatoren

In der ursprünglichen Form wurden mittels Gewichtungen und einer Rechenformel die Bonustöpfe mit den Ergebnissteuerungsgrößen unmittelbar miteinander verknüpft. Nach einmaliger Anwendung wurde diese Systematik sofort geändert. Was war passiert?

Es konnte beobachtet werden, daß durch die interne Verrechnung die jeweiligen Steuerungsgrößen gut zu beeinflussen waren und nun untereinander eine unbeschreibliche gegenseitige Verrechnung einsetzte bis zu dem Punkt, daß vor Erbringung einer Leistung für einen anderen Kollegen gefragt wurde: „Was bringt mir das?".

Die Rechenformel hatte die Mitarbeiter vergessen lassen, daß sich die Konkurrenz außer Haus befindet und nicht im Zimmer nebenan. Die Indikatorfunktion bedeutet, daß Vorgesetzte und Mitarbeiter eine Reihe von Informationsquellen definieren und diese sich so als Informationsquelle auch für die Einschätzung der Erfolgsposition erschließen. Nach dem Gesamtergebnis der Bank und dem Teilergebnis des Geschäftsfeldes wird die insgesamt zur Ausschüttung zur Verfügung stehende Summe festgelegt und muß dann von den Leitern der Vertriebsteams auf die einzelnen Teammitglieder verteilt werden. Wesentliche Kriterien für die Auswahl geeigneter quantitativer Steuerungsgrößen sind:

- Vereinbarkeit mit den operativen und strategischen Zielen der Gesamtbank,
- Eignung als Indikator für die Beurteilung des Leistungsbeitrags,
- Beeinflußbarkeit der Steuerungsgröße,

- Aufrechterhaltung der Motivation zur quantitativen Ergebnissteigerung,
- Berücksichtigung von team-/mitarbeiterspezifischen Gegebenheiten,
- ausreichende Datenqualität für Leistungsmessung.

Bei der Auswahl geeigneter Steuerungsgrößen ist insbesondere auf der Teamebene eine adäquate Berücksichtigung der bestehenden „Verrechnungsproblematik" erforderlich.

3.4.2 Verteilung und Ermittlung der Bonustöpfe

Die Aufteilung des Gesamtbankbudgets auf die verschiedenen organisatorischen Einheiten (von oben nach unten) erfolgt nach qualitativen und quantitativen Erfolgen *(Gesamtbetrachtung)* im abgelaufenen Geschäftsjahr. Bei entsprechender Ergebnissituation stehen jährlich mindestens 100 Prozent der Referenzboni zur variablen Verteilung an.

Betont werden soll an dieser Stelle, daß es zur Ermittlung der Auszahlungsbeträge keine Rechenformel oder ähnliches mehr gibt. Die Verantwortung für die erfolgsabhängige Vergütung tragen die Vorgesetzten. Sie müssen gemeinsam mit den Mitarbeitern den Erfolg bewerten (anhand der Indikatoren) und gemeinsam einen Auszahlungsbetrag vorschlagen. Dieser muß entsprechend begründet werden. Dieser Weg ist zwar mühsam und etwas aufwendiger, er führt aber nicht dazu, daß die Führungskräfte ihre Verantwortung bei der Rechenformel abgeben und im Mißerfolgsfall sich mit der Begründung zurückziehen, sie hätten ja gerne mehr ausbezahlt, aber die Formel hätte dies eben nicht zugelassen. Die Verteilsystematik gibt Abbildung 6 wieder.

3.4.3 Die Gehaltsaktion

Einmal im Jahr (meistens im Februar) findet eine ca. vierwöchige Gehaltsrunde statt. Zusammen mit den jeweiligen Vorständen und Geschäftsfeldleitern werden die Gehaltsvorschläge zu jedem Mitarbeiter durchgesprochen und abschließend festgesetzt. In diesem Zusammenhang sind auch die Auszahlungsvorschläge für die Mitarbei-

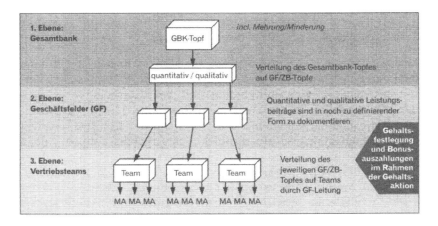

Abbildung 6: Verteilung der Bonustöpfe

ter in Vertriebsfunktionen und kundennahen Bereichen entsprechend zu begründen und darzulegen. Hierzu finden die schon erwähnten Indikatoren ihre Anwendung.

4. Schlußwort

„Zufriedene Mitarbeiter – zufriedene Kunden". Diese simple Redewendung ist so einfach wie richtig. Was generell für das Personalmanagement gilt, ist ebenso für spezielle Mitarbeitergruppen zutreffend. Das Schaffen adäquater Rahmenbedingungen im Bereich der Personalentwicklung, der Personalführung und schließlich in der Vergütungspolitik sind die wesentlichen Voraussetzungen dafür, daß die Mitarbeiter sich für die Erreichung der Unternehmensziele einsetzen und darüber hinaus auch das Gefühl haben, daß sie als Individuen wahrgenommen werden.

Wir sind der Auffassung, daß es zunächst keine Standardlösung für alle Unternehmen gibt. Weiterhin sehen wir die Notwendigkeit, den verschiedenen Arbeitsbereichen mit ihren unterschiedlichen Anforderungen durch eine differenzierte Personal- und Vergütungspolitik zu entsprechen und auf der Basis gewachsener Strukturen geeignete Lösungen und Systeme zu entwickeln.

Der Mitarbeiter – auch im Vertrieb – muß letztendlich das Gefühl haben, daß sich Vorgesetzte und Management ernsthaft mit seiner Person auseinandersetzen und bemüht sind, bei Mitarbeitergesprächen der Wahrheit hinsichtlich einer möglichst fairen Leistungseinschätzung sehr nahe zu kommen. Dabei soll nicht der Eindruck erweckt werden, man könne zu einem objektiven Ergebnis kommen, denn dies nimmt einem mittlerweile kein Mitarbeiter mehr ab. Werden aus den Resultaten des Mitarbeitergespräches auch noch Bezahlungssummen – zumindest im variablen Gehaltsbereich – abgeleitet, ist das vorher Gesagte um so wichtiger, denn ein gutes Mitarbeitergespräch mit einem nachvollziehbaren Beurteilungs- und Auszahlungsergebnis ist in jedem Fall erstrebenswerter als ein zwar zeitsparenderes Standardbeurteilungsverfahren mit vielleicht auch noch einer mathematisch gekoppelten Auszahlungslogik. Dies führt schon systembedingt dazu, daß individuelle und vor allem qualitative Aspekte auf der Strecke bleiben müssen und sich das Gefühl einer ungerechten Behandlung relativ schnell einstellt.

Geld, in welcher Form auch immer, ist lediglich Ausdruck der Anerkennung und vermag diese keinesfalls zu ersetzen!

4. Kapitel

Chancen der modernen Informationstechnologie

Fortschrittliche Informatikplattformen als Voraussetzung des Relationship Banking

Urs Fischer

1. Einführung

Die bewährte und vom Kunden geschätzte Beziehung zu seinem Banker, die Begegnung von zwei Menschen am Bankschalter, kann aus Kostengründen kaum langfristig aufrechterhalten werden. Das Privat- und Firmenkundengeschäft verlangt ein resolutes Umdenken, um einerseits eine akzeptable Profitabilität aus Sicht der Bank zu erreichen. Andererseits ist dieses Umdenken notwendig, um den sich verändernden Erwartungen des Kunden gerecht zu werden. Die Beziehung zwischen dem Kunden und dem Banker wird sich radikal verändern. Der Kunde ist bereit, eine neue, auf Technologie basierende Beziehung einzugehen.

1.1 Veränderung des Nachfrageverhaltens

Neue Verfahren, neue Technologien stoßen beim Menschen vorerst immer auf Skepsis. Sobald er sich aber mit dieser Technik vertraut gemacht hat, sobald er sie akzeptiert, verändert sich das Verhalten des modernen Menschen sehr schnell. Er wird mündig, verlangt nach mehr, erwartet einen prompten Service, will wählen und ist deshalb weniger loyal, dafür um so kostenbewußter. Ein klassisches Beispiel ist hier sicher das Electronic Banking über Internet.

Als die SFNB Security First Network Bank 1995 ihre Schalter öffnete, ohne daß in der realen Welt ein Gebäude oder eben ein Schalter vorhanden war, hatte sie einige Probleme, Kunden zu gewinnen. Die amerikanische Bankenaufsicht garantierte die Einlagen der SFNB genauso wie die jeder anderen akkreditierten Bank in den Vereinigten Staaten. Trotzdem brauchte es einige Zeit, bis diese virtuelle Bank im World Wide Web von der angestrebten Kundenzielgruppe akzeptiert wurde.

1.2 Pioniere im Internet mit Electronic Banking

Eine Analyse der Forrester Research, Inc. aus Cambridge, MA, zeigt, daß Electronic Banking heute von der Gruppe „Baby Boomers mit hohem Einkommen" aktiv genutzt wird und durch ihre Forderungen nach verbessertem Service in sehr kurzer Zeit bis zur Plazierung und der direkten Abwicklung von Börsenaufträgen vorangetrieben wurde. Bei dieser Kundengruppe handelt es sich um 30–45jährige, sehr gut ausgebildete Menschen, die sich selbst um ihre Vermögensverwaltung – mit einem klaren Blick auf die Altersvorsorge – kümmern wollen. In ihrer Studie kommt Forrester Research zu dem Schluß, daß in den USA zahlenmäßig heute bereits mehr Börsenaufträge über Internet in Auftrag gegeben und abgewickelt werden, als auf den bekannten konventionellen Wegen. Forrester Research prophezeit, daß in zwei Jahren 17 Prozent aller US-Haushalte über Internet direkt an den Börsen aktiv sein werden. Mehr als 500 Mrd. US-$ sollen dann über Internet an den verschiedenen elektronischen Börsenplätzen direkt investiert werden.

Auch in der Schweiz gibt es diese „Baby Boomers". Diese Kundengruppe akzeptiert neue Technologien und benutzt sie intensiv. Fundierte Annahmen zeigen, daß mehr als 50 Prozent der heutigen Internetbenutzer zu dieser Kategorie zu zählen sind. Mobile Computing, Internet und Electronic Commerce werden in dieser Bevölkerungsschicht schnell zu einer Selbstverständlichkeit. Dieser Internetbenutzer stellt höhere Anforderungen an das Netz als der bekannte Internetsurfer. Intelligente Interaktivität ist gefragt. Von seiner Bank erwartet er, daß er seine Finanztransaktionen interaktiv und ortsunabhängig tätigen kann. Es ist als Szenario anzunehmen, daß in Zukunft auch der Schweizer Baby Boomer seine Bankverbindung aufgrund der Serviceleistung im Bereich Electronic Commerce auswählt. Abfragen von Finanzinformationen, von Börsenkursen etc. gehören auch in der Schweiz zu den häufigsten Internet-Aktionen. Logisch ist es deshalb, daß als nächster Schritt der direkte Zugang zu Echtzeitinformationen verlangt wird. Sehr bald wird dann erwartet, daß der Börsenauftrag rund um die Uhr über Internet erteilt werden kann. Selbst eingegebene Stop-Loss-Orders sind ein weiterer Zwischenschritt, bevor die permanente Beobachtung des eigenen Auftrages während der Abwicklung von überall her über den tragbaren PC gefordert wird. Nachdem diese technischen Spielereien als Serviceleistungen implementiert sind, wird der Kunde eine verbesserte Anlageberatung über das Netz fordern usw.

Dieses Szenario wird in kurzer Zeit durchaus der Realität entsprechen. Der Kunde wird mündig und erwartet eine elektronische Beziehung zu seiner Bank. Die Baby Boomers sind dabei nur Pioniere, denen bald die „First to follows" und weitere Kundengruppen folgen werden. Die Internetoberfläche, die sogenannten Browsers, führen in der Bedienung und Nutzung zu einer massiven Vereinfachung jeder Applikation. Der Kunde wird auch in komplexeren Angelegenheiten immer mehr zum Selbstbediener. „Let me do it myself" bedeutet aber auch, daß der Kunde bei vielen Angeboten stärker auf die Leistung und Unterstützung, aber auch kritischer auf die Kosten schaut. Investmentempfehlungen, Marktinformationen, Charts, Analystenbeurteilungen, ja selbst Realtime-Kurse sind heute auf dem Netz verfügbar. Für alle Anlageentscheidungen kann der Investor heute im Internet die notwendigen Informationen abrufen. Er kann sie sich sogar bequem und für wenig Geld jeweils von einem Internetanbieter nach seinen Wünschen zusammenstellen lassen. Der Privatkunde verlangt bereits heute mehr als nur einen elektronischen Zahlungsverkehr.

1.3 Technologie ist nicht aufzuhalten

Die Akzeptanz von Technologie ist größer als vielerorts angenommen. Eine neue Technologie, mit der Computer mit Menschen auf natürliche Art und Weise interagieren können, beweist das eindeutig. Herkömmliche Automaten zur Informationsabfrage, zur Geld- oder Ticketausgabe, werden oft als unnahbar und unfreundlich bezeichnet, da der Benutzer sie zum Erhalt von Informationen aktivieren muß. Digital Equipment Corporation hat unter dem Namen „Smart Kiosk" eine Entwicklung vorgestellt, die – basierend auf Fortschritten bei der Bilderkennung – in der Lage ist, die Anwesenheit interessierter Personen zu erfassen und diese mittels Gesichtsanimation und synthetischer Sprache in ein Gespräch zu verwickeln. Eine Schlüsselkomponente von Smart Kiosk ist ein synthetischer, anpaßbarer, in Echtzeit sprechender Kopf, der Gesichtsausdrücke und Lippenbewegungen mit computererzeugter Sprache oder zuvor aufgezeichneten Audiodateien synchronisiert. Er kann jedes Gesicht zu jeder Stimme abbilden. Durch Emulieren der Hauptmuskeln des Gesichts und der Augen werden Ausdrücke menschlicher Emotionen, einschließlich der sechs allgemein anerkannten menschlichen Ausdrücke Glück, Traurigkeit, Überraschung, Ärger, Abneigung und Angst erzeugt.

Das Zusammenführen von Anatomie und Physiologie mit Software und synthetischer Sprache zum Erstellen lebensnaher Persönlichkeiten hat weitreichende wirtschaftliche Auswirkungen auf die zukünftige Entwicklung von Automaten. Das Abrufen von Informationen und Dienstleistungen von Automaten mit echtem Gesichtsausdruck und synchronisierter Sprache ist ein wesentlicher Schritt, um die Barrieren zwischen Mensch und Computer, wie Tastatur, Maus und Text, zu überwinden. Der „Smart Kiosk" wurde im Forschungslabor von DIGITAL in Cambridge entwickelt und vor einem Retailgeschäft in Boston zum öffentlichen Testen installiert. Das Retailgeschäft hat die Multimediainhalte des Kiosks angepaßt, um die Kunden willkommen zu heißen, ihnen bei der Navigation zum gewünschten Ort zu helfen und um Fragen über die vom Geschäft angebotenen Produkte und Dienste zu beantworten.

Die Reaktionen der Kunden sind äußerst positiv. Die Untersuchungen hinsichtlich Marktakzeptanz zeigen, daß sich diese Technologie in Automaten zur Verbesserung der Beziehung zum Kunden sehr schnell durchsetzen wird. Probe Research Inc. zufolge gab es 1997 rund 65 Anbieter interaktiver Kioske, von denen die meisten auch über Links zum Internet verfügten. Im Jahre 2001 rechnet Probe Research Inc. mit einer Million Einheiten.

Die Akzeptanz und Nutzung von neuer Technologie ist für den Firmen- und Privatkunden kaum ein Problem, solange ihm die richtige Dienstleistung angeboten wird und er sich auf eine einwandfreie Ausführung verlassen kann. Bevor man sich deshalb auf neue Interfaces

Mensch : Maschine konzentriert, muß sichergestellt werden, daß es die Informatikplattform zuläßt, das richtige Angebot an den richtigen Kunden zu richten, resp. den entsprechenden Kundenauftrag rationell entgegenzunehmen und effizient abzuwickeln. Data Warehouses, Workflow Management und Call Center sind hier Begriffe, die zu einer zukünftigen Informatikplattform für ein freundliches Relationship Banking gehören.

2. Call Center

Call Center sind der technologische Verbund aller Kommunikationsinstrumente einer Bank. Sie haben das Ziel, ein- und ausgehende Kundenkontakte so zu erledigen, daß sich der Kunde bei dieser Bank als König fühlt. Call Center werden sich zu Contact Centern entwickeln und sind das Basisinstrument, um bestehende Kundenkontakte zu vertiefen und nicht vorhandene Kundennähe kostengünstig aufzubauen. Ein Call Center besteht aus Basistechnologie, wie Rechner, Datenbank, Telefonswitch etc. Geographische Informationssysteme, Sprachaufzeichnungsgeräte, spezielle Telefonieausrüstung, aber auch Internet mit den notwendigen Sicherheitsmechanismen sollten in ein modernes Call Center integriert werden. Die Erstellung eines Call Centers muß als klassisches Integrationsprojekt angeschaut werden und ist praktisch in jedem Fall eine auf die spezifische Bank zugeschnittene Speziallösung unter sinnvollem Einbezug bestehender Infrastrukturen. Trotz der Individualität empfiehlt es sich, Standardkomponenten zu verwenden, damit zukünftige Technologien, wie zum Beispiel Multimedia oder digitale Netzwerke, ohne großen Aufwand integriert werden können.

3. Workflow Management

Workflow ist eine relativ junge Disziplin der elektronischen Informationsverarbeitung. Sie hat das Ziel, eine optimale computergestützte Steuerung und Kontrolle von Bearbeitungsvorgängen zur Verfügung zu stellen. Heute liegt die Steuerung und Kontrolle von Geschäftsabläufen fast ausschließlich in menschlicher Hand. Der erforderliche, vorgangsbegleitende Informationsaustausch erfolgt dabei durch Dokumente, Laufzettel, Arbeitspläne, Formblätter oder ähnliche Medien. Diese Medien sind in ihrer Form der Verarbeitung durch den Menschen angepaßt und werden in der Regel mit fortschreitendem Arbeitsvorgang physikalisch von Sachbearbeiter zu Sachbearbeiter weitergereicht.

In einem Workflow-System ist ein Arbeitsvorgang die elektronische Abbildung einer definierten Sequenz von Arbeitsschritten und Aktivitäten, die von den Bearbeitern ausgeführt werden müssen. Das System koordiniert und kontrolliert dabei die Arbeitsschritte und Aktivitäten, erledigt Aktionen selbständig und leitet nach getaner Arbeit den Vorgang zur nächsten Station weiter. Der Automatisierungsgrad jedes Arbeitsschrittes ist frei definierbar; von der rein menschlichen Bearbeitung über beliebige Kombinationen von Mensch und Maschine bis hin zur autonomen, rein maschinellen Bearbeitung. Die Information, die ein Vorgang begleitet, kann aus elektronischen Formularen und Dokumenten bestehen oder aus Datenbankinformationen, die durch integrierte Anwendungen bereitgestellt werden. Der Transport der Vorgänge erfolgt über Internet, über Mailsysteme oder durch die entsprechende Bankenapplikation.

Es gibt zwei Klassen von Workflows, die aufgrund unterschiedlicher Komplexität, Durchsatzvolumen und Art der Vorgänge festgelegt sind. Produktions-Workflow-Systeme sind geschäftskritische Abläufe mit hohem Durchsatz und vergleichsweise geringer Dynamik. Adhoc Workflows sind wenig strukturierte, hochdynamische Vorgänge mit geringem Durchsatzvolumen. Sie werden üblicherweise in Büroautomationsumgebungen eingesetzt und optimieren die Arbeit im Umgang mit Dokumenten und Formularen. Prädestiniert sind ad-hoc Workflows zur optimalen Bearbeitung von Kundenwünschen, Reklamationen etc.

Die bloße Elektrifizierung vorhandener Abläufe schöpft natürlich die möglichen Nutzenpotentiale nicht aus. Auch das Relationship Management würde dadurch kaum verbessert. Die Gestaltung neuer, effizienterer Abläufe sind notwendig. Im Vordergrund der Gestaltungsmaßnahmen steht daher zunächst das Reengineering ausgewählter

Prozesse. Schwerpunkt der Prozeßoptimierung ist dabei vor allem die Reduzierung der Prüfungsinstanzen.

Reklamationen sind Chancen in der Kundenbeziehung

Ein klassisches Beispiel einer erfolgreichen Einführung eines Workflow-Systems ist die Citibank Privatkunden AG in Deutschland. Mit Hauptsitz in Düsseldorf betreut die Citibank mit rund 300 Zweigstellen über 2,8 Mio. Kunden. Sie unterhält über fünf Millionen Kundenverbindungen mit Bankkonten, Versicherungspolicen und Citibank VISA Karten. Mit der Strategie, „Bankdienstleistungen aus einer Hand und rund um die Uhr" anzubieten, genießt die Citibank in Deutschland den Ruf einer innovativen, kundenfreundlichen und servicestarken Bank im Privatkundengeschäft.

Als eine der ersten Banken in Europa nutzt die Citibank die Vorteile von Workflow-Systemen, z.B. mit dem automatisierten Beschwerdemanagement. Die Citibank kümmert sich bewußt um Beschwerden einzelner Kunden. Mit der Absicht, die Kundenzufriedenheit und die Sicherung der Kundenbasis zu steigern, hat die Citibank mit dem Beschwerdemanagementsystem CitiWorks eine Workflow-Steuerung eingeführt, die den geregelten Austausch und die Zusammenführung von Beschwerdeeingängen und Stellungnahmen der von einem Beschwerdefall betroffenen Abteilung regelt. Mit diesem System geht keine Beschwerde mehr verloren. Die Beschwerden werden automatisch wieder vorgelegt und bei Nichtbearbeitung an die nächsthöhere Instanz weitergereicht. Die Anbindung des Beschwerdemanagements an die Kundendatenbank vereinfacht die Aufnahme der Daten eines Beschwerdeführers natürlich enorm. 75 Prozent der Probleme, über die sich ein Kunde beschwert, werden bei der Citibank dank dem Beschwerdemanagementsystem sofort, also noch am gleichen Tag, und die restlichen 25 Prozent innerhalb der gleichen Woche gelöst.

Citibank verwendet als Basis ihres Beschwerdemanagements LinkWorks von DIGITAL, ein objektorientiertes Workflow-, Archivierungs- und Groupware-System, mit dem netzwerkbasierende Geschäftslösungen einfach realisiert und schnell implementiert werden können. Unabhängig von technischen Anforderungen ist dieses System offen in Plattform und Anwendung, skalierbar und verteilbar über mehrere Lokationen und vollständig integrierbar in bestehende Systeme. Das Gesamtsystem präsentiert sich immer als homogene Einheit, unabhängig vom Verteilungsgrad und unabhängig von der Art des Zugriffs.

Mit dem differenzierten Eskalationsprozeß hat die Citibank die Durchlaufzeit wesentlich verbessert. Ein erledigter Beschwerdefall wird aber nicht einfach zu den Akten gelegt. Er wird im Rahmen des Prozesses automatisch archiviert und statistisch ausgewertet. Zudem kann er in Data Warehouse-Abfragen wieder abgerufen werden.

4. Data Warehouse führt zum „gläsernen Kunden"

Das Ziel eines Data Warehouse und eines Data Mart ist es, das Kundenverhalten besser vorauszusehen und damit dem richtigen Kunden das richtige Produkt zur richtigen Zeit anzubieten. Die bekannte Unterteilung der Privatkunden in Jugendliche, Erwachsene und Senioren genügt für ein echtes Relationship Banking mit Telemarketing etc. bei weitem nicht mehr. Aufgrund der heute intern und extern verfügbaren Daten ist es möglich, das Verhaltensmuster von potentiellen Kunden recht gut vorauszusehen. Dadurch lassen sich differenziertere Kundengruppen und marktgerechtere Angebote definieren.

Es empfiehlt sich, ein Data Warehouse getrennt von der operationellen EDV zu realisieren, weil komplexe Abfragen die bestehenden Systeme enorm belasten können. Die informelle EDV – also das Data Warehouse oder das Data Mart – ist auf eine spezielle Art der Informationsaufbereitung ausgerichtet. Daten werden dabei aus verschiedenen operationellen Systemen extrahiert, in eine einheitliche Form gebracht und für die Visualisierung aufbereitet. Im Data Warehouse sind alle Daten aus internen und externen Quellen gespeichert. Man spricht hier von einem zentralen Datenlager, das heute Datenbestände von mehreren Terabytes erreichen kann. Ein Data Mart ist oft ein Extrakt aus dem zentralen Datenlager. Im Gegensatz zum Data Warehouse wird ein Data Mart funktionsbezogen aufgebaut, d.h. ein

Data Mart ist kein Auskunftssystem für ein gesamtes Unternehmen, sondern für eine bestimmte Abteilung oder Gruppe.

Das Beispiel des EIS Erfolgs-Informations-System der Berner Versicherungen beweist, daß mit einer konsequent durchgeführten Data Warehouse-Lösung die Kundenbeziehung entscheidend verbessert werden kann. Das praktische Beispiel der Berner zeigt aber auch, daß eine zukunftsorientierte Informationsverarbeitung nicht von der Größe eines Unternehmens abhängig ist. Die heutige Technologie ermöglicht es jedem Unternehmen, ob Bank, Versicherung oder Allfinanzinstitut, seine Kunden mit einem aussagefähigen Data Warehouse besser zu bedienen.

Bei jeder Geschäftstransaktion fallen automatisch Daten an, die per Dekret während zehn Jahren gespeichert werden. Heute sind diese Daten auf unterschiedlichen, operationellen Systemen und an unterschiedlichen Orten abgelegt und für die Vertriebskanäle kaum zugänglich. Sofern diese Daten nun, wie z.B. in der Berner Versicherung, in einer zentralen, vom operativen Betrieb losgelösten Datenbank zusammengeführt werden, kann für die Vertriebskanäle einer Bank tatsächlich der vielzitierte „gläserne Kunde" mit einem enormen Synergiepotential entstehen.

Die Berner Versicherungen sind aus einem organisatorischen Zusammenschluß der Versicherungen Berner Allgemeine und der Berner Leben hervorgegangen und bieten heute Versicherungsschutz für mehrere hunderttausend Kunden. Mit jährlichen Bruttoprämien von 1,15 Mrd. Fr. gehört die „Berner" zu den größeren Versicherungsgruppen der Schweiz. Zu ihren Kunden gehören insbesondere Familien, Einzelpersonen sowie Klein- und Mittelbetriebe. Diese werden von 29 Generalagenturen und über 100 Verkaufsteams betreut. Die Versicherungsgruppe führt dabei sämtliche gängigen Versicherungszweige der Sach-, Vermögens- und Personenversicherung.

Ein Informationssystem dient Entscheidungsträgern des Marktmanagements der Berner Versicherungsgruppe als beinahe unerschöpfliche Informationsquelle und liefert topaktuelle Betriebsdaten, Entwicklungsprognosen oder Interpretationshilfen auf einen Blick. Das vom Beratungsunternehmen *trend*FACT implementierte EIS Erfolgs-Informations-System ist ein computergestütztes Auskunfts- und Planungsinstrument, das bei der Steuerung, Planung, Überwachung und Kontrolle des laufenden Geschäftes hilft. Das ganze Data Warehouse umfaßt rund 25 Mio. Datensätze, die auf einem Server mit 64-Bit-Architektur verwaltet werden.

4.1 Prognosedaten

In das EIS wurden auch Marktzahlen aus dem Bundesamt für Statistik, etwa mit Angaben aus Steuerstatistiken und Betriebszählungen, oder die Fahrzeugbestände aus dem Bundesamt für Transporttruppen (BATT) integriert. Damit kann ein Versicherungsberater beispielsweise erkennen, wie viele Einfamilienhäuser in seiner Region liegen; eine Generalagentur weiß, wie viele Zweipersonenhaushalte es in einem Verkaufsrayon gibt oder ob eine Personenwagenmarke überdurchschnittlich vertreten ist. Weil die Marktzahlen nicht nur ausgewertet, sondern auch mit hochgerechneten Prognosen von Forschungsinstituten angereichert wurden, erhalten die Daten auch Dynamik. Sie zeigen, wie sich ein Marktteil über einen gewissen Zeitraum entwickeln könnte.

Dank der Marktinformationen lassen sich einerseits die Schwerpunkte einer Generalagentur, eines Verkaufsteams oder einer Region ableiten. Leben in einer Gemeinde z.B. sehr viele junge Familien, kann ein lukratives Familienprogramm angeboten werden. Andererseits kann man natürlich auch die Erwartungen an den Außendienst gerechter formulieren. Sind etwa im Kanton Tessin die 20 bis 24jährigen mit mehr als 10 Prozent über dem schweizerischen Durchschnitt vertreten, muß die Generalagentur in diesem Marktsegment natürlich auch überdurchschnittliche Erträge erwirtschaften. Das EIS hilft auch bei der Planung, weil erkennbar ist, welche Märkte sich positiv oder negativ entwickeln werden. Letztlich ist die Berner auch in der Lage, ihre Marktpräsenz zu beurteilen, indem sie z.B. die Anzahl Motorfahrzeugpolicen mit dem Versicherungspotential, also dem Personenwagenbestand eines Kantons, vergleicht.

4.2 Informationen auf Mausklick

Das EIS verhilft per Mausklick zu einem schnellen Überblick. So können auf einer einzigen Bildschirmseite alle relevanten Zahlen des gesamten Schweizer Geschäfts überblickt werden. Dank den integrierten Grafiken und ampelfarbigen Lichtern weiß z.B. ein Agenturleiter sofort, wie er in einem Segment steht und kann positive Entwicklungen und Gefahrenstellen sofort erkennen. Weil das System modular aufgebaut ist, lassen sich die angezeigten Informationen ebenfalls auf Generalagenturen, Verkaufsteams oder einzelne Versicherungsberater fokussieren. Damit kann das EIS allen Führungskräften die nötigen Informationen für ihre Entscheidungen liefern. Das EIS zeichnet sich durch eine immense Informationsvielfalt aus: Innerhalb von Sekunden werden Angaben über Prämienwachstum, Soll-Ist-Abweichungen und Marktanteilsveränderungen sichtbar, lassen sich Ranglisten mit dem besten Erfüllungsgrad erstellen oder die Frage klären, welche Generalagenturen während einer Periode prozentual überdurchschnittlich gewachsen sind.

Trotz dieser Vielfältigkeit läßt sich das System dank seiner einfachen Struktur, einer grafischen Benutzerschnittstelle und Interpretationshilfen einfach bedienen. Davon profitieren alle Mitarbeiter. Sie haben ein einheitliches Instrument für die Positionierung, Entwicklung und Planung. Weil gut laufende oder kritische Bereiche automatisch hervorgehoben werden, ist jeder Anwender in der Lage, sich ohne Studium von Anleitungen selbst zu kontrollieren und die Auswertungen zu interpretieren.

4.3 Basis für Marktaussagen

Das Beispiel der Berner Versicherungen beweist, daß die Größe eines Unternehmens nicht allein entscheidend ist für eine gute Marktbearbeitung. Wesentlich sind die Informationen, die Entscheidungsgrundlagen, die zur richtigen Zeit in der richtigen Form verfügbar sein müssen. Diese Aussagen sind allerdings keine neuen Erkenntnisse. Bereits in den siebziger und achtziger Jahren hat man mit sog. MIS Management Informations-Systemen den „gläsernen Kunden" versprochen. MIS waren aber aufgrund der notwendigen Investitionen großen Unternehmen mit Mainframe Computern vorbehalten. Die MIS mußten relativ starr programmiert werden, so daß der Benutzer anstelle einer klaren Aussage oft von einem Papierstoß von Informationen überflutet wurde, mit denen er keinen Bezug zum Markt herstellen konnte.

Mit dem Data Warehouse-Konzept besteht heute eine wesentlich bessere Chance, schnell und einfach echte Marktaussagen zu erhalten. Die konsequente Trennung der operationellen und der informellen EDV und die heute verfügbare Technologie führt dazu, daß dem Faktor Größe/Economy of Scale keine bedeutende Rolle mehr zukommt. Die informelle EDV – also das Data Warehouse – ist auf eine spezielle Art der Informationsaufbereitung ausgerichtet. Daten werden dabei aus verschiedenen operationellen Systemen extrahiert, in eine einheitliche Form gebracht und für die Visualisierung aufbereitet. Im Data Warehouse sind alle Daten aus internen und externen Quellen gespeichert. Man spricht hier von einem zentralen Datenlager. Dieses Datenlager wird in sehr kurzer Zeit wachsen. Oft werden hier in kurzer Zeit Datenbestände von mehreren Terabytes erreicht.

4.4 Überforderte 32-Bit-Architektur

Die Abfragen von solchen riesigen Datenbeständen überfordern herkömmliche Computer. Computersysteme und Datenbanken, basierend auf der herkömmlichen 32-Bit-Architektur, haben in der Regel eine Datenadressierbarkeit direkt im Arbeitsspeicher von maximal zwei Gigabytes. Das hört sich nach viel an, in Wahrheit können aber komplexe Abfragen auf einem solchen System oft tagelang dauern. Eine Datenadressierbarkeit von zwei Gigabytes heißt, daß ein großer Teil der Daten bei einem Such- und Sortiervorgang immer von Festplatten gelesen und auf Festplatten geschrieben werden muß. Die Zugriffsgeschwindigkeit auf Festplatten liegt im Bereich von Millisekunden. Infolge physikalischer Grenzen wird sich dieses Faktum in absehbarer Zeit nicht entscheidend verändern. Bei großen Datenbeständen und komplexen Abfragen summieren sich diese Zugriffe derart, daß die Marketingdatenbank für den Benutzer nicht mehr effizient nutzbar ist.

4.5 64-Bit-Architekturen für Data Warehouse-Lösungen

Eine neue Technologie unter dem Begriff VLM Very Large Memory stellt heute für das Datenbankmarketing einen echten Quantensprung dar. Mit dieser Technologie wird ein großer Teil der Datenbank im Hauptspeicher bereitgehalten, so daß der Zeitaufwand für den Zugriff auf die relevanten Daten entscheidend minimiert wird. Tests der Aberdeen Group haben gezeigt, daß komplexe Abfragen mit fünf unterschiedlichen Abfragekriterien (5-way-joins), die bisher auf herkömmlichen Datenbanken 24 Stunden für ein brauchbares Resultat benötigt haben, diese Angaben mit VLM innerhalb von elf Minuten bereitstellen. Diese enorme Verbesserung basiert auf den seit einigen Jahren im Computermarkt verfügbaren 64-Bit-Architekturen, die heute von Datenbankanbietern mit 64-Bit adressierbaren Datenbanken und Arbeitsspeichern ergänzt werden. Mit solchen Konfigurationen können wesentlich mehr Daten im Arbeitsspeicher direkt adressiert werden, was sich exponentiell auf die Antwortzeiten auswirkt. Theoretisch könnten 2 hoch 64 Daten (= 18,446 Mio. Terabytes) direkt im Speicher adressiert werden. Das ist heute noch eine illusorische Zahl, weil eine solche Datenhäufigkeit kaum irgendwo verfügbar ist. Im Laufe der nächsten Dekade wird diese Zahl aber im Zusammenhang mit Data Warehouse Lösungen durchaus realistisch (siehe Abbildung 1).

4.6 Speichertechnologie, das A und O des Data Warehouse-Systems

Data Warehouse-Lösungen basieren auf Daten. Hunderte Gigabytes, ja selbst Terabytes von Daten stehen dem Benutzer für seine Abfragen und Analysen zur Verfügung. Der Erfolg eines Data Warehouses steht oder fällt deshalb auch mit der zuverlässigen Speicherung von Daten. Wissen und Information stellen heute für eine Bank wahrscheinlich das wichtigste Gut dar. Der Technologie von Massenspeichern muß daher im Umfeld einer fortschrittlichen Informatikplattform spezielle Aufmerksamkeit geschenkt werden.

Es liegt in der Natur der zentralen Datenlager, daß ihr Wachstum in der Planungsphase kaum berechenbar ist. Die Benutzerzahl wächst,

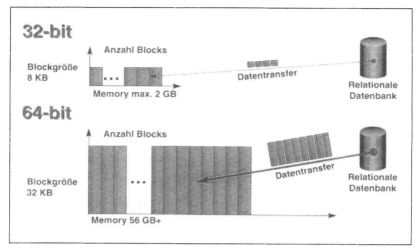

Abbildung 1: Der 64-Bit-Unterschied: Very Large Memory (VLM64)

die Abfragen werden komplexer, und die Anwender möchten bei ihren Analysen auf mehr Daten und eine weiter zurückgehende Geschichte zugreifen können. Die Data Warehouse-Lösung kann – im positiven Sinn – beinahe ein explosives Wachstum annehmen. Aufgabe der Informationstechnologie ist es dann, schnellere Serverleistungen und mehr Speichervolumen zur Verfügung zu stellen und trotzdem die Infrastrukturkosten möglichst tief zu halten. Serverleistungen sind relativ einfach zu verbessern. Der interne Speicher ist ausbaufähig, und selbst die Taktrate des Servers kann oft mit einem simplen Boardwechsel massiv erhöht werden. Bei den Massenspeichern ist es ähnlich, falls die notwendigen Vorkehrungen in der Planung getroffen werden.

In der Planungsphase eines Data Warehouses müssen primär die eigenen Geschäftsprozesse durchleuchtet, Anforderungen definiert und alle Voraussetzungen sorgfältig dokumentiert werden. Dabei wird sehr schnell festgestellt, daß sich z.B. die Anforderungen der kostspieligen Wissensarbeiter, die Daten für tiefschürfende Analysen brauchen, wesentlich von den Vorstellungen der Mitarbeiter aus der Telemarketinggruppe unterscheiden. Deshalb beginnt man in der

Praxis oft mit einem kleineren, funktionsorientierten Data Warehouse. In der Evaluationsphase macht man sich dann genaue Gedanken, wie der Rechner aussehen muß, und man spricht mit potentiellen Lieferanten von Servern. Die Speichersysteme werden dabei oft vernachlässigt, da irrigerweise angenommen wird, daß Speichersysteme aus den Erfahrungen mit bereits früher installierten Transaktionsverarbeitungssystemen bestens bekannt seien.

4.7 Steigende Komplexität der Abfragen

Die Ansprüche eines Data Warehouse-Systems, kombiniert mit dem unberechenbaren Charakter der diesbezüglichen Abfragen, verlangen aber nach einer ganz anderen Lösung als die stark repetitiven, transaktionsverarbeitenden Lösungen. Das Speichersubsystem muß diese Eigenschaften der Anwendung widerspiegeln. Geht man beim Design das System nicht als Ganzes an, entstehen womöglich enorme Folgekosten oder Frustrationen beim Anwender. Transaktionsverarbeitung und die meisten kommerziellen Anwendungen sind anfragenintensiv. Im Gegensatz dazu zeichnen sich entscheidungsunterstützende Applikationen durch hohe Bandbreitenansprüche aus. Die Komplexität des Applikationsabrufs spielt bei der Bestimmung der Ansprüche an ein Speichersubsystem eine große Rolle. Die Komplexität steht proportional sowohl zur Menge als auch zur Natur von Operationen, wenn Daten vom Speichersubsystem abgerufen werden.

Eine Transaktionsverarbeitung mit einem eher „einfachen" Komplexitätsniveau verlangt eine minimale Datenmanipulation. Auch eine kleine Data Warehouse-Lösung oder ein Data Mart sind in der ersten Betriebsphase selten „komplex". Die Benutzer führen zuerst relativ einfache Datenanalysen durch. Mit dem Hunger kommt aber bei jedem Data Warehouse der Appetit. Die Wissensarbeiter starten sehr schnell komplexere Anfragen, oder die Marktbedingungen verlangen plötzlich nach hochspezialisierter Mikromarketing-Technik. Vergleichende Analysen, Prognosen und Finanzanalysen machen das Ganze über Nacht zu „komplexen" Applikationen. Die Speicherlösung muß in solchen Fällen in der Lage sein, eine konsistente Leistung aufrechtzuerhalten, damit eine gleichbleibend schnelle Antwortzeit auch bei steigender Komplexität gegeben ist.

Natürlich müssen auch zahlreiche andere Faktoren in Betracht gezogen werden, darunter die Anzahl Benutzer, die Größe der Datenbanken und die Art der gespeicherten Daten. Auch hier spielt jedoch die Architektur eines Gesamtsystems eine Schlüsselrolle. Eine modulare Architektur erlaubt es, die Lösung neu zu konfigurieren und zu erweitern, um die Effizienz des Data Warehouses für die ganze Bank zu gewährleisten.

Es ist die Aufgabe der Informatikabteilung, Produkte und Technologien zum Speichern und Verwalten von Unternehmensdaten bereitzustellen. Allerdings wird die Informatikabteilung von den Versprechen und Angaben eines Anbieters von Speicherprodukten für das Unternehmen oft überwältigt, und die Aufmerksamkeit wird vom wirklich wichtigen Ziel abgelenkt: von der objektiven Beurteilung der realen Folgen, die jedes vorgeschlagene Speichersystem für eine Bank in der Beziehung mit seinen Kunden hat. Selbst ein bestausgewiesener Informatiker wird durch kreative Definitionen der Terminologie, Schlagwörter und Akronyme, welche Vergleiche zeitraubend und teuer machen, vor eine schwierige Aufgabe gestellt.

Alle Diskussionen über Datenspeicherung kreisen immer um dieselben Punkte: Leistung, Management, Skalierbarkeit und Architektur. Diese Punkte haben Schlüsselrollen in der Entwicklung und Realisierung von Lösungen für die Datenspeicherung. Der Erfolg einer Data Warehouse-Lösung kann davon abhängen, ob diese Begriffe in einer objektiven Sprache definiert und als Leistung vom Lieferanten des Speichersubsystems verlangt werden.

5. Architektur von Speichersystemen

Das Wort *Architektur* ist wohl mit Abstand das meistgebrauchte Schlagwort in der Informatik. Für eine unternehmensweite Lösung umfaßt die Architektur nicht nur Design und Konstruktion eines Systems und seiner gesamten Hardware, Software und Speichermedien.

Der kritischste Faktor ist vielmehr das Zusammenwirken dieser verschiedenen Teile.

Da die Informatikbudgets auch in einer Bank nicht unbeschränkt sind und die Investitionen in Informatik mit dem Wachstum des Geschäfts Schritt halten müssen, ist es üblich, die Kapazität schrittweise zu steigern. Modular aufgebaute Speichersubsysteme versprechen geringere Kosten und bessere Anpassungsmöglichkeiten als große mainframeartige Lösungen. Kleinere, modulare Einheiten, die leicht verwaltet werden können, werden – wie Legoklötze – zu endlosen Konfigurationen mit fast unbegrenzter Kapazität zusammengefügt. Dieser grundlegende architektonische Gedanke erlaubt es der Informatikleitung, Kapazität oder Minimalleistung des Systems selber zu bestimmen und ihre Lösung durch leicht installierbare und verwaltbare Bauelemente zu erweitern.

Durch Vorwärts- und Rückwärtskompatibilität lassen solche Architekturen auch Kosten sparen. Es ist die Architektur, die über die Fähigkeit einer Speicherlösung entscheidet, ob sie auf mehreren Plattformen sowie in zentralen und dezentralen Konfigurationen funktioniert und dadurch mehr Flexibiliät und Sicherheit bietet, ohne die unternehmenswichtigen System- und Netzwerkoptionen einzuschränken.

Viele Systemanbieter halten die Architektur der Speichersubsysteme für weniger wichtig als die Serverarchitektur. Reine Speicherhersteller behaupten dagegen, daß Systemzyklen für Speicheraufgaben nicht optimal eingesetzt werden können. Beide Argumente negieren die Wechselwirkung zwischen einem Server und seinem Speichersubsystem, die – zusammen mit den Kosten – einen entscheidenden Aspekt der gesamten Lösung bildet.

5.1 Skalierbarkeit

Die Skalierbarkeit ist ein weiterer Begriff, der in seiner Bedeutung sorgfältig analysiert werden muß. In ihrer einfachsten Bedeutung bezieht sich die Skalierbarkeit auf den Grad der Anpassungsfähigkeit des Systems, wenn sich einige Arten von Variablen – beispielsweise die Auslastung – ändern. Die meisten Kunden verlangen eine lineare Reaktion auf Leistungsmasse – wie MBit oder Ein-/Ausgabe pro Sekunde – bei zunehmender Systembelastung und richten ihre Systeminvestitionen darauf aus, dieses Ziel so umwegfrei wie möglich zu erreichen.

Vorausgesetzt, daß die Kapazitätsanforderungen mit dem Wachstum ansteigen, gewährleistet ein skalierbares Speichersubsystem die Konsistenz von Leistung und Management. Die kritischen Variablen in dieser Analyse sind die Größe und die Kosten des Skalierbarkeitsmoduls sowie die Reaktion des Subsystems, wenn diese Module hinzugefügt werden. Diese Größe und Kosten variieren je nach Hersteller gewaltig. Bei einigen Anbietern lassen sie sich als preisgünstiges Plattenlaufwerk definieren, bei anderen als kostspieliges und monolithisches Subsystem mit begrenzten Erweiterungsfähigkeiten. Die Möglichkeit, mit kleinen, handlichen Komponenten zu wachsen, garantiert hohe Flexibilität und niedrige Kosten. Die Abbildung 2 vergleicht die Auswirkungen der Kosten auf das Wachstum bei großen und kleineren Kapazitätserweiterungen. Bedeutende Kapazitätssteigerungen ziehen beträchtliche Kostensteigerungen nach sich, während kleinere Wachstumsschübe ein preisgünstigeres Wachstum und kumulative Einsparungen mit sich bringen. Kleine, handliche Komponenten erlauben es einer Bank auch, rasch von den Vorzügen industriebasierter Kostenreduktion und von technischen Neuerungen zu profitieren.

Eine konsistente Subsystemleistung ist nötig, um bei steigenden Systemansprüchen die Bedürfnisse der Benutzer zu erfüllen. Eine bedürfnisgerechte Erweiterung von Platten, Komponenten und Controllern ermöglicht es, dynamisch evtl. auftretende Flaschenhälse zu vermeiden. Auch hier bringen kleine Kapazitätsschritte wesentliche Leistungsvorteile. Wird die Kapazität eines Subsystems erweitert, steigt die Leistungsfähigkeit an, bis der Datenstrom im Controller steckenbleibt. Bei großstufiger Skalierbarkeit reduzieren diese Engpässe die Leistungsverbesserungen, die durch Hinzufügen zusätzlicher Plattenspindeln erreicht wurden. Kleinere Stufen der Skalierbarkeit jedoch erzielen eine effektivere Ausnutzung der Kapazität, da die erforderliche Anzahl Plattenspindeln über mehrere Controller verteilt werden und damit das Flaschenhalsproblem entschärfen.

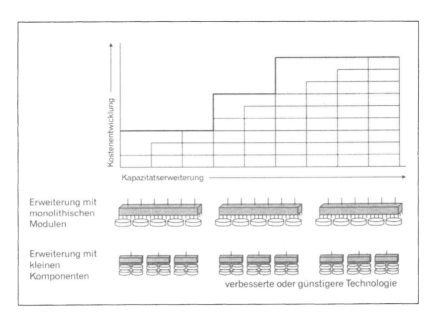

Abbildung 2: Wachstum mit kleinen, handlichen Komponenten

5.2 Management der Wissensdatenbank

Speichersubsysteme zu managen bedeutet, das Subsystem zu konfigurieren und zu überwachen sowie Problemen vorzubeugen und sie zu korrigieren. Das Managementtool muß einfach zu verwenden sein, was eine grafische Benutzerschnittstelle bedingt, und vorzugsweise objektorientiert arbeiten.

Auch das Managementtool muß mit dem Wachstum Schritt halten können. Ein skalierbares Managementtool liefert eine einzige Ansicht des Subsystems, unabhängig von seiner tatsächlichen physischen Größe. Ein weiterer, oft übersehener Punkt ist die Fähigkeit des Managementtools, verteilte Systeme abzudecken. Strategische Flexibilität verlangt, zentralisierte und dezentralisierte Speichersubsysteme nicht als zwei Einzelpunkte zu betrachten, sondern sie vielmehr als zwei Endpunkte eines Kontinuums studieren zu können. Jede Bank steht an einem gewissen Punkt dieses Kontinuums. Banken verlagern sich sogar auf regelmäßiger Basis entlang dieser Linie, wenn sich die geschäftlichen Anforderungen ändern. Das ideale Managementtool liefert eine einzige Ansicht des gesamten virtuellen Speichersubsystems, unabhängig vom physischen Aufenthaltsort der Geräte. Ergänzen sich Skalierbarkeit und Management, dann wird der Administrator mit einer konsistenten, logischen Sicht des Subsystems belohnt, unabhängig von der physischen Größe oder Unterbringung.

5.3 Leistung

Leistung bedeutet mehr als „Tempo und Zufuhr" – sie bedeutet schnellere Applikationen, die der Kundenbeziehung zugute kommen und schließlich wettbewerbswirksamere Vorteile schaffen. Sie ist verantwortlich, daß die Daten für die Bank arbeiten und die Mitarbeiter aus diesen Daten Informationen mit echtem Mehrwert erhalten. Die Applikationsleistung wird durch die Gesamtheit der Systemhardware und dem Softwaredesign bestimmt. Server- und Speicherdesign sind gezwungenermaßen miteinander verquickt. Dies ermöglicht eine korrekte Ressourcenzuteilung zu den niedrigstmöglichen Kosten. Das häufig gehörte Argument, daß Server nicht für Speicheraufgaben geschaffen seien, wird von Speichersystemanbietern oft verwendet, um eine größere Investition in Cache Memory des Speichersubsystems zu rechtfertigen.

Datenbanksoftware und -design spielen aber bei der gesamten Systemleistung eine wichtige Rolle. Das Angebot an offenen Datenbanken und Data Warehouse-Lösungen hat eine neue Generation von Applikationen hervorgebracht, die die Verwendung von serverbasiertem Speicher zur Leistungssteigerung der Applikationen bevorzugt. Eine Überinvestition ins Cache Memory des Speichersubsystems einer offenen Umgebung ist deshalb falsch. Geringere Latenz und allgemeine Leistungsverbesserung wird viel eher durch eine Vergrößerung des Host-Cachespeichers erreicht (siehe Abbildung 3).

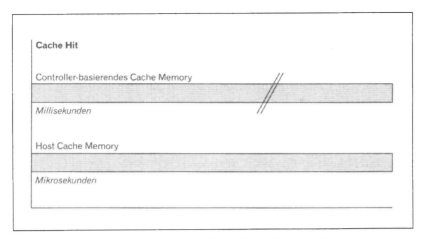

Abbildung 3: Leistungsverbesserung durch Host-Cachespeicher

5.4 Schlüsselfertige Lösung?

Es gibt keine schlüsselfertige Lösung für das Datenspeichern in einem Data Warehouse. Sie ist vielmehr das Ergebnis eines Entwicklungsprozesses, bestehend aus Vorausplanung und einer Menge „Hausaufgaben". In der Frage der Datenspeicherung sollte man davon ausgehen, daß das anvisierte, zentrale Datenlager einmalig ist und deshalb auch eine einmalige Lösung erfordert. Zusätzlich muß der langfristige Nutzen des Projektes in der Planungsphase immer präsent sein: die Steigerung der Produktivität und die Verbesserung der Beziehung zum Kunden. Weiterhin muß die Ungewißheit einer sich verändernden Umgebung einkalkuliert werden. Diese Faktoren sprechen für eine robuste Speicherumgebung, die sich dem Wachstum und den strategischen Veränderungen anpaßt und gleichzeitig konstante Resultate liefert.

Die Implementierung einer Speicherlösung für das Data Warehouse ist nicht sekundär. Dieses Gebiet verdient mehr Aufmerksamkeit als allgemein angenommen wird. Eine falsche Wahl des Speichersubsystems kann dazu führen, daß die ganze Informatikplattform für Relationship Banking die Zielsetzung verfehlt, respektive daß das Data Warehouse sehr schnell als Flop in die Geschichte der Bank eingeht.

6. Verfügbarkeit und Geschwindigkeit durch Clustering

Eine fortschrittliche Informatikplattform im Privatkundengeschäft muß praktisch rund um die Uhr verfügbar sein. Der heutige, aber speziell der zukünftige Kunde, der sich auf die neue Technologie verläßt, toleriert einen Leistungsabbau infolge eines Computerausfalls kaum noch. Er erwartet eine absolute Verfügbarkeit. Ein Ausfall des Computers hat für eine Bank verheerende Auswirkungen. Die kommerzielle Welt erwartet *Verfügbarkeit*. Im Gegensatz dazu erwarten aber die Wissensarbeiter primär *Geschwindigkeit* für ihre komplexen Datenbankabfragen.

Diese beiden vermeintlichen Gegensätze hatten in der Vergangenheit dazu geführt, daß Computer mit verschiedenen Schwerpunkten konstruiert wurden, wie Mainframes, Supercomputer und sog. fehlertolerierende Systeme. Mit diesen Spezialkonstruktionen können die einzelnen Bedürfnisse erfüllt werden. Lange Entwicklungszeiten und die notwendige Verwendung von proprietären Komponenten sind der Preis für hohe Geschwindigkeit oder große Verfügbarkeit. Das Entweder-Oder und der Preis dieser Systeme paßt aber heute nicht mehr in die Landschaft einer flexiblen und sich permanent verändernden Bankenwelt.

Die Forderung nach großer Verfügbarkeit und Geschwindigkeit zu einem akzeptablen Preis hat im Computerengineering zu einem fundamentalen Umdenken geführt. Die einfache Erkenntnis: das Substitut von teuren Mainframes, Supercomputern und fehlertolerierenden Systemen ist kein neues System, sondern ein Team von standardisierten Systemen, die in Kooperation das Resultat von Mainframes und Supercomputern erreichen und übertreffen.

Sofern ein Mitglied in einem solchen Team unerwartet ausfällt, übernehmen andere Teammitglieder die entsprechende Arbeitslast. Sollte ein Teamspieler zu wenig Leistung bringen, um eine spezifische Aufgabe in einer bestimmten Zeit zu lösen, so stellen andere Teamspieler ihre Kapazitäten zur Verfügung, um kurzfristig Unterstützung zu leisten. Die Teammitglieder sind Computersysteme, die auf Standard-

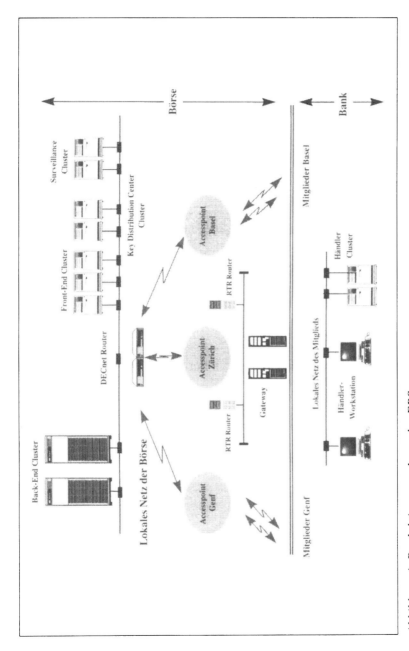

Abbildung 4: Produktionsumgebung der EBS

komponenten basieren. Als Team sind solche Computerverbunde – in der Fachsprache Clusters genannt – in der Lage, die gleiche Sicherheit hinsichtlich Verfügbarkeit wie ein Mainframe zu bieten oder in Bezug auf Geschwindigkeit einen Supercomputer zu übertreffen. Die Kosten eines solchen Clusters sind entschieden niedriger, und die Flexibilität für eine Bank ist wesentlich höher.

Der Gedanke, einzelne Systeme zu einem Team zusammenzufügen, ist nicht neu. Diese sog. Cluster-Technologie existiert bei Rechnern von DIGITAL bereits seit mehr als einer Dekade. Auf Clusters basieren zum Beispiel Systeme wie SOFFEX[1] und EBS[2], wobei diese Installationen hinsichtlich Verfügbarkeit noch weitergehen. Durch den Zusammenschluß von zwei geographisch getrennten Clustern besteht bei der Schweizer Börse ein disastertolerierendes System (siehe Abbildung 4).

Fazit

Eine fortschrittliche Informatikplattform ist die Voraussetzung für Relationship Banking. Trotz vieler Standards in der Informatikindustrie kann eine solche Informatikplattform nicht standardmäßig gekauft werden. Sie muß entwickelt werden. Getreu dem Grundsatz „Fokus auf die Kernkompetenz" lohnt es sich für eine Bank, diese Entwicklung von Spezialisten aus den einzelnen Disziplinen in Verbindung mit einem erfahrenen Systemintegrator ausführen zu lassen.

---

1 SOFFEX = Swiss Options Financial Futures Exchange
2 EBS = Elektronische Börse Schweiz

Einsatz von Data Base und Decision Support-Systemen im Relationship Banking

Dr. Alex Hanzal

1. Einleitung

Es gibt sehr viele Publikationen zum Thema Decision Support-Systeme und Data Mining. Diese Beiträge sind häufig theoretischer Natur und beziehen sich meist entweder nur auf die bankfachliche Seite oder nur auf die informationstechnologischen (IT) Aspekte. Selten wird der Versuch unternommen, beide Seiten zu verbinden und mit praktischen Erfahrungen zu belegen. In diesem Beitrag werden Theorie und Praxis am Beispiel der konkreten Projektarbeit im Retail Banking der UBS aufgezeigt.

Die Ausgangslage im Retail Banking-Markt in den meisten europäischen Ländern kann anhand der folgenden Aspekte charakterisiert werden:

- gesättigter Markt,
- Firmenkonzentrationen (Fusionen, Übernahmen),
- hohe Kosten der traditionellen Filialnetze,
- anspruchsvolle Kunden,
- der Kunde hat Beziehungen mit 2 bis 3 Banken gleichzeitig.

Es ist entscheidend, die Einflußgrößen auf die Profitabilität sehr gut zu kennen.

Prof. *Morton* von der Sloan School MIT spricht von der Informationshierarchie und definiert sie so:

- Wisdom
- Knowledge
- Information
- Data

Dies trifft den Nagel voll auf den Kopf. Die einzelnen Begriffe sprechen bereits für sich. Die Daten und Informationen können im täglichen operativen Geschäft genutzt werden. Für strategische Entscheidungen genügen diese aber nicht. Dazu muß man die vorhandenen Informationen geschickt miteinander kombinieren und so aufbereiten, daß man mit den neuen Erkenntnissen die richtigen strategischen Entscheidungen treffen kann.

2. Analyse der Kundenprofitabilität

Untersucht man die Kundenprofitabilität genauer und berechnet den Ergebnisbeitrag für jeden einzelnen Kunden, kann man die Situation des Retail Banking am einfachsten mit der Verteilung des Ergebnisbeitrages darstellen. Dabei ist festzustellen, daß sehr viele Kunden nicht profitabel und nur wenige Kunden profitabel und sehr profitabel sind (siehe Abbildung 1).

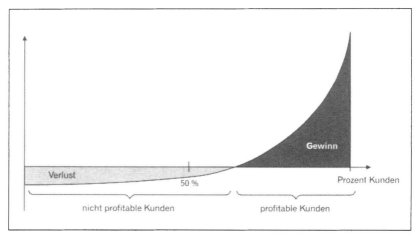

Abbildung 1: Ergebnisbeitrag pro Kunde

Weiter ist es wichtig zu realisieren, daß die in Abbildung 2 dargestellte Aussage über Zinserträge und Kosten pro Kunde für die ganze Retail Banking-Branche in der Schweiz gilt.

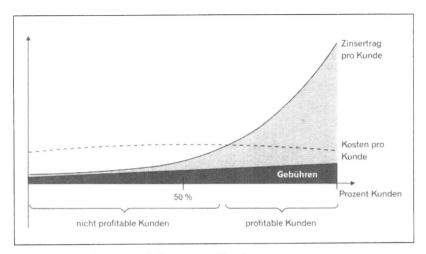

Abbildung 2: Erträge und Kosten pro Kunde

Schaut man die Situation näher an, ergibt sich ein detaillierteres Bild:

Im wesentlichen folgt die Zinsertragskurve der Saldokurve (via Multiplikation mit der Marge) und entspricht der Verteilung des Volkseinkommens und Vermögens. Die sehr unprofitablen Kunden verursachen hohe Kosten, welche weder durch die Zinserträge noch durch die Gebühren gedeckt werden können. Wenn man die gleichen Kurven für einzelne Kunden-Segmente rechnet, ergeben sich entsprechende segmenttypische Verschiebungen.

Diese Aussagen gelten qualitativ für alle Retail-Banken in der Schweiz. Es ergibt sich lediglich die Frage, ob die Grenze zwischen unprofitablen und profitablen Kunden bei den einzelnen Banken mehr rechts oder mehr links liegt. Ebenso kann bei einzelnen Banken die Höhe des Ergebnisbeitrages (Höhe der Werte der Y-Achse) unterschiedlich sein.

Die häufige Meinung, daß jeder Kunde ein guter und wichtiger Kunde sei, muß man sicher stark relativieren und sagen: „Nicht jeder Kunde ist ein profitabler Kunde". Dies muß bei allen strategischen Überlegungen beachtet werden.

3. Einfluß des Kundenverhaltens auf die Rentabilität

Das Kundenverhalten kann auf verschiedene Arten untersucht werden und dementsprechend lassen sich unterschiedliche Auswertungen darstellen.

Im allgemeinen bringt der Kunde sein Geld zur Bank und legt es an. Das heißt, sein Saldo und seine Produktnutzung beschreiben den Kunden und sein Verhalten. Die Produktnutzung kann man statisch und dynamisch sehen, d.h. man kann die genutzten Produkte auflisten oder zusätzlich die Transaktions-Typen, welche der Kunde nutzt, evtl. sogar inkl. der zugehörigen Umsätze, betrachten. Das heißt, daß man eigentlich mehrere Dimensionen verfolgen müßte, doch hier genügt die Betrachtung der drei in Abbildung 3 dargestellten Dimensionen.

- Saldo,
- Anzahl manueller (durch Mitarbeiter der Bank ausgeführte) Transaktionen (TRX's) und die
- Anzahl elektronischer TRX's (Kunde oder Dritte führen TRX's aus).

Der Vorteil dieser 3-dimensionalen Darstellung liegt vor allem im Aufbau der 3 Achsenwerte (Saldo, manuelle und elektronische TRX's), Werte, die für jeden rasch interpretierbar sind. Trotz der Einfachheit der Darstellung muß betont werden, daß diese nur eine unter mehreren sinnvollen 3-dimensionalen Auswertungen ist. Je nach Fragestellung und Interesse können diverse andere Achsenwerte gewählt werden. Hier können Innovation und Kreativität voll zur Entfaltung gebracht werden.

Diese gewählte 3-dimensionale Darstellung ergibt folgende Zielgruppen:

- traditioneller Kunde (nutzt nur manuelle Transaktionen),
- technischer Kunde (nutzt nur elektronische Transaktionen),
- mixed user (nutzt sowohl elektronische als auch manuelle Transaktionen),

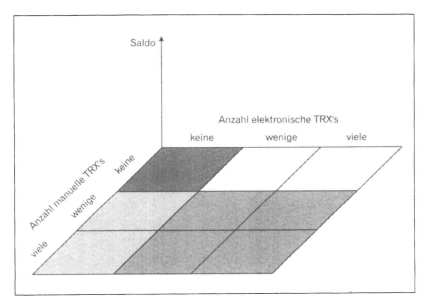

Abbildung 3: Drei Dimensionen im Kundenverhalten

- schlafender Kunde (führt keine Transaktionen durch).

Berechnet man die jeweilige Profitabilität, ergibt sich die in Abbildung 4 dargestellte Aussage.

Aus dieser Aussage resultiert:

- schlafende Kunden sind äußerst profitabel,
- mixed user sind sehr unprofitabel,
- die traditionellen und die technischen Kunden sind kaum profitabel.

Das Resultat der technischen Kunden erklärt sich zum Teil aus der Tatsache, daß diese meist noch jungen oder jüngeren Kunden eher kleine oder sehr kleine Saldi ausweisen. Bei den traditionellen Kunden ist es umgekehrt. Diese Kunden haben zwar hohe Saldi und bringen damit hohe Zinserträge. Diese Erträge werden durch häufige Schalter-Transaktionen und den damit verbundenen hohen Kosten neutralisiert.

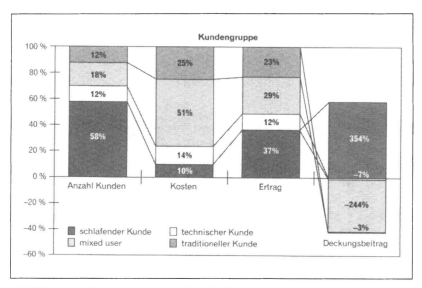

Abbildung 4: Kundengruppe und Profitabilität

In unserem Beispiel wurde die Zeitperiode von einem Monat gewählt. Die Betrachtungen über längere Zeitperioden ergeben ähnliche Resultate.

Es ist zu beachten, daß bei diesen Auswertungen nicht die präzisen quantitativen Aussagen, sondern die qualitative Interpretation im Vordergrund steht. Dies kommt daher, daß man für die Berechnung der Kundenprofitabilität nur die wichtigsten Ertrags- und Kostenkomponenten berücksichtigt hat, insgesamt etwa 30 Komponenten. Ebenso sind Parameter, wie Zinsmarge pro Produkt oder Stückkosten pro Transaktionsart, gewissen Schwankungen unterworfen.

In diesem Sinne kann das errechnete Ergebnis z.B. der technischen Kunden (leicht negativ) bei anderer Betrachtungsperiode leicht unterschiedlich sein (leicht positiv).

Auffallend ist die große Zahl der mixed user und der sehr große negative Deckungsbeitrag. Aus diesem Grunde wollen wir diese Kundengruppe näher untersuchen. Teilt man die mixed user in unterschiedliche Saldoklassen, so ergibt sich folgendes Bild:

- Nur die saldostarken mixed user generieren positive Ergebnisbeiträge.
- Die mixed user mit mittleren oder schwachen Saldi sind sehr unprofitabel.

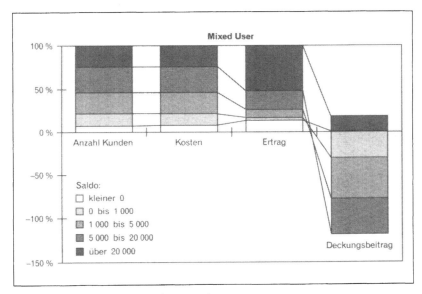

Abbildung 5: Saldoklassen der mixed user

Die prozentual fast identische Verteilung der Anzahl Kunden und die durch diese Kunden verursachten Kosten ergeben sich aus der Tatsache, daß sich die „reichen", d.h. „saldostarken" Kunden wie die „armen", d.h. „saldoschwachen" Kunden im Schnitt in etwa gleich verhalten, d.h. eine ähnliche Anzahl elektronischer wie manueller Transaktionen tätigen.

Analog kann man die Kunden in TRX-Klassen einteilen. Auch hier ergeben sich klare Resultate. Betrachtet man speziell die Kunden mit vielen Transaktionen (viele manuelle und elektronische oder nur viele manuelle), ergibt sich für die mixed user und die traditionellen Kunden ein negatives Ergebnis. Dies kann nicht überraschen, da diese Kunden natürlich auch entsprechend hohe Transaktionskosten verursachen.

Das Kundenverhalten im Sinne der Transaktionsnutzung hat also einen fundamentalen Einfluß auf seine Profitabilität. Insbesondere ist die Nutzung von elektronischen Kanälen wesentlich kostengünstiger als manuelle durch Kundenbetreuer ausgeführte Transaktionen/Tätigkeiten.

Der optimale Einsatz der neuen elektronischen Verkaufskanäle ist von fundamentaler Bedeutung für die Profitabilität des Retail Banking. Die strategische und taktische Optimierung des Distributionsmix ist neben Prozeß-Reengineering der wichtigste Beitrag zur Kostensenkung.

4. Einfluß der Gebühren auf die Profitabilität

Die Gebühren spielen in der Schweiz nur eine untergeordnete Rolle. Dies ist historisch bedingt und trifft speziell auf den Schweizer Markt zu. Das ist zwar sehr angenehm für die Kunden, aber entsprechend unangenehm für die Banken. In den USA, England und Deutschland werden von den Banken für Retail-Produkte und Dienstleistungen zum Teil sehr viel höhere Gebühren verlangt.

Wie in Abschnitt 3 gesagt, spielt die Nutzung der elektronischen (kostengünstigen) Verkaufskanäle gegenüber den manuell bedienten (kostenintensiven) Verkaufskanälen eine wesentliche Rolle. Also muß die Strategie der Kundensteuerung in Richtung Nutzung der elektronischen Kanäle durch verhaltensorientierte Pricingmodelle begleitet werden. Dies ist lediglich ein erster Schritt. Langfristig muß eine Politik der verursachergerechten Preise auf dem Markt eingeführt und durchgesetzt werden, da sich die heutige Quersubventionierung der saldoschwachen durch die saldostarken Kunden nicht dauerhaft im Markt aufrechterhalten läßt.

Diese Problematik der notwendigen Gebühreneinnahmen wurde von den in der Schweiz tätigen Retail-Banken bisher nur sehr zaghaft angegangen. Durch die Trennung des Retailgeschäftes vom Individualgeschäft bei den Großbanken und durch die Trennung der Swisscom von der Postfinance fallen bei wichtigen Marktteilnehmern die Quersubventionierungen weg. Damit wird der Druck auf die Gebührenerhöhungen deutlich zunehmen. Es wird notwendig sein, neben den bereits heute eingeführten Kontogebühren auch Transaktions- und Verkaufskanälegebühren einzuführen. Dies gilt sicher für die transaktionsintensiven Privatkonti, aber auch für die Sparkonti wegen der teuren Schaltertransaktionen.

5. Retentionsanalyse

Im Retail Banking kann man im Durchschnitt von einer Kundensaldierugsquote von ca. 8 Prozent jährlich ausgehen. Theoretisch und statistisch ergibt sich also alle neun Jahre ein völlig neuer Kundenbestand.

Die Banken werden verstärkt mit verkaufskanäle-gerechten Gebühren die Kunden auf die elektronischen Kanäle lenken. Dies werden nicht alle Kunden gerne sehen, und für die Banken besteht dadurch die Gefahr der Kundenabwanderung. Die Retention hat bereits heute einen wesentlichen Einfluß auf die Profitabilität. Dieser Einfluß wird aus den erwähnten Gründen in Zukunft weiter zunehmen.

Von hoher Bedeutung ist die Anzahl der saldierenden Kunden, die verlorenen Volumina sowie deren Struktur (Alter, Dauer der Beziehung, Segment und Zielgruppe). Dies ist jedoch lediglich die Basisinformation und die Spitze des Eisberges, wie wir später sehen werden.

Wenn man die Net Present Value-Kurve in Abbildung 6 mit den durchschnittlichen zufriedenen und den unzufriedenen, resp. abspringenden Kunden betrachtet, sieht man die beträchtlichen Potentiale, die der Bank durch unzufriedene und saldierende Kunden verlorengehen. Diese Kurvenverläufe können quantifiziert und damit kann auch das Potential geschätzt werden. Die absoluten Zahlen haben einen großen Einfluß auf die Bilanzsumme und den Gewinn einer Retail-Bank.

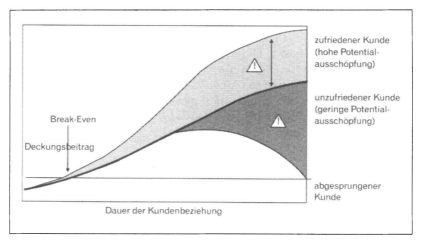

Abbildung 6: Potentialausschöpfung verschiedener Kundengruppen

Was kann man unternehmen, um dieser Problematik mit operationalen Maßnahmen zu begegnen?

Untersucht man die saldierenden Kunden genauer, stellt man fest, daß der „Zerfall" der Kundenbeziehung sehr häufig bereits viele Monate vor der Saldierung einsetzt. Der Saldo des saldierenden Kunden ist um ein Mehrfaches kleiner als beim Durchschnittskunden. Der saldierende Kunde macht meist immer weniger Transaktionen und damit natürlich auch weniger Umsätze über seine Konti. Auch die Rückgabe einzelner Produkte kann beobachtet werden. Es gibt viele und klare Hinweise auf den Kundenabsprung, welche man erkennen kann. Sowohl der Saldo wie die Produktnutzung nehmen deutlich ab.

Methoden der analytischen Statistik oder neuronaler Netze erlauben es, gute Prognosen des individuellen Kundenabsprungs zu stellen und dies bereits einige Monate im voraus. Damit ist man in der Lage, die so identifizierten, mit hoher Wahrscheinlichkeit voraussichtlich abspringenden Kunden anzusprechen und zu versuchen, diese zum Verbleib bei der Bank zu bewegen.

Untersucht man die retentionsorientierten Zielgruppen, so stellt man klar fest, daß bestimmte Produkte oder deren Kombination eine si-

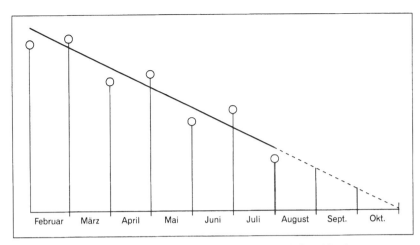

Abbildung 7: Prognose für Kundensaldierung im Juli für Oktober

gnifikante kundenbindende Wirkung haben. Durch verstärkten Verkauf dieser Produkte kann die Kundenbindung positiv beeinflußt werden. Zudem zeigt die Rückgabe oder Nichtnutzung solcher Produkte ein wesentlich erhöhtes Absprungsrisiko.

Die in der Marketingtheorie bekannte Abhängigkeit der Kundentreue von der durch den Kunden gekauften Anzahl Produkte bestätigte sich in unseren Untersuchungen, insbesondere wenn man statt der Anzahl der Produkte die Intensität der aktiven Produktnutzung betrachtete.

Zusammen mit den früheren Ergebnissen (kostenabhängig von der Anzahl Transaktionen) haben wir damit ein *Paradoxon* des Retail Banking:

Der „Marketingtraum" der (langjährigen) Hauptbankbeziehung ist ein „Alptraum" der Profitabilität.

Das muß man erkennen, anerkennen und insbesondere konsequent in sein Handeln einbeziehen. Aus diesem Blickwinkel ist die Orchestrierung der (elektronischen) Verkaufskanäle, also die Distributionspolitik, von fundamentaler Bedeutung.

Nach der Informationshierarchie Prof. Mortons ist (in unserem Beispiel) die Information über den Saldo des saldierenden Kunden zwar interessant, aber die Knowledge-Stufe erreicht man erst, wenn man weiß, daß die Bank eigentlich mit dem gleichen Kunden ein Mehrfaches des Saldos zum Saldierungszeitpunkt verloren hat. Zur Stufe 4 der Informationshierarchie gelangt man erst, wenn man alle Kenntnisse kombiniert und zu der Schlußfolgerung dieses Abschnitts (Paradoxon) kommt.

6. Databased Marketing und IT-Verkaufsunterstützung

Aus dem bisher Gesagten geht klar hervor, daß man sich bei der Kundenbetreuung auf Kunden mit Potential konzentrieren und durch Ereignisse, Situationen und Trends erkennen muß, welche Kundenansprache wann im Sinne der gewählten Betreuungsgrundsätze durchgeführt werden soll.

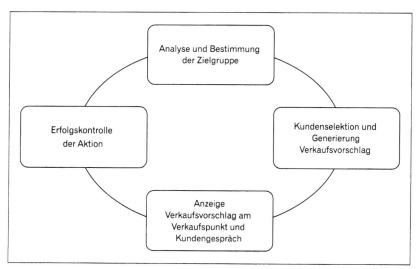

Abbildung 8: Marketingregelkreis für retailgerechte Kundenbetreuung

Für eine systematische retailgerechte Kundenbetreuung ist der in Abbildung 8 dargestellte IT-unterstützte und integrierte Marketingregelkreis entscheidend. Nur eine fokussierte Kundenansprache via zielgruppenorientiertem Aktionsmanagement verspricht Erfolg.

Die Datenanalyse, wie bisher dargestellt, ist fundamental, um strategisch richtig zu handeln. Für die operative Anwendung im täglichen Geschäft genügt die Analyse alleine aber noch nicht. Es ist notwendig, die pro Kunde vorhandenen Informationen zu einem durch das IT-System erzeugten „Verkaufsgrundbild" mit einer kompakten und übersichtlichen Darstellung der Sicht der Bank auf den Kunden, inklusive der generierten Verkaufsvorschläge am Verkaufspunkt anzuzeigen. Pro Verkaufsvorschlag, in der Regel für ein Bankprodukt, müssen durch das System an jedem Verkaufspunkt die notwendigen Informationen angezeigt und das Geschäft abgewickelt werden können. Man benötigt demnach Produktinformationen sowie Beratungs- und Verkaufsabwicklungsmodule, die es erlauben, den Verkauf rasch abzuwickeln. Fazit: man benötigt einen vollintegrierten elektronischen Verkaufsarbeitsplatz.

7. Data Mining

Zuerst muß man sich die Kernkompetenzen bewußt machen. Diese sind:

Übersicht 1: Kernkompetenzen

Priorität	Kompetenz
1	Business Know-how (richtige Fragestellung)
2	Innovation und Kreativität
3	Methodisches Know-how (Operation Research, Statistik, neuronale Netze)
4	Daten Management (welche Daten wo, Qualität, Semantik)
5	IT-Design (Performance, logischer und physischer DB-Design, keep it lean)

6	Datawarehouse, Data Mart
7	Werkzeuge (z.B. SAS, ORACLE)
8	Programmierung

Es ist wichtig, zunächst mit einfachen Fragen zu starten und dann sukzessive die schwierigeren Gebiete anzupacken. In der Praxis ist es ein iteratives Vorgehen nach dem häufig gehörten Motto: Gib mir die Daten, die Du hast und ich sage Dir, was ich brauche. Dieser iterative Charakter des Dialogs zwischen den Vertretern des Bankfachs, den Methodikern und IT-Spezialisten muß positiv und als Zeichen des guten Projektfortschritts betrachtet werden.

Zum kleinen ABC der Datenanalyse im Retail Banking (Stufe 2 der Informationshierarchie) gehören die folgenden Auswertungen.

Verdichtete Auswertungen

Ort: Stufe Region, NL, GS, Team

Kunde: Stufe Segment, Subsegment, Zielgruppe

Produkt: Stufe Alle Produkte, Einzelprodukt, TRX-Art

Darstellungsarten:
- 2-dimensionale Tabellen
- Grafische Darstellungen der diversen Zusammenhänge und Abhängigkeiten
- ABC-Portfolio-Analysen (Quadranten klein, mittel, groß)
- Verteilungen (Deckungsbeitrag, TRX-Verhalten)

Retention-Marketing

Alle Migrations-Typen

- Extern
  - Abgänge = vom Retail zur Konkurrenz
  - Zugänge = von der Konkurrenz zum Retail

- Intern
  - vom Retail zum Individualgeschäft
  - vom Individualgeschäft zum Retail

Darstellung nach
- Kundenalter, Dauer der Kundenbeziehung
- Segment und alle Subsegmente
- Verhaltensoriertierte Zielgruppe

Meßwert
- Anzahl migrierte Kunden
- Zu- und abgewandertes Kapital total und
- Durchschnittswert pro Kunde

Gesamtbeurteilung der Einzelkunden aufgrund der Kundenbewertung

Es ist möglich, den Kunden anhand der bekannten Informationen recht gut zu beurteilen (analog der Arztdiagnose mittels Blutprobe, Blutdruck, Puls, Temperatur, Urinprobe, Röntgen). Für die Einzelkundenbewertung benötigt man folgende Werte:

- Einkommen, Vermögen
- Ertrag, Kosten
- Statische Produktnutzung: hat/hat nicht und welche
- Dynamische Produktnutzung: Saldo, Umsatz und Datum der letzten Bewegung pro Produkt
- Deckungsbeitrag, Nettobarwert
- Hauptbankbeziehung
- (Un-)Zufriedenheitsgrad, Absprungsrisiko, Verlustpotential (Schadenbarwert)
- Antrags-Score, Verhaltens-Score
- Verhaltens- und distributionskanalorientierte Zielgruppe

Diese Einzelkundenbewertung ist nicht nur für die kundenindividuelle Bearbeitung von Interesse, sondern ist insbesondere bei der Betrachtung und Bildung von verhaltensorientierten Zielgruppen von sehr großem Nutzen. Aus diesen Analysen der verhaltensorientierten Zielgruppen können wertvolle Schlußfolgerungen in bezug auf das Kundenbetreuungskonzept gezogen werden.

Die auf geschickter Verdichtung und Auswertung der Einzelkundendaten resultierenden Ergebnisse stellen bereits die 3. Stufe und teilweise die 4. Stufe der Informationshierarchie dar.

Die vielfach gehegte Befürchtung, diese Einzelkundenbetrachtungen seien sehr teuer, ist nicht berechtigt. Auch eine recht detaillierte Bewertung kostet nicht mehr als 10 bis 20 Rappen pro Kunde. Die erstmalige Berechnung der Score-Karten kostet bei wenig bis keinem Initial Know-how je nach Situation 50 Rappen bis 1 Franken pro Kunde, inklusive mathematischer Expertise und Rechenzentrumkosten.

Zu den schwierigeren und anspruchsvolleren Themen gehören sicher die folgenden Gebiete:

- Individuelles Absprungsrisiko
- Individuelle Kaufprognose
- Life Cycle-Tabellen
- Kurven Deckungsbeitrag-Verlauf, Barwert
- Simulationsmodelle
  - Profitabilität
  - Kundenverhalten
  - Pricing-Strategie und Einzelmaßnahme(n)

Auch diese Ergebnisse repräsentieren die 3. und 4. Stufe der Informationshierarchie, also Knowledge und Wisdom.

Die anspruchsvollen statistischen Analysen und neuronalen Netze bedingen ein detailliertes mathematisches Know-how. Einfachheitshalber werden hier die wichtigsten Methoden und einige typische Fragestellungen aufgeführt, welche mit Hilfe dieser Methoden beantwortet werden können.

Analytische Statistik

- Regressionsanalyse
  - Wie verändert sich die Verkaufsmenge, wenn die Werbeausgaben um 10 Prozent gekürzt werden?
  - Hat die Teamgröße oder die Anzahl betreuter Kunden einen Einfluß auf den Verkaufserfolg?

- Varianzanalyse
  - Hat die Art der Werbung oder die Wahl des Verkaufskanals einen Einfluß auf die Höhe der Verkaufsmenge?
  - Ist ein guter Bancomat- und Kreditkartenkunde (häufige Nutzung) ein potentieller Internetbanking-Kandidat?
- Diskriminanzanalyse oder logistische Regression
  - In welcher Hinsicht unterscheiden sich Sparer von Nicht-Sparern?
  - Welche Merkmale unterscheiden diejenigen Kunden, welche die Bankbeziehung abbrechen von solchen, welche verbleiben (Kundenabganganalyse)?
- Clusteranalyse
  - Welche Zielgruppen kaufen bestimmte Produkte und welche sind die typischen Merkmale dieser Zielgruppen?
  - Was sind die Merkmale der A-Kundenkandidaten?

Retail Banking ist ein Mengengeschäft. Man arbeitet mit einer sehr großen Anzahl Kunden, Produkte und Transaktionen. Dies prädestiniert, die analytische Statistik einzusetzen. Bereits eine einfache Clusteranalyse trennt die „Spreu vom Weizen" und unterscheidet zwischen jungen Kunden mit kleinen Saldi und älteren Kunden mit höheren Saldi, um ein einfaches Beispiel zu nennen.

8. IT-Aspekte

Erwähnt seien hier noch die benötigten Daten, das Mengengerüst und die IT-Umgebung.

Datenumfang

Die Auswertungen basieren insbesondere auf monatlich verdichteten Transaktionsdaten. Die wichtigsten Informationen sind:

- Statische Informationen zum Kunden:
  - Alter
  - Dauer der Beziehung
  - Segmentcode

- Dynamische Informationen zum Saldo:
  - Ultimo, Durchschnittssaldo
  - Anzahl Tage im Haben/Soll
  - kumulierter Saldo im Haben/Soll
  - maximaler/minimaler Saldo
  - Anzahl Tage im Soll, unter dem Limit
- Dynamische Informationen zu Bewegungen (Anzahl und Wert der Bewegungen pro Monat):
  - Schalterein- und -auszahlungen
  - Contomat, Bancomat, EFT/POS, Eurocard
  - Dauerauftrag, Zahlungsverkehr, Lohn-/Gehaltseingang, Lastschriftverfahren,
  - Check-Belastungen, Einlösungen, Gutschriften
  - Wertpapierkäufe und -verkäufe
  - Change-Käufe und -verkäufe

Generell ist es nicht wichtig, von Anfang an bereits alle Daten zur Verfügung zu haben. Die vorhandenen Daten müssen aber völlig korrekt sein. Der Einsatz von detaillierten Transaktionsdaten sollte erst betrachtet werden, sobald man mit verdichteten Datenbeständen die gewünschten Ergebnisse nicht erarbeiten kann. Es sei hier ausdrücklich darauf hingewiesen, daß man bereits mit aggregierten Daten sehr viele äußerst interessante Erkenntnisse gewinnen kann. Die Betrachtung auf der Stufe Einzeltransaktion erzeugt relativ hohe Kosten und ist primär Verkaufsargument der Hardwarehersteller.

Mengengerüst

- 2,4 Mio. Kunden
- 3,5 Mio. Konten
- 400 Mio. Transaktionen im Jahr, davon 100 Mio. Buchungen
- Monatliche Verdichtung
- Sehr komprimiert gespeichert, z.B.
  - alle Beträge 9stellig, in Fr. ohne Rappen
  - alle Zähler 3stellig
- 3 Monate online, 3 GB Speicherbedarf und 24 Monate History auf Tape.

- Monatliche detaillierte Einzelkundenbewertung aller Kunden in weniger als 1 Stunde Laufzeit.
- Verhaltensorientierte Analysen mit 20 Prozent Stichproben.

Technische Umgebung

- Gestartet vor 5 Jahren mit Ad Hoc-Auswertungen mit Mapper.
- Seit 1.1.96 SAS-Datenbank und SAS-Auswertungen auf IBM-Host.
- Sehr gute Performance, Online wie Batch.
- Später ORACLE-Datenbank auf UNIX mit SAS-Auswertungen.
- Nur eine 5 GB-Platte, ca. 3 GB fix belegt, 2 GB als Working-Bereich.
- Viele größere Stichproben online tagsüber.
- Große und komplexe Auswertungen aller Kundendaten nachts oder am Wochenende (vor allem wegen RZ-Tarif, weniger wegen Performanceaspekten).
- Nur 5 Mitarbeiter für Datenbezug, Programmierung und Koordination mit RZ und Benützer.

9. Die Konklusion

Die Herausforderung besteht nicht darin, eine Datenbank in Terabyte-Größe zu bauen, sondern darin, zu wissen, welche Business-Fragen man beantworten will.

Wenn man ein erfolgreiches Analyseprojekt mit Data Mining durchführen will, sollte man sich an die Bedeutung der Informationshierarchie und der Kernkompetenzen halten. Das Gebiet verlangt interdisziplinäres Denken und dementsprechende Besetzung des Projektteams.

5. Kapitel

Fallbeispiele

Der UBS KeyClub

Joachim Iske / Thierry Notz

1. Ausgangslage

Ein Blick auf den Schweizer Bankenmarkt für Privatkunden macht deutlich, warum sich die UBS besonders für die Kundenbindung einsetzt:

- Der Markt ist weitgehend gesättigt. Jede erwachsene Person besitzt in der Schweiz im Durchschnitt knapp 2 Bankbeziehungen.
- Zwischen 30 und 40 Prozent der Kunden betrachten die UBS als Nebenbank. Sie tätigen damit einen Großteil ihrer Bankgeschäfte bei den Mitbewerbern. Die Anzahl genutzter Bankprodukte ist bei Nebenbankkunden deutlich niedriger als bei Hauptbankkunden.
- Die Cross-Selling-Rate ist trotz intensiver Anstrengungen der letzten Jahre immer noch ungenügend.
- Eine Kundenfluktuationsrate von mehreren Prozentpunkten schmerzt angesichts der hohen Kosten der Neukundengewinnung besonders.

2. Zielsetzungen

Mit dem KeyClub soll diesen Problemen begegnet werden. Er soll helfen, die UBS von der Konkurrenz zu differenzieren, die Kundenbindung zu erhöhen und die Kunden zu mehr Geschäften mit der UBS zu veranlassen. Schließlich soll er auch dazu beitragen, die UBS zu einer attraktiven Verbindung für Neukunden zu machen.

Differenzierung von der Konkurrenz

Den Schweizer Banken fällt es schwer, sich im Privatkundengeschäft so von den Mitwettbewerbern abzugrenzen, daß dies auch von den

Kunden wahrgenommen wird. Es gibt in der Kundenwahrnehmung zwar Unterschiede zwischen den Großbanken und den anderen Bankengruppen, aber eine klare Positionierung, wie sie mit starken Marken in anderen Branchen erreicht wird, ist nicht durchgesetzt worden. Eine klare Differenzierung von den Mitbewerbern wird zwar von allen Banken angestrebt, wurde aber bisher kaum erreicht. Dies gilt auch und insbesondere im Hinblick auf die Differenzierung der Schweizerischen Großbanken voneinander.

Mit dem KeyClub führte der Schweizerische Bankverein 1994 als erste Schweizer Bank ein Bonussystem ein, das von den Kunden als Dank für ihre Treue und als Exklusivität im Bankenmarkt verstanden wurde. Im Rahmen der Fusion mit der UBS wurde entschieden, das Bonussystem unter dem Namen UBS KeyClub weiterzuführen.

Kundenbindung

Neben einer hohen, bereits bestehenden Service- und Produktqualität soll der KeyClub wesentliche Impulse für eine erhöhte Kundenbindung geben. Das Angebot von kostenlosen Zusatzleistungen und Erlebniswerten soll den Mitgliedern einen Anreiz bieten, ihre Beziehung zur Bank als langfristige Partnerschaft zu verstehen. Es steht das Bestreben im Vordergrund, die Kundenfluktuationsrate zu reduzieren.

Intensivierung bestehender Kundenbeziehungen

Ein weiteres Ziel des KeyClub ist es, das beträchtliche Potential an Mehrgeschäften mit bestehenden Kunden zu nutzen, einen deutlichen Vermögenszufluß und eine markante Steigerung der Cross-Selling-Rate zu erreichen. Viele Kunden haben beispielsweise ihr Sparkonto bei der UBS, ihre Hypothek aber bei einem anderen Institut. Andere wickeln ihren Zahlungsverkehr über die UBS ab, belassen aber das Wertpapierdepot bei einer anderen Bank.

Neukundengewinnung

Selbstverständlich soll der KeyClub auch als Anreiz dienen, als Neukunde zum Bankverein zu kommen. Ein großes Kundenpotential besteht bei allen Inhabern einer UBS VISA Karte, die noch keine sonstige Kontoverbindung zum Bankverein pflegen. Diese Kunden sollen u.a. mit Hilfe des KeyClub als UBS Kunden gewonnen werden.

3. Konzept

Der KeyClub ist ein produktübergreifendes Kundenbindungsinstrument. Die UBS verfolgt eine Win-Win-Strategie, bei welcher einerseits der Kunde automatisch und gratis von attraktiven Prämien profitieren kann und andererseits die UBS über die zusätzliche Produktnutzung und eine geringere Abgangsrate einen zusätzlichen Ertrag erwirtschaftet. Aus diesem zusätzlichen Ertrag werden Marketing-, Prämien- und Verwaltungskosten finanziert.

Anmeldung

Jeder Kunde mit einer UBS Namensverbindung oder UBS VISA Karte kann sich gratis und ohne Verpflichtungen beim KeyClub als Mitglied anmelden. Ausgenommen sind juristische Personen sowie Kunden mit einem Nummernkonto. Die Anmeldung erfolgt schriftlich, und mit der Unterschrift akzeptiert ein neues Mitglied die Mitgliederbestimmungen. Mit der Anmeldung teilt ein Mitglied auch alle UBS Verbindungen und die VISA-Kartennummer mit, mit welchen ab dem ersten Tag des Anmeldemonates automatisch Bonuspunkte gesammelt werden.

Jedes neue KeyClub-Mitglied erhält als Eintrittsgeschenk 10 Bonuspunkte gutgeschrieben. Ein Austritt ist mit einem schriftlichen Auftrag jederzeit möglich.

Bepunktung

Ein KeyClub-Mitglied kann mit der Nutzung verschiedener Bankdienstleistungen sowie der Zuführung von Vermögen Bonuspunkte sammeln. Somit tritt anstelle eines produktorientierten Ansatzes ein kundenorientierter Ansatz in den Vordergrund. Der Bonus bezieht sich nicht mehr isoliert auf einzelne Produkte, sondern erfaßt die gesamte Kundenbeziehung. Hervorzuheben ist die Tatsache, daß ein

Mitglied dabei keinen Aufwand hat, da alle Umsätze und Transaktionen (inkl. VISA-Karte) automatisch erfaßt werden.

Je mehr Geschäfte ein Kunde mit der UBS tätigt, desto größer ist sein Bonus.

Bei der Auswahl der Bankgeschäfte, für die Bonuspunkte ausgeschüttet werden, hat sich der Bankverein auf die einem breiten Publikum bekannten und verständlichen Bankgeschäfte beschränkt (siehe Übersicht 1). Die Belohnung des Nettozuflusses von Vermögen soll zum „Poolen" der bei verschiedenen Instituten gehaltenen Vermögenswerte animieren. Ebenso wird ein Anreiz zur verstärkten Nutzung der VISA-Karte – anstelle von Bargeld oder anderen Karten – gegeben. Die VISA-Karte ist auch deshalb ein wichtiges Instrument, weil sie täglich einsetzbar ist, damit einen regelmäßigen „Retaileinsatz" ermöglicht und die UBS permanent im Bewußtsein des Kunden hält. Mit der bonusberechtigten UBS VISA Karte wird das Bonussystem auch für ein breites Publikum attraktiv.

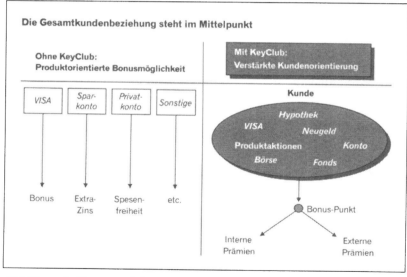

Abbildung 1: Bonuspunktkonzept

Übersicht 1: Punktesammelangebot der UBS

Nettozufluß von Vermögen	1 Punkt pro 1 000 Fr.
Erhöhung des durchschnittlichen Guthabens aller UBS Konten	1 Punkt pro 1 000 Fr.
Zeichnung von UBS Anlagefonds	1 Punkt pro 1 000 Fr.
Einlage auf ein UBS Termingeldkonto	1 Punkt pro 1 000 Fr.
Käufe an der Börse[1]	1 Punkt pro 1 000 Fr.
Aufnahme/Erhöhung einer Hypothek[2]	1 Punkt pro 1 000 Fr.
Käufe mit der UBS VISA Karte	5 Punkte pro 1 000 Fr.

[1] Minimallimit: 25 000 Fr. / Maximallimit: 100 000 Fr.
[2] Maximallimit: 500 000 Fr.

Ergänzt wird dieses Angebot mit systematischen Punktesammelaktionen, die quartalsweise neu angeboten werden. Die Aktionen haben zum Ziel, das Angebot attraktiver und dynamischer zu gestalten und aktives Cross-Selling zu betreiben. Dabei erfolgt eine enge Abstimmung mit den Absatzplänen der jeweiligen Produkte. Das Bonussystem ist somit auch ein effizientes Instrument zur gezielten Verkaufsförderung. Wie schnell ein KeyClub-Mitglied innerhalb eines Jahres eine Prämie erwirtschaften kann, zeigt Übersicht 2.

Übersicht 2: Modellrechnung

Modellkunde (Betrachtungsperiode 1 Jahr):	Bonuspunkte
Eintrittsgeschenk	10
Vermögenstransfer von 15 000 Fr. zur UBS • Nettozufluß von Vermögen • Erhöhung des durchschnittlichen Kontoguthabens	15 15
Zeichnung von 10 000 Fr. Anlagefonds	10
5 000 Fr. UBS VISA Umsatz	25
TOTAL	75

Für 75 Bonuspunkte erhält ein Mitglied z.B. die VISA-Karte Classic ein Jahr lang gratis, einen 2-Tagesskipaß oder Eintrittskarten für Veranstaltungen beim TicketCorner.

Bonuspunkte-Abrechnung

Jedes Mitglied erhält quartalsweise per Post

- eine Abrechnung mit den Informationen zu den getätigten Bankgeschäften und den daraus resultierenden Bonuspunkten,
- Punktechecks im Wert von 25 Punkten, resp. einem Vielfachen davon (bei Erreichen der Mindestpunktzahl),
- ein aktuelles KeyClub-Magazin.

Die ausgestellten Bonuspunktechecks sind jeweils mindestens zwei Jahre gültig.

Prämien

Die ausgestellten Bonuschecks kann ein Mitglied bei der UBS sowie bei verschiedenen externen Partnern für die vollständige oder teilweise Bezahlung von attraktiven Dienstleistungen einsetzen, die wiederum 25 Punkte, resp. ein Vielfaches davon, „kosten".

Die aktuellen Prämien sowie die Anleitung für deren Einlösung werden jeweils im aktuellen KeyClub-Magazin publiziert. Der Kunde kann aus einem vielseitigen Angebot auswählen und je nach Prämienwunsch die Bonusschecks vor Ort beim Bezug der Prämie einsetzen (z.B. TicketCorner) oder eine Reservierung vornehmen und die Punktechecks postalisch gegen ein Ticket (Gratisflüge) oder eine andere Prämie eintauschen.

Um möglichst vielen Kundengruppen gerecht zu werden, müssen die Prämienangebote laufend ergänzt und den neuen Marktgegebenheiten angepaßt werden. Dabei stehen Konsumtrends und Erlebniswerte stark im Vordergrund. Eine Auswahl aktueller Prämienangebote ist in Abbildung 2 dargestellt. Dabei wird zwischen einem Standardangebot und Aktionen unterschieden. Im Gegensatz zu den Prämien des Standardangebots werden Aktionsprämien nur befristet, meistens für die Dauer einer Abrechnungsperiode (drei Monate), ange-

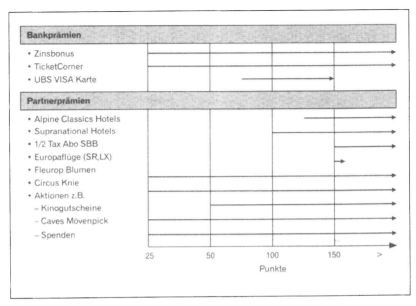

Abbildung 2: Prämienangebot

boten. Ebenfalls im Unterschied zu den Standardprämien bewegen sich Aktionsprämien in einem tieferen Punktebereich.

In Ergänzung dazu werden regelmäßig kurzfristige Monatsaktionen in einer Kontoauszugsbeilage und im Internet publiziert.

4. Organisation

Kundendienst

Eine zentrale Rolle in der Kundenbetreuung nimmt der Kundendienst des KeyClub ein. Die Bearbeitung aller telefonischen und schriftlichen Kundenanfragen unter Berücksichtigung von TQM-Standards ist primäre Aufgabe des Kundendienstes, der von Montag bis Freitag, 8.00–18.00 Uhr erreichbar ist. Die Beratung erfolgt in deutsch, französisch, italienisch und englisch. Grundlage für den Erfolg der Kundenbetreuung ist auch die regelmäßige Telefon-Schulung am Arbeitsplatz. Der KeyClub ist selbstverständlich auch postalisch und per Internet erreichbar. Der Kunde erhält auf schriftliche Anfragen spätestens nach einer Woche Antwort.

Produktmanagement

Das Produktmanagement ist verantwortlich für die Bereitstellung und Weiterentwicklung sämtlicher Dienstleistungen im Rahmen des KeyClub. Darunter fallen insbesondere Aufgaben wie die Betreuung des KeyClub-Magazins und die Definition und Bereitstellung von Prämienangeboten sowie von Punktesammelaktionen. Von zentraler Bedeutung ist auch die Betreuung der eigenständigen Informatiklösung.

Infrastruktur

Zur Bewältigung des komplexen und umfangreichen Datenmaterials wurde eine eigene Informatikanwendung entwickelt. Die erforderlichen Bewegungsdaten werden aus verschiedenen Datenbanken bezogen und verdichtet. Nutznießer sind die Mitglieder, die so ohne eigenen Aufwand automatisch Punkte gutgeschrieben erhalten.

Die über die KeyClub-Anwendung erhaltenen Daten eignen sich insbesondere auch für Zwecke des Databasemarketing.

5. Kommunikation

Magazin

Als zentrales Kommunikationsmittel erhält jedes KeyClub-Mitglied quartalsweise mit der Bonuspunkteabrechnung das KeyClub-Magazin. Alle Mitglieder werden damit über die aktuellen Prämienleistungen, die Punktesammelangebote und über das Funktionieren des Systemes informiert.

Das KeyClub-Magazin leistet einen wesentlichen Beitrag zur Erreichung der Marketingziele, besonders zur Intensivierung der Geschäftsbeziehungen und zur Förderung des Dialoges der Teilnehmer mit der UBS.

Es dient auch zur Kundenakquisition und wird in den UBS Geschäftsstellen aufgelegt. Das KeyClub-Magazin erscheint in deutscher, französischer und italienischer Sprache in einer Auflage von 600 000 Exemplaren.

Mailings

Mit Mailings wird der KeyClub regelmäßig in Erinnerung gerufen und der Kontakt zu den Mitgliedern gesucht:

- Begrüßungsmailings: 14täglich erhalten alle neuen Mitglieder ein Welcome Package mit Willkommensbrief und dem aktuellen Magazin.
- Quartalsweises Mailing mit Bonusübersicht.
- Prämien-Monatsangebote in der Kontoauszugsbeilage.

Elektronische Kommunikation

Die Nutzung von Informationen über die Kanäle Videotex und Internet nimmt stark zu. Kundenanfragen werden bereits regelmäßig über das Internet gestellt und beantwortet. Die elektronischen Medien stehen auch für die Weiterentwicklung des KeyClub-Angebotes in den nächsten Jahren stark im Vordergrund.

Klassische Kommunikation

Die klassische Kommunikation mit Auftritten im TV und in den Printmedien bestätigt die UBS Kunden und KeyClub-Mitglieder in ihrer Bankwahl und weckt das Interesse von Nichtkunden. Gleichzeitig unterstützt die klassische Kommunikation die verkaufsfördernden Maßnahmen im Sinne einer integrierten Marktbearbeitung.

Interne Kommunikation

Die Basis für den Erfolg des Bonussystems bildet die Unterstützung der Kundenberater bei der Vermarktung des KeyClub. Mit regelmäßigen Rundschreiben werden alle Mitarbeiter über neue Angebote,

Trends und aktuelle Fragen und Antworten informiert. Erfreulich ist die Tatsache, daß Kundenberater bei praktisch allen neuen Kundenbeziehungen auch auf die Vorzüge des KeyClub hinweisen und das Instrument als Exklusivität der Bank vermarkten.

6. Ergebnisse

Teilnehmerentwicklung/Abgangsrate

Die Mitgliederzahl wächst seit der Einführung stetig. Über 450 000 Mitglieder haben sich innerhalb von drei Jahren zum KeyClub angemeldet.

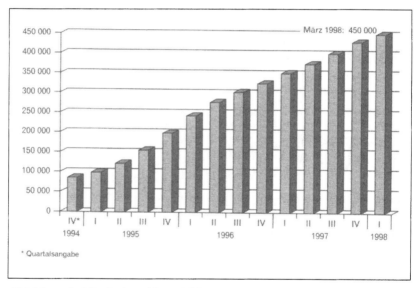

Abbildung 3: Mitgliederzahlentwicklung

Wir stellen fest, daß KeyClub-Mitglieder eine um 3 Prozent niedrigere Abgangsrate aufweisen als Nichtmitglieder. Die daraus resultierenden nicht entgangenen Erträge leisten einen wesentlichen Beitrag zur Deckungsbeitragsrechnung.

Mehrgeschäfte

Wir haben festgestellt, daß KeyClub-Mitglieder UBS Produkte deutlich intensiver nutzen als Nichtmitglieder und sich dadurch Zusatzerträge erwirtschaften lassen.

Diese Quervergleiche wurden auch durch Längsschnittanalysen bestätigt, bei welchen aufgezeigt wurde, daß Kunden nach ihrem Beitritt zum KeyClub einen für die UBS deutlich höheren Deckungsbeitrag erwirtschaften. So steigt z.B. nach der Anmeldung zum KeyClub der VISA-Umsatz signifikant. Auch die Zuführung von Vermögen steigt merklich, so daß der KeyClub netto einen positiven Deckungsbeitrag leistet.

Cross-Selling

Untersuchungen haben gezeigt, daß sich der KeyClub bestens zur kostengünstigen Unterstützung von Produktkampagnen eignet. Insbesondere bei Produkt-Neueinführungen wird der KeyClub erfolgreich als flankierende Maßnahme eingesetzt.

Zudem dient der KeyClub unseren Kundenberatern als Zusatzargument beim Verkauf unserer Produkte und unterstützt so ein aktives Cross-Selling.

Prämiennutzung

Ein wesentlicher Erfolgsfaktor ist die Inanspruchnahme der angebotenen Prämien. Je attraktiver die Prämien sind, desto attraktiver ist das Bonussystem für den Kunden. Die bisherige Prämieneinlösungsrate hat gezeigt, daß Prämien im Bereich Reisen und Unterhaltung besonders stark nachgefragt werden und daß auch auf die notwendige Bonuspunktezahl hin gespart wird. Trotzdem ist die meistgewählte Prämie nach wie vor der Zinsbonus. Die Abbildung 4 zeigt die Entwicklung der Prämieninanspruchnahme.

Marktforschung

Zur Erfolgskontrolle werden regelmäßige Befragungen über Kundenzufriedenheit und Kundenwünsche durchgeführt. Der daraus re-

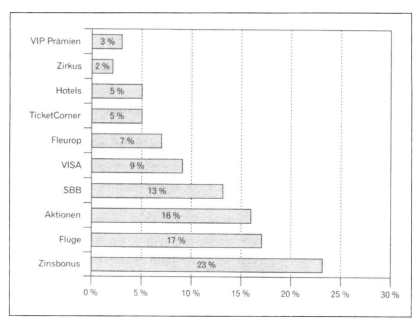

Abbildung 4: Prämieninanspruchnahme

sultierende Feedback wird laufend in die Maßnahmenplanung und in die Optimierung der Kommunikation integriert.

- *Mitgliederbefragung:* 65 Prozent der KeyClub-Mitglieder haben 1997 dem KeyClub die Gesamtnote gut bis sehr gut gegeben. 76 Prozent aller Mitglieder würden den KeyClub Freunden oder Bekannten weiterempfehlen.

- *Tracking-Studie:* Sie mißt regelmäßig den gestützten Bekanntheitsgrad des KeyClubs. Dieser bewegt sich auf einem relativ hohen Prozentsatz mit steigender Tendenz: Über 39 Prozent der Schweizer Bevölkerung von 15 bis 79 Jahren haben vom KeyClub im Zusammenhang mit Banken schon einmal gehört. Die gestützte Bekanntheit bei ehemaligen Bankvereinkunden liegt bei 77 Prozent.

Abschließende Beurteilung

Viele Bankkunden, die zunächst skeptisch gewesen waren, konnten vom Nutzen dieses Bonusprogramms überzeugt werden. Die gesteckten Ziele wurden in den ersten drei Jahren übertroffen.

Nebst deutlichen Mehrumsätzen und Zusatzgewinnen konnte auch eine geringere Kundenabgangsrate erreicht werden. Marktfoschungsergebnisse belegen eine hohe Zufriedenheit mit dem Angebot, der Mitgliederbetreuung und der Kommunikation. Der KeyClub hat sich zu einem wesentlichen Argument pro UBS im Verkaufsgespräch entwickelt.

Die Investitionen in den KeyClub haben sich bereits bezahlt gemacht. Die durch den KeyClub erreichte Steigerung der Deckungsbeiträge übersteigt die bisher angefallenen Kosten deutlich.

Durch eine ständige Weiterentwicklung des Leistungsangebotes und der Kommunikation werden die Voraussetzungen für einen nachhaltig wachsenden Erfolg und den Ausbau der Marktführerschaft geschaffen.

Membership Rewards, das Bonusprogramm von American Express

Götz Lachmann

Besonders in Zeiten angespannter Wirtschaftslage und einer offensichtlich notwendigen genauen Kontrolle des persönlichen Budgets jedes einzelnen, nutzen Unternehmen des produzierenden Gewerbes allerlei Lücken, um die kostenbewußter werdende Klientel zu binden. Das führt gerade im Bereich des Einzelhandels in Deutschland zu teils spektakulären Ideen, wie den Beratern einer großen Baumarktkette, die auf Rollschuhen zu ihren Kunden eilen, um noch schneller zu sein, oder Supermärkte, die eine Reihe von Angestellten abstellen, um die gekaufte Ware unmittelbar hinter der Kasse für die Kunden einzupacken. Gekrönt wird dieser Innovationsschub durch die Wiedereinführung der guten alten Rabattmarken, die für die Kunden bares Geld bedeuten. Dies alles sind aus der Not geborene Ansätze, um den Umsatz zu erhöhen. Vor allem aber, um der seit Jahren laufenden Diskussion um die „Dienstleistungswüste Deutschland" etwas entgegenzusetzen. Daß viele Versuche offensichtlich zum Scheitern verurteilt sind, wird oft vermutet, läge in der Tatsache begründet, daß wir in vielen Dienstleistungsbereichen ein Servicelevel hätten, das wir verdienten. Wer sich konsequent negativ gegenüber seinen Dienstleistern verhält, erzieht seine Dienstleister dauerhaft zu einem ähnlich negativen Verhalten. Wer immer auf die Frage: „Wie geht's?" die Antwort „Was geht Sie das an?" erhält, der zweifelt irgendwann an der Funktionsfähigkeit von freundlichem Service.

Folgerichtig bemühen sich die Unternehmen auf dem einzig sicheren Weg, Kunden zu binden: durch Geld. Die Zahl der Kundenkarten bei Douglas, Hertie, Kaufhof oder Shell geht inzwischen in die Millionen. Sie bieten dem Kunden bis zu 3 Prozent Rabatt bei einem zuvor festgelegten Mindestjahresumsatz. Mehr erlaubt das deutsche Rabattgesetz nicht. Einziger Makel dieser Karten aus Kundensicht: es handelt sich weniger um Kundenbindung als um Kundenfesselung. Denn, will der Kunde via Kundenkarte etwas sparen, dann muß er das Geschäft nutzen, dessen Karte er besitzt. Wird die gleiche Ware zu einem günstigeren Preis woanders angeboten, und der Kunden besitzt die dortige Kundenkarte nicht, oder es gibt gar kein Kundenkartensystem, dann klappt's nicht mit der Ersparnis.

Wünschenswert wäre deshalb ein System, das umfassende Vorteile gleichermaßen bei allen Händlern und Dienstleistern bietet oder wenigstens bei einer sehr großen Zahl, verteilt auf alle erdenklichen Branchen. Ein solches System bietet American Express seinen Kunden in Deutschland mit dem Bonusprogramm *Membership Rewards*. Die dahinterstehende Idee ist eine relativ einfache. American Express hat die große Zahl seiner Kunden im Bereich der gut verdienenden Geschäftsleute, die häufig auf Reisen sind. Aus diesem Grund war American Express auch das erste Unternehmen, das eine Gold-Charge-Card auf den Markt brachte. Mit dieser Karte war und ist für eine anspruchsvolle Gebühr von 200,– DM jährlich eine Reihe von zusätzlichen Serviceleistungen verbunden. Angefangen bei einer höheren Summe der inkludierten Verkehrsmittel-Unfallversicherung im Vergleich zur bekannten grünen Karte bis hin zu einem eigenen Gold-Card-Travelservice, der telefonisch, per Fax oder E-Mail Anfragen entgegennimmt und, einschließlich der Zustellung der Tickets, alle weiteren Schritte für den Karteninhaber übernimmt. Dem wurde Ende der 80er Jahre noch eins draufgesetzt durch die Einführung der Platinum-Card. Eine Karte, die die Rundumversorgung der besten Kunden garantieren soll. Ein komplett eigener Service steht diesen Kunden für 800,– DM Jahresgebühr zur Verfügung, der eben nicht nur die Reiseplanung übernimmt, sondern auch alle weiteren – manchmal unmöglich erscheinenden – Wünsche. Das kann der Wunsch nach der kurzfristigen Organisation einer Party für 100 Gäste binnen weniger Tage sein oder auch die Besorgung eines Produktes, das man während seiner letzten Geschäftsreise nach New York im Schaufenster von Bloomingdale's gesehen hat. Ein Service, der übrigens nicht beantragt, sondern nur langjährigen Gold-Card-Kunden seitens der Geschäftsleitung von American Express angeboten werden kann.

Die nicht nur bei diesen beiden geschilderten Produkten deutlich werdende Konzentration auf eine finanzstarke Klientel wirkt sich natürlich auch unmittelbar am Point of Sale aus, also vor Ort beim Zahlungsvorgang. Untersuchungen haben gezeigt, daß Nutzer von American Express-Karten beispielsweise bis zu 60 Prozent mehr ausgeben, wenn sie ein Restaurant besuchen, als Nutzer anderer am Markt existierender Kreditkarten. Zudem sind Kunden von American Express mehrheitlich treue Kunden.

Um aber diese Treue immer wieder zu rechtfertigen, mußten zusätzliche Kundenbindungsmechanismen entwickelt werden. Es reicht eben auf Dauer heute nicht mehr, 24 Stunden rund um die Uhr an 365 Tagen im Jahr einen exzellenten Service zu bieten, der in den letzten Jahren mehrmals zum besten Europas gewählt wurde. Zumal die Vergleichbarkeit von Serviceleistungen für viele Kunden nur in Notfallsituationen relevant wird, die hoffentlich selten sind. Denn der eigentliche Nutzungsvorgang der Karten ist natürlich bei allen, ob Credit- oder Charge-Card, derselbe. Nur, was passiert, wenn ich die Karte verliere oder sie mir gestohlen wird? Bekomme ich schnell und unbürokratisch Ersatz? Bekomme ich Bargeld, wenn nötig usw.. Hier beweist sich der Unterschied.

Um also nicht erst die Kunden in Notsituationen treiben zu müssen, um sie zu überzeugten Kunden zu machen, wurde die Idee des Mehrwerts in Form eines Bonusprogramms geboren. Unter dem Titel *Membership Miles* am deutschen Markt vor rund fünf Jahren eingeführt, firmiert das American Express-Programm inzwischen weltweit unter dem einheitlichen Namen „Membership Rewards". Für eine Jahresgebühr von 59,30 DM kann sich jeder Karteninhaber, ob grün, gold, platin oder blau, telefonisch in das Programm einschreiben lassen und anfangen, Bonuspunkte zu sammeln, die unabhängig von ausgewählten Produkten oder Dienstleistungen gewährt werden. Es spielt keine Rolle, wofür mit der Karte bezahlt wurde, wichtig ist nur, daß mit der Karte bezahlt wurde. Und für jeden Umsatz von 10,– DM wird 1 Bonuspunkt gutgeschrieben. Eine Ausnahme bildet hier lediglich die Abhebung von Bargeld an Automaten, was mit einem bargeldlosen Zahlungsmittel wie der American Express Card wegen der hohen Gebühren aber grundsätzlich nicht zu empfehlen ist.

Zudem werden Bargeldbelastungen unmittelbar auf das Girokonto des Kunden weitergeleitet, tauchen also auch nicht in den monatlichen Rechnungen auf. Grundsätzlich gilt also in Deutschland, daß jeder Umsatz von 10,- DM oder mehr auf der Karte Bonuspunkte bringt. Ein Programm, das in anderen Ländern der Erde nach den gleichen Spielregeln läuft, mit angepaßten Umsätzen! Das deutsche Programm läuft übrigens über American Express (AX) Frankreich, weil das deutsche Wettbewerbsrecht ebenso wie die deutsche Zugabeverordnung längst nicht den europäischen Standards angeglichen wurden, was zu einem seit langem schwelenden Streit zwischen der Zentrale zur Bekämpfung des unlauteren Wettbewerbs führte. Die obersten Wettbewerbshüter sind nämlich der Überzeugung, daß die Zugabeverordnung in Deutschland nur erlaubt, daß Gleiches mit Gleichem boniert, also für durch einen Flug angefallene Bonuspunkte lediglich weitere Ermäßigungen bei Flügen ermöglicht werden dürfen. Hingegen spielt es bei dem AX-Bonusprogramm ja keine Rolle, was Sie bezahlt haben, ob nun die Hautcreme für 10,95 DM (1 BP) oder die gesamte Karibikreise für 5 000 DM (500 BP). Und sie bekommen dafür eine Vielzahl von Leistungen, die sich nicht ausschließlich auf Reisen beziehen. Durch das aus diesem Rechtsstreit resultierende Verbot einer massiven Bewerbung dieses Programms, auch außerhalb unseres angestammten Kundenkreises, hatten sich zur Einführung die Wettbewerbssituation zugunsten einer großen deutschen Airline verschoben. Da eben diese Airline aber inzwischen eine Reihe von Kooperationspartnern akquiriert hat, die beispielsweise beim Autokauf Meilen für verbilligte Flüge gutschreiben, scheint das europäische Wettbewerbsrecht auch hierzulande nicht mehr allzulange auf sich warten zu lassen. Hat der AX-Kunde mit seinen Umsätzen mindestens 700 Punkte gesammelt, kann er anfangen, diese Punkte gegen Rabatte oder Dienstleistungen einzutauschen. Dabei ist ihm – im Gegensatz zu anderen Bonusprogrammen am Markt – keinerlei zeitliches Limit gesetzt. Die Punkte können über eine beliebig lange Zeit hinweg gesammelt und umgesetzt werden. Natürlich lebt ein solches Programm fast ausschließlich von den beteiligten Partnern. So war für AX auch von Anfang an klar, daß neben Airlines und Hotels eine Reihe von Partnern aus völlig anderen Branchen gewonnen werden müßten. Hierzu war es hilfreich, das Ausgabeverhalten unserer Kunden in den Fällen zu überprüfen, in denen Bonuspunkte eingelöst wurden. Beispielsweise können wir nachweisen, daß in einem Münchner Luxushotel Kunden „kostenlos" zwei Nächte zubrachten, im Restaurant und in den angeschlossenen Geschäften im Durchschnitt 400,- DM zusätzlich ausgaben. Sie handelten also nach der Devise, daß man sich durchaus etwas gönnen könnte, wenn man schon kostenfrei im Hotel wohnt. Damit konnten wir die anfänglichen Bedenken unserer Programmpartner – sie müßten „draufzahlen" – weitgehend zerstreuen. Zumal mit der Aufnahme in das Membership Reward-Programm auch noch eine Reihe attraktiver Marketingunterstützungsmaßnahmen verbunden sind. So wurden die AX-Karteninhaber, die in das Programm eingeschrieben sind, in monatlichen Rechnungsbeilagen über neu gewonnene Partner informiert. Zudem wird jährlich ein aufwendiger vierfarbiger Guide hergestellt und an alle Mitglieder vertrieben, indem eben diese Partner nochmals ausgiebig gewürdigt werden. Schließlich wird – auf der Basis einer bislang außergerichtlichen Einigung – inzwischen begrenzt Werbung für das Programm betrieben.

Besondere Bedeutung hat natürlich auch die Möglichkeit, über die Teilnahme am Membership Reward-Programm von AX auch an Bonusprogrammen von Airlines teilzunehmen und dadurch doppelt Meilen zu sammeln. Beispiele hierfür sind Delta Airlines, Iberia, Sabena, SAS oder Swissair. Es besteht hier die Möglichkeit, durch den Ticketkauf an sich Punkte zu sammeln und in den Programmen der Airlines gleichzeitig. Zudem können die AX-Meilen danach in das Airline-Programm transferiert werden. Um die Wettbewerbsfähigkeit des Programms zu sichern, gilt es außerdem, zwei Punkte zu beachten: Zum einen die möglichst schnelle Erreichbarkeit hoher Punktzahlen, was durch die Kopplung an den Umsatz für jeden Kunden selbst steuerbar ist, zum anderen die für die Umwandlung der Punkte gebotenen Leistungen möglichst niedrig anzusetzen. Dazu ein Vergleich: eine große europäische Airline mit eigenem Bonusprogramm bietet als minimale Leistung für 7 000 Punkte einen Upgrade von Business zu First auf einem Flug innerhalb Deutschlands. Um 7 000 Punkte durch innerdeutsche Flüge zu erreichen, muß der Kunde siebenmal fliegen, denn pro BC-Flug gibt es 1 000 Punkte. Geht man von einem durchschnittlichem Flugpreis von 1 000,- DM pro Flug aus, dann zahlt der Kunde für einen Upgrade also 7 000,- DM. Hat jemand seine AX-Karte eingesetzt, erhält er dafür 700 Punkte. Für 400 Punkte kann er aber ein deutsches Nachrichtenmagazin für ein Jahr abonnieren. Value for money ist also auch hier entscheidend. Inzwischen ist die Zahl der Programmpartner bei AX erheblich gewachsen, ebenso geht die Zahl der Nutzer inzwischen über mehrere Hunderttausend hinaus. Beteiligt sind nicht mehr nur Fluglinien und Hotels, sondern auch Autovermietungen, Reiseveranstalter, Zeitschriften, Anbieter von Sprachkursen, Buchhändler und Restaurants.

Mit der Markteinführung der blue card, der ersten AX-Kreditkarte am deutschen Markt, wird sich der Teilnehmerkreis zweifellos erneut erheblich erweitern. Die im ersten Jahr kostenlose Karte, deren weitere Jahresgebühren sich am Umsatz orientieren, ist vor allem für jüngere Menschen und Kleinfamilien entwickelt worden, die eher alltägliche Umsätze damit begleichen wollen. Aus diesem Grund werden wir nicht nur eine Vielzahl neuer Vertragspartner auf lokaler Ebene akquirieren, also Geschäfte, die die AX-Karte als Zahlungsmittel akzeptieren. Wir werden das Membership Reward-Programm auch so umstrukturieren, daß schon geringe Punktzahlen in attraktive Benefiz umgewandelt werden können.

Die letzten sieben Jahre seit Einführung des Programms haben gezeigt, daß es wenige Ansatzpunkte gibt, die Kunden auf angenehme Weise an ein Unternehmen zu binden. Mit ein Grund, warum Membership Reward 1997 bereits zum dritten Mal in Folge durch die Leser einer unabhängigen Reisezeitschrift zum besten Bonusprogramm überhaupt gewählt wurde.

Auf dem Marktplatz des Wissens™[1] in das 21. Jahrhundert – Kundenbeziehungsmanagement für die Bank der Zukunft

Dr. Horst-Dieter Schultze-Kimmle

1. Banken auf dem Weg zum globalen Marktplatz

Der *elektronische Marktplatz* wird unsere Kultur nach Ansicht von Microsoft-Chef *Bill Gates* ebenso dramatisch revolutionieren wie Gutenbergs Druckerpresse die Welt des Mittelalters.

Diese Aussage verdeutlicht, daß die Probleme der Banken von heute nicht mehr die Probleme von morgen sind und sich die Probleme von morgen nicht mit den Instrumenten von heute lösen lassen.

In einer Zeit des Umbruchs kann man nicht dadurch künftige Entwicklungen erkennen, indem *gegenwärtige Trends in die Zukunft extrapoliert* werden. Man kann nur versuchen, die Veränderungen im technischen und wirtschaftlichen Umfeld zu erkennen, um daraus Konsequenzen zu ziehen.

Zwar vermag heute niemand halbwegs sicher die Frage zu beantworten: Welche Online-Angebote werden zu welchen Preisen von den Kunden akzeptiert? Wegweiser auf der Reise der Finanzdienstleister in die digitale Zukunft elektronischen Datenhighways und Marktplätze sind aber selbst bei nüchterner Betrachtung:

- die Eroberung unseres Lebens durch immer leistungsfähigere Mikrochips,

---

[1] Die Marke „MdW – Marktplatz des Wissens" ist ein eingetragenes Warenzeichen der MultiMediaConsult.

- die hohe Zahl potentieller Kunden in den Netzen,
- der sich innerhalb weniger Monate regelmäßig verdoppelnde Umfang der Datenangebote in den Netzen,
- der Overkill an Informationen aller Art im Wirtschaftsalltag,
- die Strategien der Microsofts dieser Welt zur Kommerzialisierung der Informationsflut mittels elektronischer Helfer in Form von sogenannten Suchern, Filtern, Lotsen, Hypern und virtuellen Beratern,
- die rasanten Fortschritte bei der Entwicklung derartiger Helfer und
- der Einsatz der Netze zur Erzielung eines Informationsvorsprungs im globalen Wettbewerb der Finanzdienstleister um den Kunden von morgen.

In ihrem technischen Umfeld stehen die Finanzdienstleister vor einem Paradigmenwechsel. Die Zeit des *Desk Top Computing* geht zu Ende. Sie war charakterisiert durch eine enge Beziehung des Nutzers zu seinem Rechner. Daten und Programme wurden lokal gehalten. Die Updates der Programme wurden über Disketten durchgeführt, Mobilität und Kommunikationsmöglichkeiten waren sehr eingeschränkt.

Jetzt bewegen sich die Finanzdienstleister auf die neue Welt des *Network Computing* zu. Bei ihm steht das *Internet* im Mittelpunkt. Daten und Programme werden nicht mehr lokal gehalten, sondern aus dem Netz geholt. Die Aktualisierung erfolgt jeweils „on demand". Das Network Computing ist mobil und global, denn man kann sich an jedem Knoten in das Internet einwählen, immer mit der gleichen Identität und Zugangsberechtigung.

Aus der bilateralen Kommunikation zwischen Rechner und Benutzer wird eine *globale Kommunikation* über den *elektronischen Marktplatz*, wo gewissermaßen jeder mit jedem in Kommunikation treten kann, sei es nun im privaten Kontakt oder sei es in geschäftlichen Bereichen, wie etwa in den Finanzdienstleistungen. Dieser Wandel wird eine Überprüfung und Neuausrichtung herkömmlicher Strategien zur Kundenbindung zur Folge haben.

Die Informationstechnologie wird im nächsten Jahrzehnt mit der Telekommunikation und der Unterhaltungselektronik zu einer *Multimedia-Welt* verschmelzen. Die Chipkarte als *Kleinstcomputer* wird in wenigen Jahre unser Leben dominieren.

Was kommt erst auf den Alltag der Finanzdienstleister und ihrer Kunden im kommenden Jahrtausend zu, wenn die Zahl der Mikrochips im Privathaushalt von heute ca. zehn schon in den nächsten fünf bis zehn Jahren auf tausend klettert und Moore's (Intel-Mitbegründer) Law von der alle zwei Jahre erreichten Verdopplung der Leistungsfähigkeit von Computer-Chips Realität bleibt? Ein Mikrochip von der Größe eines Fingernagels wird zum *Motor der Informationsrevolution*. Die Vorstellung, daß er schon in fünf Jahren 2 Mrd. Instruktionen pro Sekunde ermöglichen könnte, führt zu teilweise euphorischen Visionen.

Die Art und Weise, wie wir leben, lernen, lehren, arbeiten und anbieten, wird sich grundlegend verändern. Die Veränderungen werden an Tempo gewinnen. In den nächsten fünf Jahren wird sich – so IBM – durch die Nutzung des Internets mehr verändern als in den 35 Jahren seit der Erfindung des integrierten Schaltkreises.

Wir müssen davon ausgehen, daß eine „Dekade des Netzwerkes" auf die Finanzdienstleister und ihre Kunden zukommt. Riesige Netzwerke werden in großer Geschwindigkeit die Welt verändern: Das erst 1979 gegründete Internet verbindet heute über 82 Millionen Teilnehmer in aller Welt. Täglich werden hier Informationsmengen von 300 Gigabyte übertragen – das entspricht einer halben Million Bücher mit jeweils 250 Seiten.

Bereits im Jahr 2000 könnten dank der Leistungsfähigkeit der Informationstechnologie im *Electronic Commerce* Milliarden Dollar umgesetzt werden. Dabei dürfte das Gros der Umsätze nicht auf den Konsumentenbereich (7 Mrd. US-$), sondern auf *Transaktionen zwischen Unternehmen* (130 Mrd. US-$) entfallen.

2. Elektronische Informationen als Schlüsselfaktor

Obwohl die großen Nutzerzahlen und zweistelligen Zuwachsraten der Netzwerk-User dokumentieren, daß der Online-Boom auch die Kunden deutscher Unternehmen erfaßt hat, haben etliche Banken bisher noch nicht in vollem Umfang realisiert, was Informationsgesellschaft ist, welche Herausforderungen sie mit sich bringt und welche Chancen sie bietet.

Neu in der Informationsgesellschaft ist, daß die gleiche Information zum gleichen Preis zur gleichen Zeit an jedem Ort der Welt verfügbar ist. Das ist das Kapital, das die großen Netzwerkbetreiber ausnutzen.

Eine *Exklusivität* in der Information ist nicht mehr gegeben, die Informationstechnologie ist gewissermaßen der große Gleichmacher: Die Information verliert ihre räumliche und zeitliche Dimension. Exklusivität läßt sich nicht mehr durch sie, sondern nur durch einen höheren Komplexitätsgrad der eigenen Produkte erreichen.

Die zeitlichen und räumlichen Grenzen der Kommunikation verlieren ihre Bedeutung, d.h. Information ist jederzeit und überall zugänglich. Dementsprechend kann ein (Finanz-)Dienstleister seine Services an jedem Ort der Welt und zu jeder Tageszeit anbieten.

Da der Einsatz von Informationen in unbeschränktem Maße und zu immer geringeren Kosten möglich ist, lassen sich immer neue Produkte schaffen, die aus individuell gebündelten Informationen bestehen.

Banken und Versicherungen werden selbst in klassischen Finanzsparten völlig neuen Wettbewerbern wie Netzanbietern und Multimedia-Allianzen begegnen. Die elektronischen Informationen werden immer mehr zum *Bestimmungsfaktor* des Finanzgewerbes, da sie in einer Art Querschnittsfunktion alle Bereiche durchziehen.

Netzwerke ermöglichen neuen Wettbewerbern den Markteintritt zu ungleich geringeren Kosten und treffen die Finanzdienstleister in Bereichen, in denen sie ohnehin Defizite aufweisen: in ihrer Produktivität, in der Nutzung elektronischer Vertriebskanäle und in der Ausrichtung der Filialkapazitäten auf das digitale Zeitalter. Alle jene Institute, die nicht den Leitsatz beherzigen „Wer das Netz und die Bedieneroberfläche hat, hat die Kundenbindung", gefährden ihre Wettbewerbsposition. Netze sind nicht mehr nur *Medien für den Zahlungsverkehr*, sondern auch *die Informationsbasis* und *die Vertriebskanäle*. Netze und Zugangssoftware bzw. Bedieneroberfläche ermöglichen insbesondere die Ermittlung von *Nutzerprofil-Daten,* die letztlich zum „gläsernen Kunden" führen.

Festzuhalten bleibt: Die Informationsgesellschaft ist eine Dienstleistungsgesellschaft. Daraus ergeben sich für das Profil des Finanzdienstleisters wichtige Konsequenzen. Die erste betrifft die *Servicebereitschaft.* Was die Kunden in Zukunft erwarten, ist ein 7-Tage-24-Stunden-Service.

Zur Verfügbarkeit der Finanzdienstleistung in bequemer Form gehören aber auch kurze Entscheidungszeiten. Ein schnelles „ja" über einen Kredit wird häufig ein stärkeres Wettbewerbselement sein als ein geringfügiger Unterschied in den Konditionen. Dabei kann „schnell" ganz unterschiedliches bedeuten. Eine der führenden kanadischen Banken wirbt damit, daß Raten- ebenso wie Hypothekarkredite im Privatkundengeschäft bei ihr in 2 1/2 Minuten entschieden werden.

Ein weiterer Quantensprung wird in der *Markttransparenz* stattfinden. Zwar gibt es auch heute schon einen relativ guten Marktüberblick. Dieser beschränkt sich aber im wesentlichen auf das lokale Geschehen. Im elektronischen Markt spielen Raum und Zeit keine Rolle. Deshalb hat die Transparenz eine andere Dimension. Hier werden Einzelinstitute an den entferntesten Standorten genauso mitanbieten und ihre Standortkostenvorteile zur Geltung bringen wie die großen Filialinstitute.

Aber auch im *Kundenverhalten* und in der *Kundenbindung* wird sich vieles ändern. Die Informationstechnologie erlaubt den multilateralen Kontakt. Das könnte sich auf die Kunden so auswirken, daß sie die Dienste der Finanzdienstleistungsanbieter nicht direkt, sondern über sogenannte Service-Provider beziehen. Die Folge ist, daß die Kundenbindung nicht mehr zu dem zugrundeliegenden Bankinstitut, sondern zum Service-Provider aufgebaut wird. Seine Wertschöpfung liegt darin, daß er auf den elektronischen Marktplätzen das passende Angebot für den Kunden auszusuchen hat.

3. Key Battles um die Kundenbindung

Das Thema *Information* und *Informationsvorsprung* ist im Finanzgewerbe immer ein ganz entscheidendes Wettbewerbselement gewesen. Berühmt ist die Geschichte des Hauses Rothschild, das ein eigenes Informationssystem – mit Boten und Segelschiff – aufbaute, um über den Ausgang der Schlacht bei Waterloo 1815 schneller informiert zu sein. Der alte Rothschild wußte schon einen Tag lang von Napoleons Niederlage, bevor die berühmte Depesche Wellingtons eintraf. Dieser Vorsprung erlaubte ihm, seinen Bestand an französischen Staatspapieren abzustoßen und in der von Gerüchten verunsicherten Börse die britischen Papiere zu günstigen Kursen zu kaufen.

Galt zur damaligen Zeit das Interesse vor allem außergewöhnlichen Ereignissen, so ist heute die Verfügbarkeit einer breiten Palette von politischen, wirtschaftlichen und finanziellen Daten unverzichtbare Voraussetzung für das Geschäft der Finanzdienstleister. Dabei geht es häufig neben aktuellen auch um historische Daten, um Prognosen für Kursentwicklungen zu erstellen.

Eine ständig wachsende Herausforderung bildet allerdings der unaufhörlich anschwellende Strom an Informationen, der die Kommunikation zwischen den Finanzdienstleistern und ihren Kunden – Unternehmen wie Privatpersonen – zu beeinträchtigen beginnt. Täglich erscheinen – so war unlängst in der Financial Times zu lesen – 20 Millionen Worte allein über die Informationstechnologie. Ein Leser, der 1 000 Worte pro Minute erfassen kann, braucht 1,5 Monate (bei acht Stunden Tageslesezeit), um diesen Input zu bewältigen. Damit wächst sein Informations-"Rückstand" von Tag zu Tag. Die Lawine an Papier und elektronischen Informationen führt heute schon dazu, daß mittlerweile rund 98,1 Prozent aller täglich in die Haushalte strömenden Informationen unbeachtet auf dem Müll landen. Eine ähnliche Entwicklung zeichnet sich in Unternehmen ab, mit dem Unterschied, daß dort 75–85 Prozent der Informationen irgendwo abgelegt bzw. gespeichert werden, ohne jemals wieder aktiviert zu werden.

Der Overkill an Informationen auf Papier, Datenträgern und zunehmend auch aus den Netzen wird Informationsbroker aller Art auf den Plan rufen. Telekom- und Medienunternehmen, Netzdienste und

Softwareimperien rütteln mit ihren Kernkompetenzen, ihrer riesigen „Kundenbasis" und ihren Netzen an den Grundfesten der Finanzdienstleister. Da elektronische Informationen das Kernprodukt einer Informationsgesellschaft sind, liegt es nahe, daß derartige Informationsbroker auch den Finanzmarkt immer mehr als ihren Heimatmarkt betrachten werden.

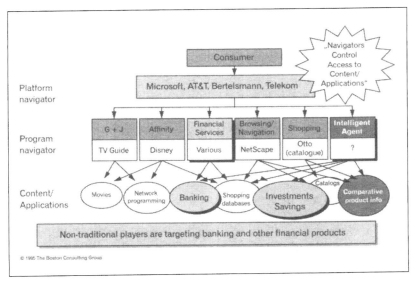

Abbildung 1: „Key Battles" um die Kundenbindung

4. Kundenbindung über elektronische Helfer

Neben den Netzwerken wird künftig der elektronische Agent des Teilnehmers, der Wallet-PC, eine entscheidende Rolle spielen. Derartige Westentaschen-PCs werden jedem, der daran interessiert ist, Marktübersichten geben, vorsortiert nach den unterschiedlichsten Kriterien, wie Preis, Leistung oder anderes.

Diese Agenten werden die Eigenschaft haben, daß sie lernfähig sind, d.h. im Laufe ihrer Verwendung ziehen sie aus den Informationen

Schlüsse und lernen damit Interessen, Vorlieben, Neigungen und Gewohnheiten des Kunden immer besser kennen und treffen auf der Basis dieser Werte immer zielgenauer die Vorauswahl für ihren Herrn.

Ein Navigationssystem verschiedenartiger Agenten, an denen Softwareimperien und Netzanbieter heute arbeiten, wird unseren Kunden scheinbar unbegrenzte Informationen anbieten und trotzdem leicht zu nutzen sein. Wichtige Selektionstechniken dieser Agenten oder Navigatoren werden Sucher, Filter, Lotsen, Hyper und Berater sein. Diese Agenten ähneln in zahlreichen Elementen ihrer Funktionen den Aktivitäten klassischer Finanzdienstleister.

Sucher-Agenten ermöglichen Abfragen einfacher, aber auch komplizierter Art. Möglicherweise sind die Antworten auf Servern in verschiedenen Ländern gespeichert, werden bei Bedarf jedoch augenblicklich zur Verfügung stehen.

Filter-Agenten sind im Prinzip nichts anderes als ständige Abfrager. Sie sind rund um die Uhr aktiv, sehen neue Informationen auf Sachverhalte durch, die für die Nutzer von besonderem Interesse sind. Einige Filter wird der Computer seinem Nutzer künftig auch automatisch einrichten, ausgehend von den Informationen, die er über dessen Werdegang und Interessen besitzt. Ein solcher Filter wird auf wichtige Ereignisse wie auch günstige Angebote und vieles mehr aufmerksam machen.

Die räumliche Navigation mittels *Lotsen*, die bereits in einigen Softwareprodukten Anwendung findet, ermöglicht Kunden, durch Interaktion mit dem Modell einer wirklichen oder fiktiven Welt den Ort aufzusuchen, wo sich die Information befindet: Wenn man ein Objekt auf dem Bildschirm nur anzuklicken braucht, um Informationen über dieses Objekt abzurufen, hat man es mit einer Form von *Hyperlinks* zu tun. Sie bieten Benutzern die Möglichkeit, augenblicklich von Information zu Information zu springen. Auf elektronischen Marktplätzen verschaffen Hyperlinks umgehend auf bestimmte Fragen die entsprechenden Antworten. Zahlreiche Angebote in den Netzen beinhalten bereits ein nach bestimmten Kriterien aufgebautes System von Hyperlinks, die zu vorausgewählten Anbietern – beispielsweise Direktbanken, günstigen Baufinanzierern, Altersvorsorge-Programmen etc. – führen.

Der Internet-Nachrichtensender PointCast Network, der aktuelle Nachrichten aus Politik, Wirtschaft, Finanzwelt, Sport und vielen Branchen ausstrahlt, bietet seinen Nutzern eine Software an, mit der jeder Kunde selbst entscheiden kann, welche Meldungen er persönlich auf seinen PC-Bildschirm geliefert bekommen will. Software und Service sind für den Kunden kostenlos, die Finanzierung erfolgt vielmehr zunächst über Werbung. Aufmerksamen Nutzern fällt nach gewisser Zeit auf, wie gezielt sie mit Angeboten aus dem Internet angesprochen werden. Voraussetzung hierfür ist eine systematische Erfassung der Daten, Auswahlmenüs und Informationsgewohnheiten des Nutzers. Amerikanische Unternehmen erfassen bereits sehr gezielt alle Daten und Aktionen ihrer Kunden und sollen dabei auch vor den Dateien auf der Festplatte ihrer Kunden nicht haltmachen. Zu ähnlichen Ergebnissen führen hybride (Online/Offline) CD-Lösungen von Versandhäusern oder Medienunternehmen, die nach Konsumwünschen oder Versorgungslücken ihrer Nutzer fragen, um sie aufgrund ihrer Nutzergewohnheiten künftig noch gezielter auf neue Leistungen ansprechen zu können.

Die letzte Form der Orientierungshilfe, und in vielerlei Hinsicht die für Finanzdienstleister bedrohlichste, wird die des *Beraters* sein. Diese Art von elektronischem Helfer kann sich zu einer Substitutionskonkurrenz entwickeln, weil er den klassischen Berater ablöst. Zudem registriert er bei seinem Einsatz alle Daten und Transaktionen von Kunden und ist deshalb ein interessantes Data Warehouse.

Unter anderem wird der Berater auch deshalb wissen, wie er seinen Nutzern helfen kann, weil er sich an ihre früheren Aktivitäten erinnert. So wird er in der Lage sein, Verwendungsmuster zu erkennen, die ihm erlauben, produktiver mit seinen Nutzern zusammenzuarbeiten. Der *virtuelle Berater* wird den Eindruck erwecken, daß er im Laufe seiner Verwendung immer intelligenter wird. Auf die gleiche Weise wie ein menschlicher Assistent wird er die Bedürfnisse der Kunden besser kennenlernen.

Eine Reihe von Finanzdienstleistern setzen in ihren Internet-Angeboten bereits Beratungsprogramme ein, die im Wohnzimmer unserer Kunden „Financial Guides" zu allen Arten von Finanzdienstleistungen mit Hyperlinks zu ausgewählten Anbietern offerieren.

Die Deutsche Telekom ermöglicht es Nutzern ihres T-Online-Dienstes, in einem elektronischen Navigator interessante Angebote nach Kategorien wie Topanbieter, Marktplätze, Finanzinstitute, Anlagetips etc. zu speichern. Falls gewünscht, kann die Software mit einer Vorauswahl ausgeliefert werden. Ähnlich operiert der T-Online-Dienst mit seinen Marktplätzen – beispielsweise im Bereich *Geld*.

5. Aufbruch in die Wissensgesellschaft

Das Netzwerk-Zeitalter setzt andere Manager und Mitarbeiter voraus. Die Informationsgesellschaft ist nicht nur eine Dienstleistungsgesellschaft, sie ist zugleich auch eine *wissensbasierte Gesellschaft*.

Diese Entwicklung hat für die Auswahl von Führungskräften und Mitarbeitern, für deren Aus- und Weiterbildung, aber auch für die Frage der Dauerhaftigkeit eines Berufsbildes entscheidende Bedeutung. Wir haben im Wissen einen ständigen Schulungsbedarf. Alte Berufsbilder gehen zu Ende, neue Bilder, die der Informationstechnologie der Unternehmen entsprechen, entstehen. Eines der Hauptprobleme, warum häufig aus großen Investitionen in die Informationstechnologie noch nicht der entsprechende Nutzen gezogen wird, besteht darin, daß unsere Führungskräfte und Mitarbeiter in den Möglichkeiten, die diese Technologie bietet, nur unzureichend ausgebildet sind, und daß die Eigeninitiative noch unterentwickelt ist. Dies beruht nicht zuletzt auch auf der in diesem Bereich unzureichenden Vorbildfunktion der europäischen Manager, die erhebliche Defizite im Umgang mit dem PC und den Netzwerken aufweisen. Die Tatsache, daß nur 4 Prozent der deutschen Manager das Internet zur Informationsbeschaffung für Entscheidungen nutzen, während 40 Prozent ihrer Kollegen in den USA die Netze gezielt für ihre operativen und strategischen Tätigkeiten nutzen, dokumentiert den Aufholbedarf unserer Finanzdienstleister, sofern sie im globalen Wettbewerb überleben wollen.

Die Häuser, die sich weiter auf die bekannten Antworten verlassen, die sie vor langer Zeit entdeckt haben, werden feststellen, daß die Methoden zwar weiter wahr bleiben, die Ergebnisse aber immer unbefriedigender werden.

Anstelle der Ausrichtung nur auf eine Tätigkeit oder Funktion beginnt in der neuen Netzwerk-Technologie jeder Mitarbeiter mit dem anderen zu kommunizieren und zu arbeiten, um – länderübergreifend quer durch die Organisation und im Team – das Wissen zu teilen. Die neue Technologie muß jedes Unternehmen in die Lage versetzen, Wissen von allen Stellen innerhalb und außerhalb des Unternehmens zu holen und die Zusammenarbeit in den unterschiedlichsten Bereichen weltweit zu ermöglichen.

Wissensbasiertes Unternehmen heißt aber noch etwas anderes. Gesucht wird der Mitarbeiter, der selbständig und unternehmerisch denkt, der in Eigenverantwortung *Kundenbeziehungen* gestaltet und Marktpotentiale auszunutzen versteht. Dies ist ein anderer Mitarbeiter als der, den wir noch zum Großteil heute haben. Wir werden künftig weniger und andere Mitarbeiter brauchen, und wir werden in deren Wissensbasis ebenso wie in ihre Verhaltensschulung nachhaltig investieren müssen. Die Rückflußgeschwindigkeit der Investitionen in Human Capital ist allerdings erheblich höher als die in Grund und Boden oder Maschinen.

6. Anforderungen an das Management

Angesichts derartiger Herausforderungen stellt sich die Frage, inwieweit beispielsweise die Finanzdienstleister heutiger Prägung ihnen gewachsen sind.

Zu ihren Stärken gehört neben der *Marktposition* – in Deutschland haben 93,4 Prozent der Bevölkerung ein oder mehrere Konten, d.h. jeder neue Wettbewerber kann nicht mit dem Markt wachsen, sondern muß seinen Markt im Verdrängungswettbewerb suchen – die *Vertrauensstellung*, welche sie bei ihren Kunden genießt. Diese Vertrauensstellung fußt nicht zuletzt auf einer hohen Produkt- und Beratungskompetenz.

Eine weitere sehr bedeutsame Stärke sind die *exzellenten Datenbestände*. Es gibt wohl kein anderes Gewerbe, das auf eine ähnlich umfangreiche Datenbasis zurückgreifen kann. Denn es gibt nahezu keinen Lebensvorgang, der nicht letztendlich in Zahlungsvorgänge mündet.

Die über die Kunden gesammelten Informationen müssen in Wissen umgesetzt und aktiv für die Bindung vorhandener Kunden wie auch die Gewinnung neuer Kunden eingesetzt werden. Das setzt ein Reengineering in Richtung einer Umverteilung des Wissens und, auf diesem Wissen aufbauend, eine Neugestaltung der Zugriffsprozesse auf dieses Wissen voraus.

Unter den zahlreichen Anforderungen an die Finanzdienstleister der Zukunft erlangen damit Strategien gegen eine Auflösung der Kundenbindung sowie der kreative Umgang des Managements mit der Informationstechnologie und den Netzen ein immer stärkeres Gewicht.

- Servicebereitschaft rund um die Uhr
- Kurze Antwortzeiten
- Bewußtsein der Transparenz der Märkte
- Nutzerprofile des Kunden auswerten
- Auflösung der Kundenbindung?
- Beschleunigung der Transaktionsverarbeitung
- Denken in elektronischen Vertriebsmedien
- Globalisierung
- Netzwerk-Sicherheit
- Wissens-Management
- Kreative Nutzung der Netze durch die Manager

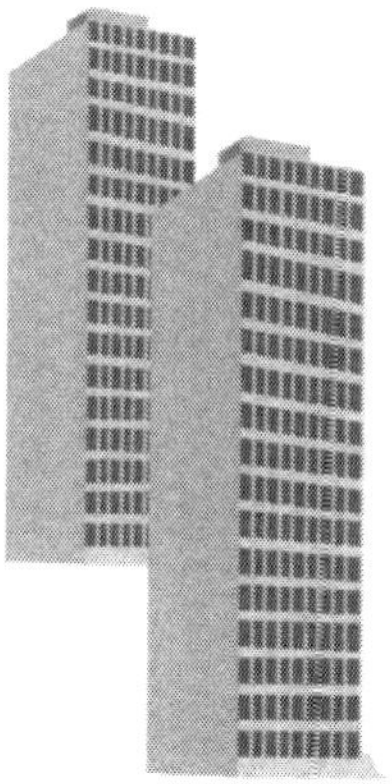

Abbildung 2: Anforderungen an (Finanz-)Dienstleister der Zukunft

7. Strategische Ziele eines Marktplatz des Wissens™

Für die 1 000 führenden US-Unternehmen wird derzeit ein elektronischer Knowledge Management-Marktplatz aufgebaut, um die Topmanager systematisch auf das digitale Zeitalter auszurichten. Bereits 40 Prozent der US-Manager nutzen das Internet gezielt für ihre Entscheidungen. 70 Prozent aller US-Unternehmen wollen in den nächsten vier Jahren ein Intranet aufbauen. In der ersten Stufe sollen derartige Intranets für Kommunikationszwecke, in der zweiten für alle Spielarten des Electronic Commerce genutzt werden.

Viele deutsche Unternehmen laufen dagegen wie die Lemminge in eine strategische Falle: Sie stellen Kunden und Wettbewerbern Informationen auf Tausenden von Seiten in Netzen und auf Datenträgern zur Verfügung, enthalten diese ihren Führungskräften und Beratern aber vor. Deutsche Spitzenmanager, die nicht kreativ mit der Informationstechnologie umgehen und die Netze für ihre Tagesentscheidungen nutzen, setzen heute nur noch 10–20 Prozent der in ihren Unternehmen verfügbaren Informationen tatsächlich für Entscheidungen ein.

Da niemand sagen kann, wann und in welcher Form sich der „Electronic Commerce" über das Internet bzw. elektronische Marktplätze beim breiten Publikum durchsetzen wird, liegt der Schlüssel zur Kundenbindung von morgen im modularen Vorgehen:

Erster Schritt ist ein Marktplatz des Wissens™ für das Topmanagement. Mit diesem Marktplatz werden vier strategische Zielsetzungen verfolgt.

Als weitere Schritte bieten sich nach den Spielregeln elektronischer Marktplätze gestaltete Verkaufsleitstände sowie Online-Clubs zur Akquisition und Bindung ausgewählter Kundengruppen an. Die erfolgreiche Implementierung dieser Module macht für das gesamte Unternehmen den Weg frei zum Electronic Commerce.

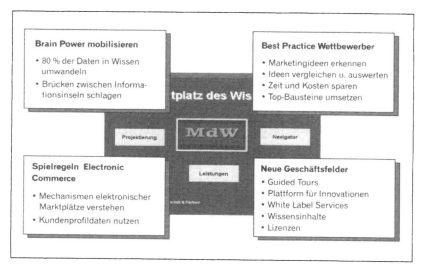

Abbildung 3: Strategische Ziele

Die Attraktivität des Marktplatz des Wissens™ beruht in der konsequenten Ausrichtung auf den Bedarf der Zielgruppe und in der Vermittlung von Lösungsansätzen für Entscheidungsträger.

Mit dem Einsatz elektronischer Helfer und einem Pool vorselektierter Informationen aus Stabs- und Geschäftsbereichen, dem Controlling, dem firmeneigenen Intranet und weltweit aus dem Internet werden neue Wege beschritten:

- Der Marktplatz des Wissens™ wird mit allen elektronischen Helfern und Dateien vorinstalliert auf einem nutzerfreundlichen Endgerät bereitgestellt – auf Wunsch auch mit persönlicher Beratung. Ein solcher „Select-Service" wird insbesondere von jenen Spitzenmanagern in Anspruch genommen, die keine Zeit für eine Einarbeitung in die Informationstechnologie und Recherchen in den Netzen besitzen.

- Das Herzstück des Marktplatz des Wissens™ bildet ein *bedienerfreundliches* Navigationssystem, das ausgewählte Führungsinformationen „at your fingertips" bereitstellt. Einen Überblick über den Aufbau dieses Navigationssystems vermittelt die Abbildung 4.

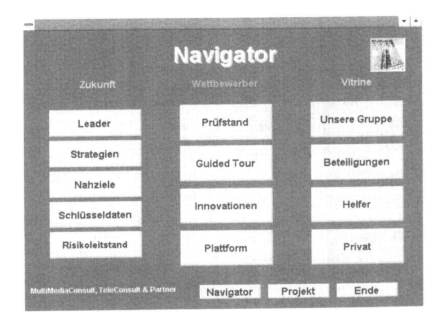

Abbildung 4: Inhaltsübersicht Navigator

- Die elektronischen Helfer des Marktplatz des Wissens™ liefern „per Knopfdruck" anschaulich aufbereitete Schlüsselinformationen zur Zukunft und zum Wettbewerbsumfeld.
- Der Marktplatz des Wissens™ bietet Anregungen, Bausteine und Rahmendaten für die Entwicklung eigener Strategien und Nahziele, z.B.
  - Szenarien zum Finanzalltag und zum Firmenalltag im Jahr 2001,
  - Anforderungen des 21. Jahrhunderts an Finanzdienstleister,
  - Masterpläne für Nahziele: Bindung attraktiver Kunden, Mehrgeschäft mit vorhandenen Kunden, Erschließung der Potentiale von morgen, Nutzen aus Netzen, Navigatoren für Berater sowie Taktik versus Online-Angreifer,
  - Elektronische Marktplätze für Berater (Verkaufsleitstand), das Management von Risiken (Risikoleitstand), für Kunden etc.

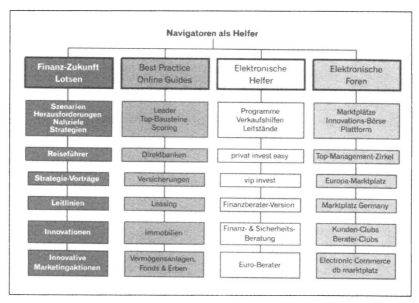

Abbildung 5: Die elektronischen Helfer

- Ein Novum des Marktplatz des Wissens™ ist, daß sich hier jeder Manager auch ohne Netz-Zugang und -Kenntnisse frühzeitig und umfassend über die Champions League der Direktbanken, Direktversicherungen und anderer Direktvertriebe informieren kann, die in Marktanteile und Geschäftätigkeit der klassischen Anbieter eindringen.

- Hierfür stehen Best Practice-Navigatoren bereit, die blitzschnell zu vorbildlichen Online-Angeboten, einer Hitparade der Top-Ideen und zu neuen Marketingstrategien der Wettbewerber sowie zu einer Vermittlung von White Label Services (Lizenz-Erwerb für vorbildliche Anwendungen) führen.

- Erst aus der Kenntnis der Strategien der Online-Angreifer lassen sich Taktiken zur Festigung der Bindung zu eigenen Kunden und zur Erhöhung ihrer „Convenience" entwickeln.

- Ein besonderer Wert des Marktplatz des Wissens™ besteht darin, daß er nicht nur elektronische Wettbewerbsanalysen bietet, son-

dern auch Taktiken und pragmatische Lösungsanregungen zur Ausrichtung auf die Online-Herausforderungen vermittelt, so z.B.
- Navigatoren zur Kundenbindung (Beispiel: Portfolio-Informations-Systeme)
- Verkaufsleitstand für Finanzberater und
- innovative Direktbanken-Modelle, etwa Bank of the Universe (Direktabschluß von Kreditgeschäften im Internet), Bank of the Future (Komplettlösung einer virtuellen Bank), Broadvision (Personalisierung des Online-Bankzutritts).

- Guided Tours zeigen Stärken der Wettbewerber, beleuchten Innovationen und führen zu einer Plattform für den Austausch von Erfahrungen, Produkten und Research unter den Marktplatz-Teilnehmern.

- Eine Vitrine rundet das Angebotsspektrum ab. Sie läßt bewußt Freiraum für die Komplettierung des Marktplatzes nach eigenen Wünschen. Vorgeschlagen werden etwa ein Reiseführer zu den wichtigsten Unternehmen der eigenen Gruppe und elektronische Helfer zur Auswahl persönlicher Interessengebiete sowie eine private Finanz- und Sicherheitsanalyse.

Der *Marktplatz des Wissens*™ bietet schon heute das, wovon andere noch träumen, nämlich

- Rettung vor der Informationsüberflutung (Wettbewerb interner und externer Informationsquellen),
- Transparenz und Verfügbarkeit des Führungswissens,
- Vertrautheit mit Zukunftsmedien,
- Vermeidung von Mehrfachentwicklungen,
- Beseitigung der Zeitkiller Lesen, Filtern, Aufbereiten, Ablegen und Wiederfinden.

8. Nahziele

Die auf dem Marktplatz des Wissens™ bereitgestellten Schlüsselinformationen eröffnen eine Fülle von Ansatzpunkten für neue Lösungen insbesondere zur Kundenbindung. Die Herausforderungen von heute sind die Chancen von morgen. Jedes Haus kann für sich überlegen, wie es die Einzelbausteine aus dem Marktplatz des Wissens™ zu einem eigenen Masterplan zusammenfügt.

Gegenüber neuen Wettbewerbern offeriert der Marktplatz des Wissens™ auf der Markt- und Ressourcenseite Ansatzpunkte für alternative Strategien. Sie alle setzen beim Kunden an, den es mit absoluter Sicherheit auch in Zukunft geben wird. Aus seiner Perspektive ergeben sich, insbesondere für Finanzdienstleister bei der Ausrichtung auf die Zukunft, die im folgenden beschriebenen sechs Nahziele:

8.1 Bindung attraktiver Kunden

Während Industrie und Handel schon gelernt haben, daß sie in einem globalen Wettbewerb nur bestehen können, wenn sie dem Motto der Kundenzufriedenheit „besser, schneller, billiger" folgen, haben die Finanzdienstleister lange gezögert, den Kunden in den Mittelpunkt ihrer Überlegungen zu rücken. Es gibt eine amerikanische Untersuchung, wonach 20 Prozent der Aktivitäten eines Unternehmens im Durchschnitt dem Kunden und seiner Zufriedenheit gelten, während die restlichen 80 Prozent rein interne Prozesse sind.

Service-Provider, die gewissermaßen eine Mittlerstellung im elektronischen Vertrieb einnehmen, werden unseren Kunden Navigationssysteme in die Hand geben, bei denen für jedes Produkt die günstigste Offerte am Markt ausgewiesen wird, und zwar tagleich. Sie werden traditionelle Anbieter zu einem Umdenken zwingen. Hat der preisgünstigste Anbieter zudem keinerlei Schalteröffnungszeiten, ist die Loyalität vor allem jüngerer Kunden extrem gefährdet.

Um eine stärkere Kundenbindung zu erreichen, zeigt der Marktplatz des Wissens™ mehrere Wege auf:

Zunächst sind die Kundenschnittstellen, wo sich Verschiebungen zur Elektronik ergeben könnten, zu untersuchen. Anschließend ist zu prüfen, wie bei jeder – beratergestützten und elektronischen – Schnittstelle jeweils ein Optimum an Kundenzufriedenheit erreicht werden kann.

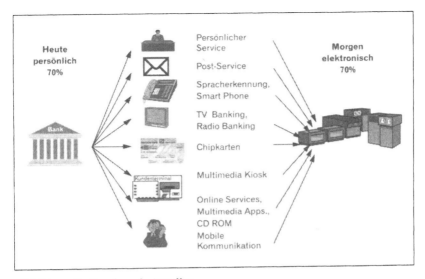

Abbildung 6: Kundenschnittstellen

Jedem Kundentyp sollte der von ihm gewünschte Zugang in der ihm genehmen Form geboten werden, dem PC-Profi ebenso wie den Einsteigern oder jenen, die nicht auf den Kontakt zur Zweigstelle verzichten wollen. Sie werden dort auch in Zukunft ihre Finanzgeschäfte tätigen, wenn ihnen die „Erlebnislandschaft Filiale" einen deutlichen Mehrwert gegenüber dem Homebanking bietet.

Im Verkehr mit Unternehmen erschließt der Marktplatz des Wissens™ völlig neue Schnittstellen und Geschäfts- bzw. Vertriebsmöglichkeiten. Eine Vernetzung mit elektronischen Marktplätzen dieser Kunden bietet die Chance zum Wissenstransfer im Tauschweg oder gegen Vergütung. Wer seine Produkte und Services auf einem elektronischen Marktplatz von Partnern anbieten kann, erschließt sich damit neue, kostengünstige Vertriebswege. Weitere Vorteile sind Zugriffe auf eine Ideenbörse und – insbesondere für mittelständische Unternehmen – „Marktstände" auf den Marktplätzen größerer Unternehmen mit globaler Reichweite.

Kaum eine andere Schnittstelle gestattet eine ähnlich umfassende Zusammenstellung von Kundenzufriedenheitsprofilen und damit letztendlich eine immer konsequentere Ausrichtung auf den Kundenbedarf.

8.2 Mehrgeschäft mit vorhandenen Kunden

Um eine stärkere Kundenbindung zu erreichen, bietet sich ferner der Ausbau von Produkten zu Markenartikeln an, die sich in ihrer Konfiguration gezielt an bestimmte Kundengruppen wenden. Voraussetzung hierfür ist ihre Vorsegmentierung über das *Data Base Mining*.

Das *Data Base Mining* ist eine bisher von Finanzdienstleistern noch nicht voll genutzte Möglichkeit. Gelingt es, die Kunden- bzw. Transaktionsdaten unter Marketingaspekten neu aufzubereiten, kann man für bestimmte Kundengruppen Angebote sehr genau vorselektieren. Dies führt zu einer entscheidenden Verbesserung des Vertriebs und reduziert zugleich deutlich die Marketingkosten. Bei Versandunternehmen ist die Bestimmung von Kundenprofilen bereits so weit fortgeschritten, daß sie bei gezielten Marketingaktionen mit Trefferquoten von 50 Prozent rechnen können.

Der Marktplatz des Wissens™ vermittelt einen anschaulichen Überblick über die von der Informationstechnologie-Industrie hierzu angebotenen Lösungen. Zusätzlich demonstriert er anhand aktueller Beispiele aus dem Internet, wie heute in preiswerter Form sehr detaillierte Informationen über Kundenwünsche ermittelt und für eine stärkere Kundenbindung ebenso wie für den Aufbau neuer Marktpositionen eingesetzt werden können.

In den elektronischen Medien wird der Kunde künftig bestimmen, wann er eine Botschaft oder eine Information haben möchte. Damit wird die Suche nach der passenden Kundenansprache leicht zur Sisyphusarbeit, denn die heutige Mediengesellschaft wird sich nach Meinung vieler Kommunikationsprofis immer weiter zersplittern. Homogene Zielgruppen gehören der Vergangenheit an. Um die immer rascher wechselnden Interessen der Kunden aufzuspüren, setzen „Trend-Scouts", die das „Ohr direkt im Netz" haben, die Fundstücke wie Mosaiksteinchen zu einer neuen Kampagne zusammen.

Um die stetig wachsende Zahl der „Onliner" unter den Privat- ebenso wie unter den Firmenkunden zu gewinnen und zu halten, sind intelligente Konzepte notwendig. Für die Anbieter heißt das: Was nicht wirklich neu ist und sinnvollen Nutzen bietet, lockt keinen Kunden hinter dem Modem hervor. Gefragt sind keine proprietären Auftritte klassischer Art, sondern die jeweilige Zielgruppe einbindende Angebote.

Einen Ansatzpunkt bildet die meistgestellte Frage in den Netzen: Wo finde ich was?

Aus der Kombination vorhandener Informationen in den Netzen lassen sich relativ einfach Navigations-Programme entwickeln, die den Kunden zu ausgewählten Angeboten führen und ihn auf diese Weise an die in das System aufgenommenen Unternehmen binden. Schutz gegen Nachahmung bieten dabei weniger die Eintragung derartiger Navigatoren als Markenartikel, sondern eher die Auswahl und Aufbereitung der Informationen.

Mittels solcher Navigatoren wird es immer leichter möglich sein, Nutzungsanalysen einzelner Bausteine der Markenartikel zu erstellen. Auf Basis der Navigator-Zugriffe und der von Kunden eingestellten Daten können alle wichtigen Vorgänge ausgewertet werden. Es gibt heute bereits Programme, die den Weg zeigen, wie die Anwender durch Internetseiten gehen und die auswerten, wie lange auf den Seiten verweilt wird und wieviele Nutzer wann was gemacht haben. Programme analysieren, welche Anfragen/Bestellungen von Kontakten aus früheren Monaten kommen, welche Seiten am meisten aufgerufen wurden, von welchen Seiten aus eine bestimmte Seite aufgerufen wurde, aus welchem Land die meisten Anfragen kamen, wieviele Anfragen von einer bestimmten Gruppe von Kunden kamen usw.

Filter und Protokollwerkzeuge vereinfachen die Auswertung. Damit gehen Marketingträume in Erfüllung. Der Navigator bzw. das Logbuch des Internetnutzers wird das wichtigste Marketinginstrument. Hier erfahren wir mehr über das Kundenverhalten und erhalten mehr Ansätze zur Kundenbindung als wir annehmen, wenn wir dieses Logbuch regelmäßig auswerten.

8.3 Erschließung der Potentiale von morgen

Wenn sich Teleshopping, -arbeit und -banking durchsetzen, wird dies revolutionäre Folgen für unsere ganze Lebensweise und unser Verhalten haben.

Der Marktplatz des Wissens™ stellt deshalb Topmanagern Szenarien (Präsentationen und Texte) bereit, die einen Eindruck von den Auswirkungen auf den Verbraucher und die Unternehmenswelt vermitteln.

Räumliche Nähe wird für Zusammenarbeit nicht mehr notwendig sein. Aufbau, Führung und Auflösung von virtuellen Teams und Firmen werden wesentlich erleichtert. Diese neue Qualität der Arbeitsorganisation wird immense Auswirkungen auf Wirtschaft und Gesellschaft haben: Es wird mehr Zeit für kreative Gedankenarbeit, weniger Zeit für Recherchen, Reisen und Warten aufgewendet. *Arbeit zu Hause* oder beim Kunden wird zunehmen. Eine Vielzahl zentraler Bürogebäude könnte zumindest teilweise überflüssig werden. Die Auswirkungen auf das Verkehrswesen – und damit auf die Umwelt – werden einschneidend sein.

Die Informationstechnologie wird viele Branchen verändern. Der Marktplatz des Wissens™ versucht deshalb frühzeitig, Anhaltspunkte über mögliche „Gewinner" und „Verlierer" zu liefern. Hier eröffnen sich nicht nur neue Perspektiven für Kredite und Beteiligungen, sondern auch in der Begleitung von Kunden in diese Veränderungen und damit neue Formen der Kundenbindung.

Der Marktplatz des Wissens™ zeigt Führungskräften anhand ausgewählter Beispiele, daß die Informationstechnologie gewissermaßen das Nervenkostüm und das Gedächtnis eines Finanzdienstleisters ebenso wie ihre Fabrik und wesentliches Element ihrer Produktpalette ist. Sie wird in viele Produkte eingehen. Sie ist ein Medium des Dialogs mit dem Kunden ebenso wie ein notwendiger Bestandteil der Produkte.

Um diese Möglichkeiten auszuschöpfen, bedarf es eines größeren Verständnisses für die Informationstechnologie und eines immer gezielteren Umgangs mit dieser Technologie. Diese beiden Qualitäten müssen künftig Kernfähigkeiten der Topmanager insbesondere von Finanzdienstleistern werden.

8.4 Alternative Vertriebswege

Guided Tours zu vorbildlichen Angeboten, die regelmäßig aus den Netzen zusammengetragen werden, vermitteln Managern einen Eindruck davon, daß das, was Finanzdienstleister heute an Online Banking anbieten, nur ein erster Anfang sein kann. Ziel wird es sein, auch hier wie bei allen übrigen Schnittstellen zum Kunden eine individuelle Beziehung zu erreichen.

Ein Weg hierzu dürfte die Kombination alternativer Vertriebswege – wie etwa des Homebanking – und neuer Vertriebs*medien* – beispielsweise der Karte – sein.

Der Marktplatz des Wissens™ bietet darüber hinaus die Chance zur Nutzung fremder Vertriebswege. Versandhäuser, Supermärkte und Electronic Malls offerieren heute Finanzdienstleistungen unter eigenem Namen, obwohl dahinter ein ganz anderes Haus steht. Diese Alternative ist deshalb attraktiv, weil die Zusatzkosten hierfür gering sind und sie auf der anderen Seite zu einer besseren Auslastung der Basisfunktionen führen können.

Das Wachstum des Finanzmarktes liegt gegenwärtig im wesentlichen bei den Direktbanken, wobei ein nicht unerheblicher Kannibalisierungsprozeß stattfindet. Mit einem Marktplatz des Wissens™ haben Finanzdienstleister die Möglichkeit weiteren Wachstums, indem sie sich auf fremden Marktplätzen positionieren, wo sie ihr Wissen und ihre Produkte anbieten können.

Mit dem Marktplatz des Wissens™ können Finanzdienstleister erreichen, daß sich die Rollenverteilung verändert und ihre Produkte in fremde und neue Vertriebswege, wie das Business TV und elektronische Marktplätze, Eingang finden.

8.5 Entwicklung von Markenartikeln

Der Leiter von Bankers Trust vertrat in der Zeitschrift Euromoney die Ansicht, daß im Jahr 2020 Privatkunden ihre Anlageentscheidungen für Aktien, Renten, Immobilien und Steuerfragen über elektronische Agenten leiten, die ihnen in Sekunden das optimale Anlageportfolio liefern würden. Dies sei nicht nur der Tod des klassischen Anlageberaters, sondern zahlreicher weiterer Berufsstände (Anwälte, Richter, Research). Ähnliche Vorstellungen äußerte er für den Handel und die Mittelbeschaffung von Firmen, die auf elektronischen Märkten der Zukunft Banken dazu zwingen würden, sich in Nischen zu plazieren.

Bankers Trust irrt in zwei Punkten: Zum einen vermittelt der Marktplatz des Wissens™ bereits einen Überblick über elektronische Agenten für Wertpapieranlagen, die heute schon von einzelnen Anbietern in den Netzen eingesetzt werden. Zum anderen verbleiben Universalbanken nicht nur Nischen. Ihr Geschäftszweck wird zunehmend das Management von Finanzrisiken für Privat- und Firmenkunden sein. Immer gefragter werden hierbei die Vorauswahl entscheidungsrelevanter Kriterien und die beratende Tätigkeit. Qualität der Information und der Beratung ist das einzige, was der Kunde künftig akzeptiert und wofür er bereit ist zu bezahlen.

Wenn der Kunde von morgen „per Knopfdruck" den Finanzdienstleister (elektronisch) aufsuchen kann, der ihm die günstigsten Leistungen und die kundenfreundlichsten Anwendungen bietet, eröffnen sich zahlreiche neue Mehrwertdienste.

Aus vorhandenen Anwendungen im Netz lassen sich durch Filterung von Informationen, kundenfreundliche Aufbereitung und Vereinfachung des Zugriffs völlig neue Produkte entwickeln, die dem Kunden beispielsweise alles „Rund um die Immobilie" vermitteln, ihm ein gezieltes Portfolio-Management online bieten oder ihm eine eigene Finanz- und Sicherheitsanalyse ermöglichen. Finanzdienstleister haben heute die Möglichkeit, durch die individuelle Bündelung von Echtzeitinformationen immer neue Produkte zu immer geringeren Kosten zu produzieren. Diese Leistungen müssen zu Markenartikeln gestaltet werden.

Hier bieten sich Chancen für alle die Anbieter, denen es gelingt, für ihre Kunden aus vorhandenen Produktbausteinen und Netzangeboten Navigatoren zu entwickeln, die etwa ein umfassendes Portfolio-Management mit Anlagekonzepten, Performance-Kontrolle und Direktorder ermöglichen.

Wer die Leistungen „hinter den Knöpfen" aufgrund seiner Geschäftsstruktur nicht aus dem eigenen Haus anbieten kann, dem stehen schon heute die Möglichkeiten des Zukaufs von anderen Online-Anbietern via Hyperlinks oder der Lizenznahme bei anderen Anbietern offen.

Alle solche Lösungen werden gleichwohl im klassischen Anlagebereich den menschlichen Berater nicht ersetzen können. Viele Kunden werden auch in Zukunft den persönlichen Kontakt zu einem Berater suchen, sofern er noch einen Know-how-Vorsprung besitzt. Hierfür benötigt der Berater der Zukunft eine Art „Verkaufsleitstand", der ihm Orientierungshilfen im Dickicht der Informationen vermittelt. Der menschliche Berater der Zukunft greift im Prinzip auf ähnlich gestaltete Navigatoren zurück wie die mit den Netzen aufgewachsenen Kunden. Er wird den Kunden allerdings einen Mehrwert bieten, den kein virtueller Kollege ersetzen kann: seinen Erfahrungsschatz.

8.6 Adaption neuer Marketingideen

Da Netzwerke neuen Wettbewerbern den Markteintritt zu ungleich geringeren Kosten ermöglichen (ein Online-Angebot kostet nur ein Hundertstel des klassischen Angebots), sind die Finanzdienstleister, wenn sie ihre Basisdienstleistungen nicht ebenso günstig anbieten können wie Online-Wettbewerber, aus dem Geschäft. Aber die Zukunft liegt nicht in Discount-Offerten um jeden Preis, sondern in massiven Anstrengungen, den Kunden mit und ohne PC mit den Leistungen des eigenen Hauses einen *„Mehrwert"* gegenüber *Standardprodukten* zu bieten. Soll der Kunde tatsächlich König sein und bleiben, muß er die Ware „Information" nach seinen Wünschen voselektiert erhalten können.

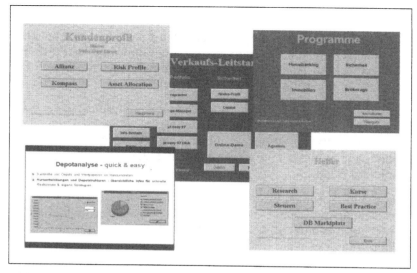

Abbildung 7: Verkaufsleitstand

Die Neupositionierung am Markt wird mit einer deutlichen Verkürzung aller Prozesse einhergehen. Das bedeutet auch eine Reduzierung der Hierarchieebenen bis in die Zentrale hinein sowie den massiven Einsatz von Multimedia in der Fläche und andere Formen der Arbeitsorganisation – wie Projektorganisation und verstärkt Teamarbeit.

Wie die Direktbanken müssen auch traditionsreiche Häuser für den europäischen Markt *Schlüsselprodukte* entwickeln. Diese ermöglichen nicht nur die Erzielung komparativer Wettbewerbsvorteile und Differenzierungsmöglichkeiten über eigene Markenprofile, sondern bieten gleichzeitig Ansatzpunkte für die Ausschöpfung von Rationalisierungspotentialen.

Die Kernfähigkeiten der traditionellen Anbieter, die heute in der Beurteilung von Kreditrisiken, im Zahlungsverkehr und in der Transformation von Fristen im Aktiv-/Passivmanagement liegen, müssen auf das Managen von Finanzrisiken ausgerichtet werden. Finanzrisiken können Bonitätsrisiken und Marktrisiken, wie etwa Währungsverschiebungen, Zinssatzentwicklungen, der Wechsel von fest zu variabel, der Wechsel von kurzfristig zu langfristig, sein.

Dies setzt nicht nur ganz andere Talente bei den Mitarbeitern der Finanzdienstleister voraus. Es erfordert auch die Präsenz an zahlreichen Märkten. Zu ihrer Unterstützung muß ein Marktplatz des Wissens™ auch eine elektronische Pinnwand für häufig auftretende Fragen und den Erfahrungsaustausch auf Gebieten wie etwa der Altersvorsorge, der strukturierten Finanzierungen etc. beinhalten.

Erhebliche Einsparungspotentiale lassen sich realisieren, wenn die Netze vor der Entwicklung neuer Lösungen für ein elektronisches Benchmarking genutzt werden. Ein systematischer Streifzug durch mehr als 400 000 Internetseiten von Direktanbietern in den Netzen allein in deutscher Sprache liefert viele neue Ideen, um Produkte gezielter auf die Kundenwünsche zuzuschneiden.

Ein außerordentlich wichtiger Baustein ist hierbei die Plattform, die es Kunden gestattet, mit dem Anbieter in Kontakt zu treten. Wettbewerbsvergleiche dokumentieren eine erhebliche Bandbreite in den Ansätzen, auf diesem Wege mehr als bisher über die Kunden zu erfahren und sie – auch elektronisch – stärker an das eigene Haus zu binden. Mit Best Practice-Vergleichen von Direktbanken, Versicherungen, Leasingunternehmen etc. erleichtert der Marktplatz des Wissens™ die Auswahl unter einer Vielzahl von Anbietern, die meist bereit sind, innovative Konzeptionen in Lizenz weiterzugeben, um Entwicklungskosten wieder hereinzuholen.

9. Strategische Partnerschaften

Es kommt künftig also nicht nur auf intelligente Systeme und Anwendungen, sondern vor allem auf den intelligenten Umgang mit ihnen an. Dafür werden Finanzdienstleister in die Aus- und vor allem in die Weiterbildung noch viel stärker investieren müssen. Aufgabe des Marktplatz des Wissens™ in den nächsten Jahren wird es sein, Topmanagern die PCs und die Nutzung der Netze so vertraut zu machen, wie ihnen heute etwa Taschenrechner und Telefon bereits sind.

Immer wichtiger werden auch strategische Partnerschaften. Wir leben im Zeitalter der internationalen Kooperationen, insbesondere in Europa. Die Industrie hat gezeigt, daß solche Allianzen nicht allumfassende Zusammenschlüsse sein müssen, sondern durchaus Partnerschaften in ausgewählten Aufgabenbereichen.

Elektronische Märkte werden in dem Maße boomen, wie sich das Internet entwickelt. Ein wahrer Schub steht bevor, wenn Transaktionen wirklich sicher zu Pfennigtarifen abgewickelt werden können. Viele traditionelle Häuser werden dann die Chancen, die aus elektronischen Marktplätzen erwachsen, gemeinsam nutzen.

Um das Spitzenmanagement schon heute mit den Spielregeln des auf diesen Marktplätzen stattfindenden Electronic Commerce vertraut zu machen, muß ein Marktplatz des Wissens™ mehr leisten als die interne Aufnahme, Verarbeitung, Speicherung und Kommunikation von Informationen. Die Bändigung der Flut an Informationen über Kunden und Wettbewerber und ihre Aufbereitung für eine produktive Umsetzung sind nur der erste Schritt.

Durch seine Ausrichtung auf zahlreiche Einsatzfelder innerhalb eines Unternehmens soll der Marktplatz des Wissens™ gleichzeitig Ansatzpunkte für die Kooperation mit Kunden vermitteln.

Hier bietet sich zunächst die elektronische Bindung der in den Gremien eines Unternehmens (Aufsichtsrat, Beiräte usw.) vertretenen Topkunden an. Zum einen könnten sie Zugang zu dem elektronischen Marktplatz des Wissens™ erhalten. Zum anderen ließe sich mit Großunternehmen über den Austausch von Wissen, den privilegierten Vertrieb von Produkten über den Marktplatz des Partners und schließlich über gemeinsame Angebote im Electronic Commerce verhandeln.

Alle klassischen Finanzdienstleister sind heute mit der Herausforderung konfrontiert, daß ihre Kundenbasis durch über die Netze angreifende Wettbewerber, die mit neuen Marketingideen und einem Bruchteil der Kosten operieren, gefährdet ist. Deshalb liegt es schon allein aus Kostengründen nahe, daß auch sie bis zu einem gewissen Umfang zusammenarbeiten. Wer überzeugt ist, daß Kunden künftig eher durch Problemlösungen und die Qualität der Beratung als durch

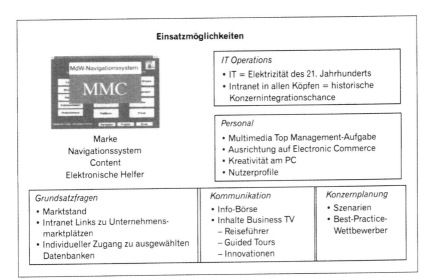

Abbildung 8: Einsatz des Marktplatzes des Wissens™

(austauschbare) Softwarelösungen gebunden werden, wird auf einen gemeinsamen Marktplatz der Finanzdienstleister nicht nur zugreifen, sondern auch Produkte und Wissen für die weitere Vermarktung präsentieren. Kern einer derartigen Branchenlösung ist wiederum – in unternehmensübergreifenden Teilen – der Marktplatz des Wissens™. Wer sich dort mit dem Auftritt seiner elektronischen Wettbewerber vertraut machen kann, wird nicht mehr von ihnen überrascht. Zahlreiche Bausteine eignen sich überdies auch für den klassischen Vertrieb.

10. Erfolgsfaktoren

Jedes Haus wird seinen Weg zur Bindung seiner Kunden auch auf elektronischen Marktplätzen finden müssen, allein oder in strategischen Partnerschaften. Entscheidend ist hierbei der Faktor Zeit. In einer Epoche des Wandels haben nicht die Großen Erfolg, sondern die Schnellsten. Wer sich an die Spitze einer Bewegung setzt, kann Wettbewerbsvorteile erringen, die nur noch schwer einzuholen sind:

„Da Zeit zum Wettbewerbsfaktor Nr. 1 geworden ist, muß man das Gras wachsen hören, um an der Spitze zu bleiben. Wer auf gesicherte Erkenntnisse wartet, kann allenfalls noch mit anderen Zauderern um die Krümel streiten" (*Bill Gates*).

Wissensmanagement ist keineswegs neu. Innovativ sind aber der elektronische Weg über einen Marktplatz des Wissens™ und sein zeitgleicher Einsatz für das Topmanagement des eigenen Unternehmens wie auch für die Führungskräfte bedeutender Kunden und von anderen Finanzdienstleistern.

Erfolgsfaktoren des hier vorgestellten Marktplatz des Wissens™ für Topmanager sind

- das bedienerfreundliche Navigationssystem,
- der Einsatz elektronischer Helfer und
- die Selektion und Verdichtung der Inhalte.

Entscheidend für die zügige und kostengünstige Realisierung ist vor allem die Entwicklung eines Prototyps mit den Schlüsselleistungen innerhalb eines Jahres gewesen. Die Reaktionen der bevorzugten Zielgruppe führten zu der Entscheidung, den Marktplatz des Wissens™ mit der Maßgabe, daß Multimedia und Wissensmanagement originäre Aufgaben des Topmanagements sind, ausgewählten Führungskräften zunächst auf einer je nach Bedarf aktualisierten CD bereitzustellen und die Kernelemente des Prototyps an die Öffentlichkeit zu tragen. Auf diese Weise ist auch ein weiterer Erfolgsfaktor – die ausreichend große Basis an Partnern für einen Wissenstransfer und für Allianzen – nur eine Frage der Zeit.

Übersicht 1: Zusammenfassung Marktplatz des Wissens™

Multimedia & Wissen = Topmanagement-Aufgaben
- Neuordung aller Wertschöpfungsketten von Unternehmen
- Veränderung der Arbeitsteilung zwischen Unternehmen
- Chancen durch neue Vertriebswege
- Radikaler Wandel der internen und externen Kommunikation
- Neue Produkte sprengen etablierte Märkte
- Kostensenkung durch Outsourcing

Literaturhinweise

Anderson, E./Fornell, C./Lehmann, D.: Customer Satisfaction, Market Share and Profitability: Findings from Sweden, in: Journal of Marketing, 7/1994, S. 53–66.

Anderson, E./Fornell, C.: A Customer Satisfaction Research Prospectus, in: Rust, R./Oliver, R. (Hrsg.): Service Quality – New Directions in Theory and Practice, Thousand Oaks 1994, S. 241–269.

Bateson, E./Wirtz, J.: Modeling Consumer Satisfaction – A Review, Working Paper Center for Business Strategy, London Business School, 1991.

Bernet, B.: Bankbetriebliche Preispolitik, Bern 1996.

Bernet & Partner (Hrsg.): Relationship Banking, Seminarunterlagen Denkansätze, 1997, Zug 1997.

Bruhn, M.: Qualitätsmanagement für Dienstleistungen, Berlin/Heidelberg 1997.

Brune, G.: Culture Encounter und komplementäres Marketing, Wiesbaden 1991.

Capon, N./Farley, J.U./Hoenig, S.: Determinants of Financial Performance: A Meta-Analysis, in: Management Science 10/1990, S. 1143–1159.

Costanzo, Ch.: Getting Serious About Customer Profitability, in: US Banker, 5/1995, S. 79–80.

Dichtl, E./Schneider, W.: Kundenzufriedenheit im Zeitalter des Beziehungsmanagements, in: Belz, C./Schögel, M./Kramer, M. (Hrsg.): Lean Management und Lean Marketing, St. Gallen 1994, S. 6-12.

Diller, H./Götz, P.: Die Kundenportfolioanalyse – ein Instrument zur Steuerung der Kundenbeziehungen, Arbeitspapier Nr. 1 des Lehrstuhls für Marketing an der Universität Erlangen/Nürnberg 1991.

Eckert, St.: Kundenbindung – Konzeptionelle Grundlagen und Praxisbeispiele aus Dienstleistungsunternehmen; in: Tomczak, T./Belz, Ch. (Hrsg.): Kundennähe realisieren, St. Gallen 1994, S. 367–385.

Erevelles, S./Leavitt, C.: A Comparison of Current Models of Consumer Satisfaction and Dissatisfaction, in: Journal of Consumer

Satisfaction, Dissatisfaction and Complaining Behaviour, 5/1992, S. 104–114.
Gierl, H./Höser, H.: Patientenzufriedenheit, in: Der Markt, 21/1992, S. 78–85.
Held, P.: Noch intensivere Retail-Wettbewerbsdynamik, in: Schweizer Bank 3/96.
Holz, St.: Kundenclubs als Kundenbindungsinstrument, Dissertation Universität St. Gallen-HSG Nr. 1950, St. Gallen 1997.
Joho, C.: Ein Ansatz zum Kundenbeziehungsmanagement für Versicherer, Bern/Wien 1996.
Jung, H.: Grundlagen zur Messung von Kundenzufriedenheit, in: Simon, Homburg, 1995, S. 139–159.
Knöbel, U.: Kundenwertmanagement im Retail Banking. Kundenprofitabilitätsanalyse und Customer-Life-Cycle Costing am Beispiel einer Universalbank, Dissertation der Universität St. Gallen, Nr. 1997, St. Gallen 1997.
Kroeber-Riel, W.: Konsumentenverhalten, 4. Aufl., München 1990.
Kunz, H.: Beziehungsmanagement, Zürich 1996.
Lehmann, A.: Dienstleistungsmanagement, 2. Aufl., Stuttgart 1995.
Leutwiler, J.: Die Kundensegmentierung als Schlüssel zum Erfolg, in: Finanz und Wirtschaft, 26.10.1996, S. 22.
Meffert, H./Bruhn, M.: Dienstleistungsmarketing, Wiesbaden 1995.
Menk, G.A.: Verkaufsfähigkeit als Erfolgsfaktor im inländischen Firmenkundengeschäft, Bern 1997.
Meyer, A./Dornach, F.: Feedback für strategische Vorteile, in: Absatzwirtschaft 10/1993, S. 120–135.
Moll-Thissen, St.: Bestimmungsfaktoren der Bankloyalität – aufgezeigt am Beispiel einer Großbank, Diplomarbeit Universität St. Gallen-HSG, St. Gallen 1997.
Nader, G./Johnson, M.D./Bühler, W.: Kundenzufriedenheit und Unternehmenserfolg. Eine kausalanalytische Betrachtung am Beispiel des Privatkreditgeschäftes von Universalbanken, in: Österreichisches Bankarchiv, 9/1996, S. 702–710.
Nader, G.: Zufriedenheit des Kunden mit Finanzdienstleistungen und die Möglichkeit ihrer Messung, Dissertation, Wien 1994.
Nieschlag, R./Dichtl, E./Hörschgen, H.: Marketing, 17. Aufl., Berlin 1994.

Noordewier, T.G. et al.: Performance Outcomes of Purchasing Arrangements in Industrial Buyer-Vendor Relationships, in: Journal of Marketing 10/1990, S. 80–93.

Oggenfuss, C.: Retention Marketing, in: Thexis 6/92.

Paul, M./Paul, St.: Kunden-Illoyalität als strategische Chance im Privatkundengeschäft, in: Österreichisches Bankarchiv 11/1997, S. 875–890.

Peppers D./Rogers M.: Die 1:1-Zukunft, Strategien für ein individuelles Kundenmarketing, Freiburg 1994.

Plinke, W.: Die Geschäftsbeziehung als Investition, in: Specht, G./Silberer, G./Engelhardt, W.H. (Hrsg.): Marketingschnittstellen, Stuttgart 1989, S. 305–325.

Polan, R.: Ein Meßkonzept für die Bankloyalität – Investitionen in Bank/Kunde-Beziehungen unter Risikoaspekten, Wiesbaden 1995.

Reichheld, F.: Der Loyalitätseffekt, Frankfurt/Main 1997.

Reichheld, F./Sasser, E.: Zero Defections: Quality comes to Services, in: Harvard Business Review, 5/1990, S. 105–111.

Sachenbacher, H.U.: Prospektive Lebensdauerkalkulation von Kundenbeziehungen in Kreditinstituten, München 1991.

Schäfer, H.: Beziehungsmanagement durch Dialogmarketing: Bankloyalität aus institutionenökonomischer Sicht, in: Kaas, K.P. (Hrsg): Kontrakte, Geschäftsbeziehungen, Netzwerke – Marketing und Neue Institutionenökonomik, ZfbF Sonderheft 35, Frankfurt/Main. 1995, S. 119–138.

Schäfer, H.: Information und Kooperation im Absatz von Bankdienstleistungen, in: zfbf 6/1995, S. 531–544.

Schütz, P./Krug, H.: Top oder Flop? Kundenbeziehungen profitabel gestalten, in: Absatzwirtschaft 10/1996, S. 188–193.

Seitz, J.: Die Determinanten der Bankwahl und der Bankloyalität, Dissertation, Münster 1977.

Semler, R.: Management ohne Manager, München.

Simon, H./Homburg, Ch. (Hrsg.): Kundenzufriedenheit – Konzepte, Methoden, Erfahrungen, Wiesbaden 1995.

Stähler, W.: Management, 7. Aufl., München 1994.

Stauss, B.: Der Einsatz der Critical Incident Technique im Dienstleistungsmarketing, in: Tomczak, T./Belz, Ch. (Hrsg.): Kundennähe realisieren, St. Gallen 1994, S. 233–250.

Süchting, J.: Die Bankloyalität als Grundlage zum Verständnis der Absatzbeziehungen von Kreditinstituten, in: Kredit und Kapital, 5/1972, S. 269–300.

Süchting, J.: Die Theorie der Bankloyalität – (noch) eine Basis zum Verständnis der Absatzbeziehungen von Kreditinstituten, in: Süchting, J./van Hooven, E. (Hrsg.): Handbuch Bankmarketing, 2. Aufl. Wiesbaden 1991, S. 25–43.

Süchting, J.: Vertrieb von Finanzdienstleistungen auf dem Markt für Privatkunden, in: Die Bank, 8/1994, S. 449–457.

Szallies, R.: Vom Bankkunden zum Finanzverkäufer, in: Absatzwirtschaft 10/1996, S. 94–101.

Thiesing, E.O.: Strategische Marketingplanung in filialisierten Universalbanken, Frankfurt/Main 1986.

Töpfer, A. (Hrsg.): Kundenzufriedenheit messen und steigern, Berlin 1996.

Töpfer, A./Mann, A.: Kundenzufriedenheit als Meßlatte für den Erfolg, in: Töpfer (1996) S. 25–81.

Trommsdorff, V.: Konsumentenverhalten, 2. Aufl., Stuttgart 1993.